고대 원자론

옮긴이 | 양창렬

연세대학교 정치외교학과를 졸업하고, 파리8대학 철학과에서 압데라학파의 허공 개념과 데모크리토스의 불가분성 개념으로 논문을 썼다. 현재 파리1대학 철학과 박사과정에서 '에피쿠로스의 운명 비판'이라는 주제로 학위논문을 준비하고 있다. 지옥불에 던져진 은밀한 유물론의 전통을 추적하는 동시에 현대 정치철학에 관심을 두고 있다. 지은 책으로 『공존의 기술: 방리유, 프랑스 공화주의의 이면』(공저, 2007)이 있고, 옮긴 책으로는 『무지한 스승: 지적 해방에 대한 다섯 가지 교훈』(2008), 『정치적인 것의 가장자리에서』(2008), 『들뢰즈 사상의 진화』(공역, 2004) 등이 있다.

L'ATOMISM ANTIQUE by JEAN SALEM

Copyright ⓒ LIBRAIRIE GENERALE FRANÇAISE (Paris), 1997
Korean Translation Copyright ⓒ NANJANG Publishing Co., 2009

All rights reserved.
This Korean edition was published by arrangement with
LIBRAIRIE GENERALE FRANÇAISE (Paris)
through Bestun Korea Agency Co., Seoul

이 책의 한국어판 저작권은 베스툰 코리아 에이전시를 통해
저작권자와 독점계약으로 (도서출판) 난장에 있습니다.
저작권법에 의해 한국 내에서 보호를 받는 저작물이므로
무단전재와 무단복제를 금합니다.

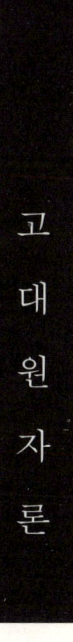

고대원자론

쾌락의 윤리로서의 유물론

목차

옮긴이 일러두기 · 06
이 책을 읽기 전에 · 07

한국어판 서문 · 09
전체 서문 · 12

1장 │ 레우키포스와 데모크리토스

서론 · 16
레우키포스와 데모크리토스의 생애와 저작 · 16 │ 거의 탐험되지 않은 대륙 · 19 │ 원전과 전문적 참고문헌 · 20 │ 우리에게 전승된 단편들과 증언들을 어떻게 정리할 것인가? · 21

1 일반 자연학 · 22
처음부터 끝까지 유물론 · 22 │ 일자, 다자 그리고 존재의 원자성 · 24 │ 빈 공간의 존재 · 25 │ 우연과 필연 · 27 │ 게는 원자들에 내재하는 성질인가? · 30

2 우주발생론, 천문학 그리고 기상학 · 31
우주발생론 · 31 │ 천문학과 기상학 · 35

3 지식론 · 37
지각이론 · 37 │ 데모크리토스의 합리론 · 40 │ 데모크리토스의 수학 · 44

4 영혼론 · 45
생명의 불과 호흡 · 45 │ 데모크리토스 영혼론에서 공기의 본질적 역할 · 47

5 의학 · 49
데모크리토스주의와 의학 · 49 │ 히포크라테스 논고들에 현존하는 데모크리토스 · 51 │ 『동물들의 생성에 관하여』: 아리스토텔레스 대 데모크리토스 · 52

6 인간학 · 54
생명의 탄생과 문명의 발전 · 54 │ 언어의 기원과 시적 언어 · 58 │ 데모크리토스는 무신론자였는가? · 59

7 윤리학 · 61
문제적인 문집, 영혼의 유쾌함 · 61 │ 윤리적 단편들과 원자들의 자연학을 연결할 수 있는가? · 63 │ 아이들의 교육과 입양에 대하여 · 64 │ 윤리와 정치 · 66

8 데모크리토스의 전설 · 67
『위-히포크라테스 서한들』 · 67 │ 헤라클레이토스의 눈물과 데모크리토스의 호탕한 웃음 · 69 │ 연금술 전통: 위-데모크리토스 · 71

결론 : 데모크리토스의 운명 · 74

2장 │ 에피쿠로스

서론 · 78
거친 시기에 철학하기 · 78 │ 에피쿠로스의 생애와 저작 · 79

1 규준론 · 85
진리의 네 기준 · 86 │ 규준론에서 자연학으로 : 다수의 설명 방법 · 88 │ 규준론에서 윤리학으로 : 철학, 사용법 · 93

2 자연학 · 94
우주, 세계들, 원자들과 허공 · 94 | 원자의 형태, 운동 그리고 성질 · 98 | 지각이론 · 104 | 영혼론 · 109 | 자연학에서 윤리학으로 : 에피쿠로스의 신학 · 111

3 윤리학 · 120
매우 긴급한 윤리학 · 120 | 영혼을 치료하는 철학 : 네 가지 처방 · 121 | 과거, 현재, 미래 : 쾌락의 세 가지 시간 · 125 | 욕망의 필연적인 제한 · 129 | 최고선으로서의 쾌락 · 133 | 윤리와 정치 : 친구들의 사회 · 137 | 죽음을 두려워할 것 없다. · 143

결론 : 볼룹타스(쾌락) 학파로서의 원자론 · 148

3장 | 루크레티우스

서론 · 152
고대 세계에 에피쿠로스주의를 전파하기 · 152 | 로마의 에피쿠로스주의 · 153 | 루크레티우스 혹은 무명 인사 · 155

1 원자들과 허공 : 제1편 · 157
머리말 · 157 | 에피쿠로스 자연학의 일반 원리들 · 162 | 제1원소들의 단단함, 영원성, 불가분성 · 166 | 헤라클레이토스, 엠페도클레스, 아낙사고라스 비판 · 167 | 우주, 물질, 텅 빈 공간의 무한성 · 168

2 원자들의 운동과 조합 : 제2편 · 169
머리말 · 170 | 원자들의 운동 · 171 | 원자들의 형태의 다양성, 감각적 인상들의 다양성 · 173 | 원자들은 '2차 성질'이 없다 · 175 | 세계들의 수의 무한성 · 176

3 영혼과 죽음 : 제3편 · 177
머리말 · 177 | 영혼의 물질성 · 178 | 영혼의 가멸성 · 179 | 죽음에 대한 공포의 부질없음 · 181

4 지각, 상상, 환영 : 제4편 · 191
시뮬라크르들의 존재와 속성 · 192 | 감각적 시각과 정신적 시각 · 193 | 반목적론적인 여담 · 195 | 사랑이라는 정념의 광기 · 199

5 세계의 형상과 지상의 생명의 진화 : 제5편 · 203
머리말 · 203 | 우리 세계의 역사 · 204 | 천문학 · 208 | 대지의 역사. 문명의 시작 · 209

6 하늘과 땅 사이 : 제6편 · 214
대기 현상들 · 214 | 지상 현상들 · 216 | 아테네의 흑사병 · 217

결론 : 루크레티우스, 에피쿠로스의 모방자 · 222

전체 결론 · 225
옮긴이 후기 · 229

참고문헌 · 241
후주 · 249
찾아보기 · 301

옮긴이 일러두기

1. 이 책은 Jean Salem, *L'Atomisme antique : Démocrite, Épicure, Lucréce*, Librairie Générale Française, 1997을 옮긴 것이다.
2. 데모크리토스를 비롯하여 소크라테스 이전 철학자들에 대한 증언 및 단편은 딜스-크란츠의 단편 모음집, 『소크라테스 이전 사람들의 단편들』의 번호를 따랐다. 보통 그 책 68장에 수록된 데모크리토스 관련 첫 번째 간접 전승은 DK68A1, 첫 번째 직접 전승은 DK68B1과 같이 적는데, 이 책에서는 장 살렘을 따라 데모크리토스 A1, 데모크리토스 B1과 같이 적었다.
3. 본문에서 인용하는 대부분의 고전 텍스트는 원전을 참조하여 수정하였다. 국내에 이미 번역된 텍스트의 경우에는 국역본도 참조했다.
4. 옮긴이주는 (옮긴이)로 표시했다. 이 책이 개론서임을 고려하여, 옮긴이주에는 전문 연구자들의 해석 논쟁보다는 본문에서 간략히 언급하고 지나간 원전의 구절들과 출처를 적어놓았다. 이를 위해 장 살렘의 다른 책들도 참조하였다.
5. 그리스어를 라틴 문자화하여 표기할 경우, x는 ch로, u는 y로 적었다. 그리스어를 우리말로 표기할 경우에는 원 발음에 가깝게 적었다. 특히 u를 '위' 로 단일하게 적기 위해, 우리가 흔히 피타고라스로 표기하는 것 역시 '퓌타고라스' 로 옮겼다.
6. 옮긴이가 이해를 위해 삽입한 문구에는 [ ]를 사용했다.

이 책을 읽기 전에 •

데모크리토스에 관한 고대 단편과 증언들 대부분은 딜스-크란츠의 단편 모음집(제6판, 1951~1952)에 수록되어 있다. 보통 'DK A1' 같은 식으로 인용 표기한다. 이 모음집의 프랑스어 번역본, 적어도 데모크리토스 관련 부분은 1988년에 장-폴 뒤몽이 작업한 『소크라테스 이전 철학자들』*Les Présocratiques*에 들어 있다.

이밖에 우리는 가장 최근에 출간된, 따라서 가장 완전한 책인 살로모 루리아의 *Democritea*(Leningrad: Acad. Nau, 1970)에만 수록된 데모크리토스 관련 단편 및 증언들도 인용했다. 인용할 경우 'frag. Luria n° 260' 같은 식으로 적었다.

이 책들의 서지사항은 책 맨 뒤에 수록된 참고문헌 1부터 3을 보길 바란다.

에피쿠로스의 경우, 나는 헤르만 우세너의 판본(1887)[인용할 경우 'Us. 페이지숫자'로 적었다]과 좀더 최근에 나온 그라치아노 아리게티의 판본(1973)에 기초했다.

우리는 모리스 솔로비네의 번역(1925)과 우리의 스승이자 친구인 마르셀 콩슈의 번역(1977)을 사용했다.

이 책들의 서지사항은 참고문헌 14, 18, 21, 22를 보길 바란다.

마지막으로 루크레티우스의 경우, 알프레드 에르누와 레옹 로뱅의 비판본 라틴어 텍스트(*De rerum natura*, Paris: Les Belles Lettres, 1922)에 기초했다. 이 비판본은 이 두 사람이 번역한 『사물의 본성에 관하여』(Paris: Les Belles Lettres, 1942)와 조제 카뉘-튀르팽이 최근에 작업한 훌륭한 번역본(Paris: Aubier, 1993) 모두의 원본 텍스트로 쓰인다. 우리는 이 두 훌륭한 루크레티우스 프랑스어 번역본들을 따로 구별하지 않고 편한 대로 인용해서 썼다.

    이 책들의 서지사항은 참고문헌 40, 41을 보길 바란다.

*

독자는 내가 이미 다른 곳에서 출판한 책이나 논문들을 꽤 자주 참조하는 것을 용서해주길 바란다. 계속되는 자기인용은 개인적 자아를 행간에서 선전하는 것으로서 사실 다른 사람만큼이나 나 자신을 지치게 만드는 일이다.

    이 책은 내가 10년 넘게 한 작업들에 대한 일종의 부록이다. 그리고 이 작업들을 하는 도중에 나는 이미 좀더 전문적인 독자층을 위한 15편의 책과 논문을 출간했다. 따라서 이 책에서 여러 차례 매우 비약적으로 주장하고 그냥 넘어가는 논증의 세부 사항이나 그것에 대한 증명을 보려면, 이 15편의 출판물들, 특히 브랭 출판사에서 나온 다음 세 저작을 참고하길 바란다. 『데모크리토스: 햇살 속의 먼지 알갱이들』(1996), 『인간들 사이에서 신처럼: 에피쿠로스의 윤리학』(1989), 『죽음은 우리에게 아무것도 아니다: 루크레티우스와 윤리학』(1990). 〔이 책들의 서지사항은 참고문헌 12, 35, 46을 보길 바란다.〕

장 살렘

한국어판 서문

●

에피쿠로스, 루크레티우스 그리고 그들 이전에 데모크리토스는 어떤 자연학, 다시 말해 존재는 하나이면서 동시에 산재한다는 자연학 위에 그들의 철학을 세웠습니다. 세 사람 모두 놀라우리만치 근대적인 방식으로 **미립자**의 진리를 가르치고, 주장하고, 알렸습니다. 나타나는 모든 것이 본질적으로 불연속적이라고 본 이러한 직관은 그리스인들의 전유물도 아니고(아랍인들이나 인도 등에서도 그러한 생각은 발견됩니다) 고대인들만이 가진 배타적인 특성도 아닙니다. 합리론적이고 유물론적인 이 전통을 과학사에서 간단히 몰아내는 것은 엄밀히 말해 불가능하다고 할 수 있습니다. 가스통 바슐라르가 이 전통에서 "먼지의 형이상학"[1]밖에 알아볼 수 없다고 주장했는데, 이는 분명 온당치 못합니다. 그리스 로마의 원자론은 사상사에서 볼 때 매우 독특한 운명을 겪었습니다. 원자론에는 특별한 계승자들이 있습니다. 가상디, 호이겐스, 보일 그리고 가깝게는 돌턴까지. 칼 맑스라는 뛰어난 학생은 박사 논문에서 고대 원자론자들의 가르침이 얼마나 거대한 자유의 힘을 담고 있는지 강조했습니다. 그는 논문에서 에피쿠로스를 그리스적 **계몽**의 가장 위대한 대표자로 소개합니다.[2] 맑스보다 한발 앞서 루크레티우스는 원자론을 미신과 반계몽주의에 맞서는 싸움의 도구로 소개했습니다.

원자론은 어떤 섭리도 필요 없는 우주를 그립니다. 이 때문에 원자론은 매우 일찍부터 사람들을 불편하게 했으며, 군중이나 기존 제도는 그것을 용납할 수 없었습니다. 또한 우주를 완전히 기계적으로 개념화한 이 시도는 거의 자연스럽게 자유사상으로 그리고 쾌락의 철학으로 이어졌습니다. 실제로 신들이 우리가 진화해가고 있는 이 세상의 배치에 아무런 책임이 없다면, 그리고 죽음이 영원한 잠에 불과하다면, 우리는 에피쿠로스처럼 다음과 같이 추론해야 할 것입니다. 어떤 권력도 결코 바라지 않았던 그런 추론 말입니다. "우리는 한 번 태어나지 두 번 태어날 수 없다. 또한 우리는 더 이상 영원히 존재할 수 없다. 지금 막 태어난 것처럼 삶을 떠나서는 안 될 것이다."[3)]

디오게네스 라에르티오스에 따르면 플라톤은 그가 모았던 데모크리토스의 저작들을 모조리 불태우려 했다고 합니다.[4)] 데모크리토스의 영향력은 플라톤을 경악하게 만들었을 수 있습니다. 플라톤이 어디에서도 데모크리토스라는 이름을 거론하지 않을 정도로 말입니다. 키케로(우리는 그가 루크레티우스의 『사물의 본성에 관하여』를 꼼꼼히 읽었음을 알고 있습니다)는 오랫동안 에피쿠로스의 가르침과 비슷한 것은 빼놓지 않고 논박하면서도 루크레티우스는 그다지 인용하지 않았습니다. 중세 말 14세기에 오트르쿠르의 니콜라는 파리 대학 앞에서 자신이 쓴 『보편 논고』 *Tractatus universalis*를 불태워야 했습니다. 책에서 데모크리토스의 자연학에 기초하여 사물들은 영원하다는 학설을 옹호했기 때문입니다. 17세기에 살았던 유난히 광신적인 예수회 신자 프랑수아 가라스 François Garasse 신부(저는 그가 했던 저주 섞인 말들을 편집하여 출간할 생각입니다)는 당시 자유주의자들과 그 밖의 무신론자들에 대해 끊임없이 격노하였고, 그들을 '에피쿠로스의 돼지 새끼들'과 마찬가지로 보았습니다. 이처럼 철학적 원자론은 유물론으로서 그리고 특히 쾌락주의로서 늘 고위 성직자들과 보수주의자들의 반감을 샀습니다. 그것은 늘 다소간 지옥을 떠올리게 하는 특성을 지닌 것으로서 우스꽝스럽게 묘사되곤 했습니다. 그것은 지하로 추방되었을 뿐 아니라 지옥불에 바쳐졌습니다. 그리고 바로 그렇기 때문에 철학적 유물론은 현재적이며, 바로 그렇기 때문에 우리는 철학적 유물론의 초기 주창자들이 보여준 지적인 용기와 대담한 천재성에 감탄할 수 있을 것입니다.

마지막으로 덧붙이고 싶은 것이 있습니다. 저는 아쉽게도 여러분이 지금 읽을 한국어판을 직접 읽고 평할 수 없습니다. 허나 저는 이 책을 출간하기로 한 도서출판 난장, 그리고 이 책을 프랑스어에서 한국어로 옮긴 양창렬 씨에게 경의를 표합니다. 벌써 몇 해 전부터 양창렬 씨는 제 지도로 『에피쿠로스의 운명 비판』이라는 제목의 박사 논문을 준비하고 있습니다. 소르본에서 그는 정기적으로 제가 주관하고 있는 '유물론의 역사' 세미나에 참여하여 그의 풍부한 교양을 보여주고 있습니다. 인상적인 그의 연구 역량, 전문적이고 예리한 철학자로서의 자질, 그리고 완벽한 예의까지도 말이지요. 따라서 제가 이보다 더 나은 옮긴이를 꿈꿀 수 없다고 해도 과언이 아닐 것입니다. 제 책의 한국어판이 출간됨으로써, 제 작업은 화형장의 불이 아니라 이교적인 불(헤라클레이토스가 그것에 대해 작업하고…… 쉬던 그 불)을 본받게 될 것입니다.

2008년 7월 20일
장 살렘

전체 서문

●

다양한 크기와 형태의 거의 닳지 않는 플라스틱 조각 놀이. 우리가 언제 부서진 레고 조각을 본 적이 있던가? 우리는 이 조각들을 가지고 무수히 많은 것들을 만들어낼 수 있다. 아이는 자기가 만든 것을 부수고는 전혀 다른 것을 만들 수 있다. 레고는 정말이지 '세상에서 가장 기막힌 장난감'이다. 그런데 고대인들 중에서 데모크리토스, 에피쿠로스, 루크레티우스는 천재적이게도 바로 전 우주가 일종의 거대한 레고라고 가르쳤던 자들이다! 나는 이 멋들어진 비유를 요슈타인 가아더가 쓴 베스트셀러, 『소피의 세계』에서 가져왔다. 나는 유행 중인 이 책을 최근에 훑어보았다. 그 책이 어찌나 많은 활용법들로 가득 차 있던지, 나는 책장을 넘기면서 과연 내가 똘똘한 아이들에게 그런 활용법을 조리 있게 풀어줄 수 있을지 자문했다. 그 책이 온통 이토록 정확한 묘사들로 이루어져 있으니, 가아더 씨는 칭송받아 마땅하다!

다음 것들이 중요하다. 데모크리토스, 에피쿠로스 그리고 루크레티우스는 존재가 하나인 동시에 산재해 있다고 가르친다. 탄생은 결합이요, 죽음은 해체다. 저마다 따로 떨어진 미세한 구성원소들은 영원하고 변경될 수 없는 것이며, 광대한 허공 속에서 끊임없이 동요하면서 서로 결합하고 흩어진다. 모든 현상이 본질상 불연속적이라는 이러한 직관은 결코 그리스인들의 전유물이 아니고 (우리는 그것을 중세 시대의 아랍인들과 기원전 5세기의 인도에서도 발견할 수 있다), 고대인들의 배타적인 특성도 아니다. 가장 뛰어난 현대 물리학자들 가운데 많은 이들이 쿼크나 보존, '아토메트'[1] 또는 아마도 오늘날까지 알려진 모든 미립자들의 구성원소가 될 어떤 기초 조각을 발견하기 위한 희망을 버리지 않고 있다.

에피쿠로스와 그의 가장 뛰어난 로마인 제자 루크레티우스는 볼룹타스〔쾌락〕^{Voluptas}를 가르친 두 스승이었다. 이 두 사람에게 원자론은, 데모크리토스에 비해 훨씬 더, 그들이 최고선과 동일시한 **쾌락**의 추구와 연결되었다. 그들은 바로 그렇기 때문에 현대적이다. 루크레티우스의 시를 여는 비너스에 대한 숭고한 기도는 신적 쾌락을 노래하는 송가다. 봄의 모든 자연, 바다, 산, 강 그리고 맹렬한 급류, 나뭇잎 밑의 새집, 이 모든 것은 사랑의 흥분을 일으키는 매력에 의해 만들어지고 움직여진다. 키케로가 적듯이, 에피쿠로스에게 "모든 쾌락이론은 쾌락이 항상 바랄만한 것이며 그것이 쾌락이라는 이유만으로 추구되어야 하고, 거꾸로 고통은 그것이 고통이라는 이유만으로 항상 피해야 할 것이라는 생각으로부터 영감을 받는다."[2] 요람의 아기도, 심지어 말 못하는 짐승도, 본성이라는 지도자이자 인도자와 함께라면 쾌락이 아닌 어떤 것도 편하지 않으며, 고통이 아닌 어떤 것도 불편하지 않다는 것을 어떤 의미에서 우리에게 알려준다.[3] 하지만 유사품에 주의할 것! 이 쾌락주의는 안달하는 쾌락주의자들(아나크레온, 호라티우스, 오마르 하이얌, 르네상스의 **가짜** 에피쿠로스주의)의 그것과는 전혀 다르다. 이 유사 쾌락주의의 표어는 이사야가 그랬던 것처럼 사도 바울이 '불경한 자들'에게 귀속시키고자 했던 다음의 말일 것이다. "내일이면 죽을 테니 먹고 마시자!"[4] 에피쿠로스가 말하는 쾌락은 이보다 훨씬 더 평온하고, 훨씬 더 안정적이며, 훨씬 더 빛나는 것이다.

원자의 자연학을 아는 것은 모든 강렬한 욕망을 정화함으로써 모든 혼란에서 벗어나는 데 주로 도움이 된다. 에피쿠로스주의자들에 따르면 섭리가 배제된 우주에서, 감각되지 않는 입자들로 이루어진 이 레고 우주에서, 각자는 가사자可死者들을 동요시키는 우화들이 얼마나 허황된 것인지를 헤아릴 수 있을 것이기 때문이다. 각자는 사후에도 계속 살아남을 수는 없음을 확인할 것이며, 지옥의 처벌과 관련된 신화들이 부조리함을 알게 될 것이다. 각자는 사제들의 설교가 얼마나 일관되지 않은지를 발견하게 될 것이다. 사제들이 (정치제도를 필두로) 곧잘 신성하다고 간주한 제도들이, 살을 가진 인간들이 자유롭게 또는 위협을 통해 통과시킨 협약에 근거할 뿐이라는 사실을 이해하게 될 것이다. 마지막으로 각자는 원자론을 탐구한다면 유한한 이승의 삶 속에서도 강렬하고, 지속 가능하며, 완벽한 행복에 도달할 수 있다는 것을 깨닫게 될 것이다.

1997년 5월 30일, 파리에서
장 살렘

1

레우키포스와 데모크리토스

| 서론 |

1. 레우키포스와 데모크리토스의 생애와 저작

데모크리토스, 이 '소크라테스 이전 철학자'는 기원전 360년 즈음에 죽었을 가능성이 크다. 이는 대략 에피쿠로스가 태어나기 15년 전이다. 데모크리토스의 스승으로 추정되는 압데라의 레우키포스와 관련해서는 몇 개의 보잘 것 없는 증언들과 맥락을 알 수 없는 하나의 단편만이 남아 있다.[1] 에피쿠로스는 심지어 레우키포스가 생존하지 않았다고 주장하기까지 했다.[2] 우리가 이렇게 급진적인 관점을 받아들일 것까지는 없다. 우리는 그저 레우키포스의 매우 공상적인 실루엣에 부여된 정보가 얼마 되지는 않아도, 그것이 그의 대단히 뛰어난 제자의 철학을 연구하는 데 영양분이자 보충물로서 훌륭하게 쓰일 수 있다고 말할 것이다.

데모크리토스는 기원전 5세기 압데라에서 태어났다. 압데라는 이오니아 지방의 도시이며, 오늘날 터키의 에게 해 연안에 있다. 그가 장수했다는 것(그는 못해도 90년 넘게 살았던 것 같다)은 확실한 사실이다. 어느 옛 문헌에서, 그는 100년 넘게 살았던 현자들의 긴 목록에서 언급된다. 그 목록에는 데모크리토스와 더불어, 솔론, 탈레스, 제논 그리고 스토아학파의 클레안테스가 들어 있다.[3] 반대로 그가 자살했다고 가정하는 이야기들(사람들은 그가 스스로 굶어 죽었다고 말한다)은 확실히 날조된 듯하다.[4] 그가 정확히 언제 태어나고 죽었는지에 대해 고대 학설사가들이 제시하는 정보는 뚜렷이 갈라진다.

(1) 아폴로도로스(기원전 2세기)는 그의 『연대기』에서, 데모크리토스가 기원전 460년경, 즉 소크라테스보다 10년 늦게 태어났다

고 말했다. (2) 티베리우스 황제의 점성학자이면서 데모크리토스의 저작 목록을 짓기도 했던 트라쉴로스(서기 1세기)는 데모크리토스가 소크라테스보다 **한** 살 더 많았다고, 즉 기원전 470/469년에 태어났을 것이라고 주장했다.[5] (3) 그러나 기원전 1세기의 역사가인 시칠리아의 디오도로스는 데모크리토스가 기원전 404년경에 90세의 나이로 죽었을 것이며, 따라서 5세기 초(기원전 494년)에 태어났을 테니, 소크라테스보다 거의 **서른** 살이 많았을 것이라고 주장했다.[6]

우리는 여러 이유로(설명하자면 너무 길어질 것이다) 아폴로도로스가 제안한 **가장 늦은** 출생일(기원전 460년)을 지지해야 할 것 같다.[7] 소크라테스가 기원전 399년에 고발당했을 당시에 70살이었으니 그는 469년에 태어난 것이고, 따라서 데모크리토스보다 10년이 빠른 것이다. 그러나 고대 학설사가들이 보기에 소크라테스는 일종의 새로운 시작이었다. 아리스토텔레스 역시 그렇게 보고 싶어 했다. 그가 보기에 데모크리토스의 철학 활동은 반드시 소크라테스보다 **앞서야만** 했다. 왜냐하면 소크라테스와 더불어 철학은 실로 새로운 길에 접어들기 때문이다.[8] 그리고 사람들은 오늘날에도 마찬가지로 그렇게 여기고 있다! 그래서 일부 주석가들은 데모크리토스가 소크라테스보다 10살이 어리고, 그보다 40년 더 살았다는 것을 인정하면서도, 책에 '소크라테스-이전 철학자들'이라는 제목을 서슴없이 붙인다.[9] 학계는 결국 그들의 목적을 이루었다. 소크라테스와 그 주변 제자들은 사랑스러운 **근대 저자들**recentiores을 위해서 수세기 동안 보존되어야 했고, 유물론적 원자론은 여전히 초보 단계에 머무는 소박한 이성의 말더듬이인양 지나쳐**야 했다**. 또한 데모크리토스는 소크라테스보다 훨씬 더 오래 생존했는데도 우리의 집단적 무의식 속에서는 소크라테스와 동시대인이 아니라 그의 **선인들** 중 한 명에 불과한 것이다.

데모크리토스에 대해 말할 때, 키케로는 "사고력의 크기에서 그를 누구와 비교할 수 있을까?"라고 주장했다.[10] "그는 자신이 취급하지 않는 것을 아무것도 아닌 것으로 배제했다."[11] 세네카는 한술 더 떠 데모크리토스를 "모든 고대인들 중 가장 명민하다"고 말했다.[12] 아리스토텔레스, 테오프라스토스, 에피쿠로스와 그의 동료 메트로도로스, 스토아학파인 클레안테스와 보스포로스의 스파이로스는 모두 데모크리토스의 체계만을 논하는 저작들을 쓴 바 있다. 디오게네스 라에르티오스는 심지어 플라톤이 데모크리토스라는 **이름**을 어디에서도 언급하지 않은 까닭은 그가 데모크리토스와 힘겨루기를 해야 할 것을 두려워했기 때문이라고까지 주장했다![13] 그러니 에밀 리트레가 "데모크리토스는 아리스토텔레스 이전의 그리스인들 중 가장 박식했으며, 아리스토텔레스처럼 다방면에 재능이 있었다"고 말한 것도 이해가 된다.[14]

데모크리토스의 시야가 얼마나 넓었고, 그가 얼마나 다양한 것에 관심을 가졌는지 확증하려면 그의 저작 목록을 참조하기만 하면 된다. 70편에 이르는 그의 저작 목록, 그것들의 수와 제목들(이는 다른 자연철학자들이 쓴 단 '한' 권의 저작과 대조되어야 한다)은 그의 관심이 얼마나 경탄스러울 만큼 다양했는지를 입증해준다. 트라쉴로스는 플라톤의 저작들을 분류했던 방식으로 데모크리토스가 저술한 책들 대부분을 4편씩 묶었다. 그 중에서 2개 부문이 윤리학과 관련 있다. 또 다른 각 4편씩 이루어진 4개 부문은 자연학과 관련된다. 데모크리토스는 『대우주』와 『소우주』 외에도, 『행성들에 관하여』,『인간의 본성에 관하여』,『감각에 관하여』,『원자들의 다양한 형태에 관하여』,『상像에 관하여 또는 예견에 관하여』와 같은 제목의 전문적인 책들을 저술했다. 위 저작 목록에서 3개 부문은 넓은 의미의 수학과 관련된다. 거기서『기하학에 관하여』,『무리수 선분들과 단단한 것들에 관하여』같은 제목뿐 아니라,『대우주년 또는 천문학』(이 저작은 '달력'과 관련된다고 한다),『천체 기록』,『지리』 등도 발견된다. 마지막 4개 부문은 음악을 다루는 저작들(『리듬과 하모니에 관하여』,『시에 관하여』 등)과 '기예'을 다루는 저작들(『절식 또는 식이요법에 관하여』,『의학적 지식』,『농사 또는 측량에 관하여』,『회화繪畫에 관하여』,『전술』과『무장전투술』. 마지막 두 저작의 대상은 군사술이다)을 모아놓고 있다. (트라쉴로스가 분류에 집어넣지 않은) 다른 몇몇 저작들의 제목을 보노라면 이 엄청난 백과사전주의의 인상은 더욱더 깊어진다.『천체 현상의 원인들』,『대기 현상의 원인들』,『씨앗들, 식물들, 열매들에 관한 원인들』,『동물들에 관한 원인들』,『바빌론의 성서에 관하여』,『메로에 사람들에 관하여』,『오케아노스[대서양] 일주 항해』,『역사에 관하여』 등.[15]

2. 거의 탐험되지 않은 대륙

이와 대조적으로 '소크라테스 이전의' 사상을 연구하는 연구자들과 전문가들이 지난 100여 년간 데모크리토스를 위해 마련해둔 몫을 체계적으로 따져보면, 우리는 학자들이 데모크리토스에 대해 상대적으로 얼마나 무관심했는지를 보고 놀라지 않을 수 없다. 1940년에서 1980년 사이에 나온 소크라테스 이전 철학자 관련 연구의 거의 40%가, 상당히 적은 수의 증언들만이 우리에게 남아 있는 헤라클레이토스와 파르메니데스를 재료로 삼아 쓰였다. 그래서 1990년을 기준으로 할 때, 데모크리토스 관련 단편들을 편집하고 러시아어로 번역한 살로모 루리아의 기념비적인 주석서[16]를 제외하고는, 이 철학자에 대한 어떤 **총괄적인** 연구도 기획되지 않았다.

    데모크리토스가 쓴 저작의 방대함과 사상사 내에서 그것이 갖는 극도의 중요성이 무엇이었는지를 차츰 발견해나가면서, 우리는 잠정적으로 그 분야에서 우리가 연구해야 할 핵심은 대다수의 비평가들이 때때로 짐짓 무시했던 어떤 이론들을 재구성하는 것이라고 생각하게 되었다. 그러나 이것이 우리로 하여금 논쟁의 희열을 전혀 맛보지 못하게 막지는 않았다. 작업을 하는 도중에 우리는 데모크리토스 또는 그의 사유의 어떤 측면을 다루는 전문 연구들이 하나같이 꾸준히, 다소 집요한 방식으로 데모크리토스 철학의 **유물론적** 특성을 의심하려는 경향을 보인다는 것을 깨닫게 되었다. 아마 바로 그 문제와 관련해서, 독자는 우리가 전에 출간한 주요 저작[17]이나 이어질 짤막한 소개 속에서 일종의 논쟁적 통일성을 발견할 수 있을 것이다.

3. 원전과 전문적 참고문헌

데모크리토스에 통달하거나 적어도 전문가가 되기 위한 네 개의 '기둥', 달리 말하자면 압데라인의 사유 체계를 재구성하기 위해 가장 면밀하게 참조해야만 하는 책들은 다음과 같다.

    (1) 소크라테스 이전 철학자들의 단편을 모은 자료집 전부. 비단 딜스-크란츠가 편집한 『소크라테스 이전 사람들의 단편들』 67,

68장에서 볼 수 있는 레우키포스와 데모크리토스에 관한 단편들[18] 뿐 아니라, 살로모 루리아가 정리한 950개(!) 텍스트 모음집에 수록된 단편들.[19] (2) 아리스토텔레스 저작 전부. 사실 아리스토텔레스는 수차례 데모크리토스를 인용하고, 비판하고, 매우 자주 (항상 그를 거명하지는 않으면서) 그를 원용하며, 많은 부문에서 데모크리토스를 주요 대화 상대자로 삼는다. (3) 히포크라테스의 저작집 (그것은 '히포크라테스'라고 불린 '한' 명의 천재적인 창시자가 쓴 저작을 뜻하는 것이 아니라, 대개 기원전 450년에서 300년 사이에 작성된 의학 저술들의 모음을 뜻한다) 전부. (4) 마지막으로 대략 지난 100년간 데모크리토스를 대상으로 하는 전문 연구 전부.

4. 우리에게 전승된 단편들과 증언들을 어떻게 정리할 것인가?

일단 위 원전 자료들을 검토하고 나면, 우리는 데모크리토스에 대해 언급하고, 또 그의 말을 전한다고 주장하는 텍스트 대부분을 재편성하게 해주는 **여덟** 분야를 정할 수 있다.

(1) 가장 먼저 원자론적 자연학의 일반 원리들을 분석하고, (2) 데모크리토스의 천문학과 기상학에서 유래하는 보다 전문적인 질문들로 넘어가야 한다. (3) 지식론을 연구하고, (4) 영혼론 또는 심리학을 연구하면, 우리는 살아 움직이는 생명체라는 매우 특수한 복합체들에 대한 고찰로 나아갈 수 있다. (5) 그 다음 어떤 점에서 데모크리토스의 의학과 발생학이 히포크라테스주의에 영감을 주었고, 또 아리스토텔레스의 매우 격렬한 반응을 불러일으켰는지를 보여줄 필요가 있다. 생각하는 동물과 관련해서는, (6) 인간학이나 (7) 윤리학이 각각 두 가지 다른 종합의 대상이 될 수 있다. 데

모크리토스에 대한 언급은 틀린 것이라도 알맞은 방식으로 보고해야 하는 것이 사실이라면, (8) 마지막으로 우리는 수 세기 동안 이 고대 현자와 관련하여 널리 퍼져 있던 전설들에 대해 몇 마디 해야 할 것이다.

|1| 일반 자연학

1. 처음부터 끝까지 유물론

아리스토텔레스의 『형이상학』(I, 4, 985b4)을 믿는다면, 압데라의 원자론자들은 복합체들 간의 차이가 그것들을 구성하는 원자들의 형태, 배열, 위치에 달려 있다고 보았다. 레우키포스와 데모크리토스에 따르면 원자들은 형태에서(문자 A가 문자 N가 구별되듯이), 배열에서(AN과 NA가 구별되듯이), 위치에서(工[20])와 H가 위치에 따라 구별되듯이) 서로 구별된다. 따라서 하나의 같은 집적체에서 "하나[원소]만 바뀌어도 완전히 다른 것으로 보이게 된다. 이를테면 '비극'과 '희극'은 같은 문자들로 이루어진다."[21] 마찬가지로 ([데모크리토스보다] 거의 4세기 이후에 살았던) 루크레티우스에 따르면, "문자들 상의 작은 자리바꿈 덕분에, 우리는 '불'과 '재목' 같은 상이한 소리를 표시할 수 있다."[22] 그리고 동일한 문자들이 "그것들의 배열만 바꾸어도", 로마의 시인이 뜻과 소리가 다른 다수의 단어들로 이뤄진 시가詩歌를 지을 수 있듯이, "하늘, 바다, 땅, 강, 태양을 이루는 동일한 원자들도 마찬가지로 수확물, 나무들, 생명체들을 이룬다."[23]

로버트 보일(1627~1691)도 미립자들(그는 그것들을 미니마

minima라고 부르게 된다)이 "가톨릭적인 또는 보편적인 물질"[24]의 조직을 구성한다고 선언했을 때, 옛 입자론자들ancient Corpuscularians 을 기억하고는 아리스토텔레스의 바로 그 구절('원자들은 서로 A 와 N이 다르듯 형태에서 다르며, AN과 NA가 다르듯 배열에서 다르 며' 등)을 원용했다.[25] 이처럼 고대 원자론자들에 따르면 물질적 인 미립자들이 모든 현실의 씨실이다.

하지만 몇몇 전문가들은 데모크리토스가 때때로 원자들을 '이 데아들' ideai이라고 불렀다고 말하는, 하나로 모아지는 여러 증언들 때문에 매우 난처해하곤 했다. 가령 데모크리토스는 "온갖 이데아 들(즉, 원자들)로 이루어진 회오리"가 무한한 우주 어딘가에서 일 어나는 세계의 탄생과 점진적인 조직화를 주재한다고 주장했다.[26] 장 폴랑Jean Paulhan이 어원에 기초한 증명이라고 불렀던 것에 푹 빠 진 몇몇 사람들은 위 구절에서 원자의 물질적 입자성을 부인할 수 있는 기회를 포착할 수 있다고 믿었다. 정반대로, 위 구절에서 쓰인 이데아idea라는 용어는 물질적 입자의 **형태**와 다르지 않음을 강조해 야 한다. (반복하거니와, 오로지 **어휘상**의 논변에 기초하여) 데모크 리토스의 원자를 '탈물질화' 시키려는 시도는 극히 의심스럽다. 우 리는 그에 대한 불신을 다음과 같이 아주 쉽게 정당화할 수 있을 것 이다.[27] 그리스어 **이데아**는 『히포크라테스 저작집』에서 안짱다리 치료용 납신발의 **형태**,[28] 크세노파네스가 소들도 손이 있고 그림을 그릴 줄 알았다면 그들의 신에게 형태를 부여했을 것이라고 할 때 의 그 **형태**,[29] 프로타고라스가 거의 전혀 모른다고 했던 신들의 **형 태**,[30] 아폴로니아의 디오게네스가 말하는 다양한 동물들의 **형태**[31] 등등을 가리킨다.

2. 일자, 다자 그리고 존재의 원자성

경험적 현실을 어느 연구자가 "미세한 글쓰기"[32]라고 불렀던 것으로 환원하려는 이러한 시도는 초기 이오니아 자연철학자들이 4원소(공기, 물, 흙, 불)—감각적인 것의 다양성은 그것들로 환원된다—를 발견하기 위해 들였던 노력과 무관하지 않다. 이러한 시도에서 데모크리토스보다 조금 앞서 엠페도클레스와 아낙사고라스의 체계가 나왔다. 엠페도클레스에게 생성이란 아리스토텔레스의 말을 빌리자면 "벽돌과 돌로 구성된 벽"과 같은 방식의 "결합"으로 간주되었다.[33] 아낙사고라스는 "금이 우리가 금속 조각이라고 부르는 것으로 이뤄진 것과 마찬가지로", 전체가 같은 부분으로 된 입자들homoiomerē로 구성되어 있다고 주장했다.[34] 압데라 원자론자들의 커다란 혁신은 존재하는 것 전체를 **나눠진** 많은 금 조각들의 방식으로" 표상했다는 것이다.[35] 왜냐하면 그들은 존재가 본질적으로 불연속적이라는 사실—존재가 산재한다면 그것의 필연적 상관물로서 무無(달리 말해, 거대한 허공)가 역설적으로 존재해야 한다—을 공포함으로써만 경험적 외양들, 무엇보다 운동이 있음을 이해할 수 있다고 생각했기 때문이다.

분명히 파르메니데스는 존재는 있고 비존재는 있지 않다고 가르쳤고, 전체는 하나이며, 영원하고, 흔들림 없으며, 완결된 것이라고 가르쳤다. 그리고 그의 제자인 엘레아의 제논이 수학적 논증을 빌려서 증명하고자 했듯이, 파르메니데스는 운동이 그저 환영에 불과하다고 가르쳤다. 하지만 이것이 반드시 우리가 데모크리토스의 철학을 파르메니데스의 거대한 존재를 잘게 쪼갠 효과로, "엘레아적 존재에 대한 진부한 화폐주조[모방]"[36]로 간주해야 한다는 것을 함축하지는 않는다. 원자론에 기반한 자연학을 퓌타고라스학파가 잘하던 산술적 사변들과 엘레아학파가 제기했던 존재론적 문제들의 직계 계승자로 만드는 것은 원자론의 기원이 오로지 논리적이고 변증론적이라고 선언하는 위험을 무릅쓰는 것이다. 이는 사실과 전혀 다르다. 그것은 또한 몇몇 해석자들의 말마따나 에피쿠로스와 루크레티우스가 결국 원자들을 함부로 물질적인 입자들과 동일시했으며, 그 둘더러 무한공간에서 영원히 흩날리는 먼지들의 존재에 대한 소박한 믿음을 감각경험을 통해 확증했다고 우기는 우둔한 두 소년이었다고 주장하는 형국이다. 압데라학파와 엘레아학파 사이의 이론적이고 교육적인 관계는 분명히 확인된다. 알렉산드리아의 클레멘스는 레우키포스가 제논의 제자였고, 제논은 파르메니데스의 제자였으며, 파르메니데스는 크세노파네스의 제자였다고 단언했다.[37] 그러나 여러 증언들에서 데모크리토스와 아낙사고라스 사이의 강도 높은 이론적 동반 관계가 언급된다.[38] 뿐만 아니라 테오프라스토스(아리스토텔레스의 후계자로서 뤼케이온 학원을 이끌었다)는 존재하는 것들과 관련하여 레우키포스와 데모크리토스가 파르메니데스와 크세노파네스의 견해를 따르지 않고, 그들과 '반대의 길' hodon… enantian[39]을 갔다고 매우 분명히 밝히고 있다.

3. 빈 공간의 존재

데모크리토스는 허공이 본질적으로 운동의 원인이 아니라, 필수불가결한 sine qua non 조건이라고 말했다. 게다가 허공이 실제로 존재한다는 테제는 특히 경험적 논증들에 기초하고 있다. 아리스토텔레스가 말하기를, 원자론자들은 허공이 없으면 "장소에 따른 움직임

[장소운동]이 존재하지 않을 것"이라고 생각했다.[40) 아리스토텔레스는 그것을 두고 원자론자들이 허공의 존재를 **증명하는**deiknuousin 첫 번째 방식이라고 덧붙였다. 여기에서 열쇠가 되고 있는 추론은 보다 정확히 말하면 논리학자들이 후건부정modus tollens이라고 말하는 것이다. 후건부정을 논리적으로 도식화하면 다음과 같다. 만일 p라면, q이다. 하지만 non-q이다. 따라서 non-p이다. 허공의 존재를 증명할 때는 이렇게 된다. 만일 모든 것이 꽉 차 있다면(p), 운동은 불가능할 것이다(q). 하지만 우리는 운동이 실재함을 확인한다(non-q). 따라서 공간은 꽉 차 있는 것이 아니라, 정반대로 허공은 존재한다(non-p). 이 논리 도식은 에피쿠로스와 이후 루크레티우스에서와 마찬가지로, 운동이 실재한다는 **감각경험**의 확증(이런 확증은 **감각**이 우리에게 제공하고 끊임없이 확인시켜주는 정보로부터 나온다)에 기초하고 있다. 수렴되는 나머지 세 논증들에 대해서도 똑같이 말할 수 있다. (1) 경험으로 알 수 있는 수축과 압축의 예들, (2) (음식물이 생명체에 흡수될 때처럼) 한 물체가 다른 물체에 스며들 때 우리가 확증할 수 있는 증가들, (3) "재가 텅 빈 단지와 같은 양의 물을 흡수할 때 나타나는 증거martyrion."[41)

장-폴 뒤몽은 적어도 헤겔까지 거슬러 올라가는 테제, 즉 허공이 원자운동의 **원인**이라고 말할 수 있다는 테제를 부활시켰다.[42) 이런 식의 정식화를 반박할 필요가 있다. 오히려 요하네스 필로포노스(서기 5~6세기)를 인용함으로써, "허공의 존재를 인정한 자들", 달리 말해 원자론자들은 "허공이 없다면, 운동은 있을 수 없다"는 의미에서만 "허공이 운동의 **원인**이라고 간주한다"고 말했음을 떠올릴 필요가 있다.[43) 그것을 더 명시할 필요가 있을까? 데모크리토스에게 허공은 절대적으로 **텅 빈** 것이다! 근대 물리학에서 말하는 "아주 미세하고, 불가분하며, 곧 사라지는 물리적 존재들로 넘쳐나는" 그런 화려한 "허공"[44])은 없다. [고대 원자론자들의] 허공은 2cm³에 단 1몰분자조차 발견되지 않는다는 은하계 사이에 위치한 '허공'에 비교될 수 없다! [은하계 사이의 허공을 주장하는 자들이] **하나가 아닌** 그런 '허공'에서 우리가 아직 모르는 양상에 따라 실제 미립자 물질이 생겨날 수 있다고 말하는 것도 전혀 놀라운 일이 아니다. 그러나 (그것의 근대적 동음이의어가 아닌) 고대 원자론자들의 진짜 허공, 즉 **무**가 어떤 것에든 운동의 효과를 낼 수 있다고 주장하는 것은 고대 원자론자들이 참으로 생각할 수 없었던 억측일 뿐이다.

4. 우연과 필연

데모크리토스의 체계에서 '우연'이란 보편적 필연의 다른 이름 또는 별명에 지나지 않는다. 이 문제와 관련해 꽤 커다란 혼동이 있다. 우리는 어느 생물학자가 쓴 책의 제사題辭에서 "존재하는 모든 것은 우연과 필연의 결과물"이라는 데모크리토스의 '인용구'를 읽을 수 있다.[45] 이 인용구가 한 번으로 그치지 않는다는 것은 불행한 일인데, 왜냐하면 어떤 증언에서도 데모크리토스가 그것을 인정했다는 사실이 확증되지 않기 때문이다. 더욱이 이 인용구가 한 차례에 그치지 않는 까닭은 [위에 인용한 것처럼] 생각한 저자가 해결할 수 없는 모순에 빠지기 때문이다.

아리스토텔레스와 그의 분파들이 사용했던 언어 필터 때문에 사람들은 위와 같이 생각하게 되었을 수 있다. 데모크리토스가 **저절로**automatōs, 그리고 자연적 필연에 부합하여 생겨나는 것에 대해 다루었다고 말할 뿐인 몇몇 증언들을 두고서 그가 우연적인 현상들에 대해 다루었다고 본 것이다. 아리스토텔레스의 주장에 따르면 "데모크리토스는 목적인을 다루지 않았고, 자연의 모든 길을 필연으로$^{eis\ anank\bar{e}n}$ 향하게 만들었다."⁴⁶⁾ 그렇지만 뤼케이온의 철학자〔아리스토텔레스〕에 따르면 이는 원자론자들이 자연적 원인들을 연구할 때 **무엇 때문에**$^{to\ dia\ ti}$를 찾지 않으려고 기댄 핑계거리에 불과하다. 왜냐하면 아리스토텔레스가 보기에 데모크리토스는 운동의 영원성으로 운동을 해명하기에 충분하다고 주장하면서, '이 항구성을 정초하는 원리'에 대한 연구를 교묘히 피하고 있기 때문이다.⁴⁷⁾ 데모크리토스가 그린 우주에서는 일종의 '브라운' 운동이 **전부터 늘**$^{depuis\ toujours}$ 원소입자들을 뒤흔든다. 또한 이 운동이 **전부터 늘** 충돌, 튕겨남, 다소 정합적인 결합을 야기하지 않았을 우주의 상태를 상상할 필요가 없다. 어느 주석가가 에피쿠로스의 **당구공 우주**⁴⁸⁾라고 불렀던 곳에서는 결코 운동의 시작이 없었다.⁴⁹⁾

아리스토텔레스가 보기에 '〔원래〕 그러니까 그렇다!'라고 말하는 것을 듣는 것은 유리한 거래인 셈이다. 일반 자연학에서뿐 아니라 **모든** 과학적 탐구 영역(우주발생론, 영혼론, 인간학)에서 데모크리토스의 메커니즘은 뤼케이온 철학자와 정신주의 사상가들의 눈에 차지 않는다. 본디 몇몇 증언들에 등장하는 '우연'^{automaton}은 데모크리토스의 **필연**을 가리키는 다른 **이름**에 불과하다.⁵⁰⁾ 데모크리토스의 체계에서 '우연'은 보편적 필연의 그저 단순한 **별명**과 다름없다. 게다가 우리에게 전해지는 여러 텍스트에서 데모크리토스의 '우연'은 단지 예견/섭리^{providence}의 반대말로 쓰인다.⁵¹⁾ 만일 우리가 '우연'이라는 단어로 미리 정해진 목적 없이 도래하는 것을 지칭하려 한다면, 결국에는 그 용어의 의미를 지나치게 확대하게 된다. 틀림없이 아리스토텔레스와 그의 모든 제자들은 아주 분명하게 인간학적인 정의에서 출발해서, 잘못된 등식(저절로 〔생기는 것〕automaton = 목적의 부재 = 원인·합리적 설명의 부재)에 비추어 원자론자들의 저작을 읽어도 무방하다고 생각했을 것이다. '맹목적' 우연 그리고 '맹목적' 필연이라는 이 두 가지 표현은 모든 **미리-보기**pro-vidence를 완전히 제거함으로써 자연을 보는 **시력을 잃는** 사태를 가만히 두고 볼 수 없는 자에게는 어차피 같은 말이다. 아리스토텔레스와 그 후계자들은 to automaton(히포크라테스의 의학서에서 이 단어가 쓰이면 '자생적인' 것이라고 옮기지만, 아리스토텔레스의 텍스트에서 나오면 '우연'이라고 옮긴다)을 tychē〔'운'〕와 동일시했다. 이러면서 그들은 데모크리토스의 가르침을 그들 자신의 목적론적 관심에 맞는 언어로 옮겨 적음으로써 그의 가르침을 왜곡했다. 왜냐하면 데모크리토스는 틀림없이 그가 말한 '자생성'을 건드릴 수 없는 자연 법칙에 엄격히 부합한다고 보았을 것이기 때문이다! 이러한 독해를 뒷받침하기 위해 우리는 아무런 어려움 없이 당시 여러 의학 텍스트들을 원용할 수 있을 것이다. 가령 이 텍스트들에서 의사들은 구토제로 배출해낸 담즙(우울증)과 '자동적인' 담즙, 즉 자생적 담즙을 대조했다.[52] 그리고 자생적 담즙을 자가 치료의 뜻으로 썼다.[53] 또는 그들은 "자생적인 것automaton은 **만일 그것이 그저 이름으로 쓰일 경우에는** 명백하게 어떤 실재성도 갖지 않는다"[54]고 말했다. 마찬가지로 화chymoi는 "자생적automatoi이면서 자생적이지 않은데ouk automatoi, 이는 **우리에게 자생적이지만 원인에서 자생적이지 않다.**"[55]

데모크리토스에게 '우연'은 방금 우리가 언급한 텍스트들에서 보듯이 어떤 원인의 **결핍**도 가리키지 않는다. 우연적인 듯이 보이는 것은 **주관적인** 관점에서만, 즉 관찰자의 무지의 관점에서만 그러할 뿐이다.[56] 결과적으로 '우연'은 그저 **정신의 관점**일 뿐이다.

5. 무게는 원자에 내재하는 성질인가?

마지막으로 데모크리토스 자연학에 대한 일반적 소개를 마무리하면서 우리는 원자들의 무게 문제를 다루어야 한다. 우리는 이 문제를 압데라학파의 우주발생론을 다루는 다음 장 첫머리에 '넌지시 끼워 넣을' 수도 있었다. 왜냐하면 압데라학파에 따르면 무거운 물체들이 위에서 아래로 향하는 경향은 따로 떨어진 개별 원자들에 내재하는 것이라기보다는 오히려 우주를 발생시키는 회오리가 만들어지는 과정 중에 **획득되는** 듯이 보이기 때문이다. 어떤 세계가 형성 중에 있을 때, 모든 것은 마치 가장 작은 원자들이 외곽으로 밀려나면서 가장 가벼운 것이 **되고**, 중심으로 모이려는 경향을 가진 가장 커다란 원자들이 가장 무거운 것이 되는 것처럼 진행된다.[57] 사실 무게 문제를 다루는 데모크리토스의 직접 단편은 하나도 우리에게 전해지지 않는다. 그러나 아에티오스(『학설 모음집』의 저자)는 이렇게 증언했다. "데모크리토스는 원자에 두 성질, 즉 크기와 형태가 있다고 말했지만, 에피쿠로스는 여기에 무게^{baros}를 세 번째 것으로 보탰다. 왜냐하면 물체들은 무게로 인한 충돌에 의해 움직일 수밖에 없기 때문이라고 그는 말한다."[58]

하지만 아리스토텔레스 주석가인 심플리키오스에게서 우리는 "데모크리토스의 제자들, 그리고 이후 에피쿠로스는 모든 원자들이 동일한 본성을 지니고 무게를 갖는다고 말한다"라는 구절을 발견한다.[59] 따라서 데모크리토스가 원자들을 영원히 무게를 갖는 것으로 파악했으리라는 것도 배제되지 않는다. 그렇지만 이 무게가 꼭 아래로 움직이는 경향을 가리키지는 않는다. 바로 이것이 데니스 오브라이언이 내놓은 우아한 해결책이다. 아리스토텔레스 이전 사람들은 **아래로** 향하는 운동에 대해서 뿐 아니라, 공간의 모든 방향으로 끊임없이 움직이는 원자들의 운동에 대해서도 무게라는 단어를 쓸 수 있었다.[60] 아리스토텔레스의 체계에는 **두** 종류의 무게가 있다. 그가 월하月下세계라고 부르는 것 안에 있는 각 물체는 그것의 '자연적 장소', 즉 자연이 그 물체에 부여한 장소로 향하는 경향이 있다. 불이나 공기 같은 가벼운 물체들은 위로 향하고, 흙이나 물같은 무거운 물체들은 아래로 향한다. 따라서 데모크리토스에게 개별 원자들은 그것들이 한 세계의 배열에 잠정적으로 포함되어 있든 아니든 **무겁다**고 인정할 수 있는 여지가 있다. 그러나 아리스토텔레스와 그의 계승자들이 이후 그 단어에 부여했던 것과는 아주 다른 의미에서 말이다. 그러므로 우리가 바로 여기에서, 다시 말해 물질입자들이 추는 끊임없는 발레, 그 물질입자들의 본질적 성질들, 그리고 원자들이 영원히 운동하는 공간인 허공을 묘사할 수 있게 해주었던 첫 막의 부록에서 원자들의 무게 문제를 제기하는 것이 아마도 틀린 일은 아니었을 것이다.

| 2 | **우주발생론, 천문학 그리고 기상학**

1. 우주발생론

주요 엘레아 철학자들, 특히 파르메니데스는 존재가 무한하다는 생각을 단호히 거부했다. 거꾸로 "우주는 무한정하다"[61]는 테제를 옹호하는 압데라의 원자론자들은 퓌타고라스학파인 타렌툼의 아르퀴타스가 이미 사용했던 추론을 근거로 삼았던 것 같다. 심플리키오스는 이렇게 적고 있다. "에우데모스의 말에 따르면 아르퀴타스는 다음과 같이 문제를 제기했다. '만일 내가 하늘의 끝에, 달리 말해 항성 위에 있다면, 나는 손이나 지팡이를 바깥으로 내밀 수 있겠는가 없겠는가? 분명, 나는 그렇게 할 수 없다. 하지만 만일 내가 그렇게 할 수 있다면, 이는 물체든 장소든 바깥이 있음을 함축한다. [...]' 따라서 우리는 마찬가지로 끊임없이 도달된 한계를 향해 늘 나아갈 것이며, 똑같이 물을 것이다. 그리고 막대가 도달한 곳이 끊임없이 다른 것이라면, 다른 것도 무한정하다는 것은 분명하다."[62]

결국 이 무한한 우주 안에 당연히 세계들이 "수적으로 무한"하게 있어야 한다.[63] 왜냐하면 "만일 외부의 지역이 무한하다면, 물체 또한 무한하고, 세계도 무한해야 하기 때문이다."[64] 회오리를 형성하기 위해 원자들이 유입됨에 따라, 무한한 우주 어딘가에서 하나의 세계는 모여서, 조직을 이루다 흩어지고, 그리하여 루리아의 단어를 차용하자면 영원한 **페레스트로이카**, 즉 새로운 세계의 영원한 **재구축**에 참여한다. 이 새로운 세계들은 이제는 사라진, 영원히 분해된 세계들에서 흘러나온 잔해들로부터 형성되는 것이다.

장 볼락은 어쨌든 매우 탁월한 어느 연구[65]에서 초기 원자론자들을 따를 경우 한 세계가 조직되는 과정을 주재하는 그 유명한 회오리가 만들어지기 **이전에** 따로 떨어져 있던 원자들의 존재나 물질에 대해 말하는 것, [회오리가 생기기 이전에] 이 세계 그리고 거기에 있는 기초원자들이 존재론적으로 실재한다고 말하는 것은 무의미하다고까지 보았다. 우리가 보기에 이런 해석은 데모크리토스의 가르침의 정신에 위배될 뿐 아니라, 디오게네스 라에르티오스가 레우키포스의 우주발생론에 대해 증언하는 **문자** 자체와도 모순된다.⁶⁶⁾ 왜냐하면 디오게네스 라에르티오스는 그 텍스트에서 조직되기 시작하는 세계의 피막에 '외부의 물체들'(즉, 필연적으로 따로 떨어진 **원자들**이나 아주 작은 집적체들)이 결합하러 온다고 말하고 있기 때문이다! 볼락 식의 해석에서는 여전히 그리고 항상 무슨 수를 쓰던 간에 원자를 '탈물질화' 하는 것이 관건이다. 원자를 일종의 '이데아'로, 경험적 외양들 전체가 그것으로부터 파생되는 아주 추상적인 알파벳 **문자**로 만들기, 물체적 실체만 빼고 우리가 원하는 **모든 것**으로 변질시키기가 관건인 것이다. 달리 말하자면, [그런 식의 해석에서는] 원자가 그러하지 않을 수 없는 사실, 즉 **물질**적인 입자라는 사실을 거부하는 것이 핵심이다.

레우키포스에 따르면 "온갖 형태의 많은 물체들이 무한한 것에서 잘라져서 조각난 채 거대한 허공으로 옮겨진다."⁶⁷⁾ 갈라진 무한한 공간 내에서의 열림이 우주발생 과정의 첫 번째 조건이라는 이러한 생각은 아낙시만드로스가 앞서 사용했던 정식을 떠오르게 만든다. 아낙시만드로스는 세계들이 무한정한 것으로부터 '분리'^apokrisis 또는 '분리되어 나오면서'^ekkrisis 세계들이 구성된다고 주장했다.⁶⁸⁾

[거대한 허공에서 잘려 나온 온갖 형태의 물체들이] 기초적인 거대 덩어리를 이루고 나서 처음으로 세계^cosmos가 생겨나기까지 **여섯 국면**의 진행 단계를 거친다.⁶⁹⁾ (1) "온갖 형태의 많은 물체들"의 모임(이것은 이제부터 상대적으로 자율적인 단위를 형성한다)은 "하나의 회오리를 만드는데, 이 회오리 안에서 서로 부딪히고 온갖 방식으로 회전하면서 비슷한 것들이 비슷한 것들 쪽으로 따로 분리된

다."[70] V.E. 알피에리가 압데라식 우주발생론의 '제1법칙'이라고 부르던 것이 효과를 내기 시작하는 것이다. 비슷한 것들은 비슷한 것들끼리 모이는바,[71] "모든 것은 마치 사물들 안에 있는 유사성이 어떤 모임의 원리를 내포하는 것처럼 진행된다."[72] 이는 우리가 "체로 걸러지는 씨앗들과 바닷가의 조약돌에서" 보는 것과 같다. "전자의 경우, 사실 체의 회오리에 의해 편두는 편두와, 보리는 보리와, 밀은 밀과 따로따로 정렬된다. 후자의 경우, 파도의 운동에 의해 긴 자갈은 긴 자갈과 같은 장소로 밀리며, 둥근 자갈은 둥근 자갈과 같은 장소로 밀린다."[73] (더 이상 레우키포스가 아니라) 데모크리토스에 대해 설명하면서, 디오게네스 라에르티오스는 이 단계에서 매우 특수한 네 개의 복합체들('불, 물, 공기, 흙')이 형성된다고 언급한다.[74] (2) 항상 이 일종의 '체로 치기' 효과 덕분에, 물질의 이질적인 운동들은 중심과 주변이라는 두 중요한 운동 지점을 구성하게 된다. 가벼운 물체들은 중심 덩어리의 가장자리에서 독립된 운동망을 이루며 동요하게 되고, 부피가 큰 물체들은 회오리 한가운데에 남아서 보다 조밀한 조직으로 결합된다. (3) 이제 "공처럼 둥근 최초의 어떤 구조물"이 등장한다. 그것은 "자신 안에 온갖 종류의 물체들을 에워싸고서 피막처럼 있다. 그것들[구조물 안의 물체들]은 중심의 반발로 인해 주변을 맴돈다."[75] 이 피막hymēn 같은 것이 세계를 죄고 있다고 표상하는 방식은 아낙시만드로스[76]까지 거슬러 올라가는 전통에 속한다. 그것은 나중에 루크레티우스가 말하게 될 세계의 불타는 벽moenia mundi[77]을 예시하는 것이다.

(4) 이어서 "중심으로 옮겨진 물체들이 모여서" 땅이 생겨난다.[78] (5) 알맹이가 피막을 희생시켜 자라듯이, 피막처럼 둘러싸고 있는 것 자체는 "바깥의 물체들이 유입됨에 따라", 즉 회오리의 힘

에 의해 휩쓸리면서 그것에 접촉하는 작은 물체들이 유입됨에 따라 다시 자라난다."[79] (6) 마침내 이제 천체들이 형성된다.[80] 회오리에 사로잡힌 일부 물체들은 "서로 얽혀서, 축축하고 진흙덩이인 구조물을 만든다."[81] "이어서 그것들은 회오리 전체와 함께 돌면서 마르게 되고 결국은 불붙어서 별들의 본성을 형성한다."[82] 데모크리토스가 점차 말라서 결국 불붙게 되는 이 진흙덩이를 불타는 "돌들"[83] 또는 불타는 덩어리들이라고 무차별하게 정의했다고 해도 그리 놀랄 일은 아니다.[84] 사실 모든 천체들은 회오리 안에서 "그것들의 회전 속도 때문에 불타는" 별들이니 말이다.[85]

2. 천문학과 기상학

데모크리토스의 천문학과 '기상학'^{météorologie} (고대 그리스인들은 우리 머리 위에서 펼쳐지는 모든 현상들을 메테오라^{meteora}라고 불렀음을 기억하자)을 다루면서, 버넷$^{John\ Burnet}$, 브레이에$^{Émile\ Bréhier}$, 거스리$^{William\ K.C.\ Guthrie}$ 그리고 다른 여러 사람들은 친절하게도 압데라학파가 이 주제에 대해 가르친 학설들이 취약할 뿐 아니라, 심지어 퇴행적이라고까지 말했다. 어떤 이는 압데라학파의 천문·기상학이 **아낙시만드로스로의 회귀**, 즉 한 세기도 전에 형성된 가설로 되돌아가는 것이라고 말했다. 다른 이는 그것이 순전히 유치하다고 말했다. 그렇지만 우리는 데모크리토스가 이 분야와 관련해서 **아낙사고라스**를 매우 자주 차용하고 있음을 무난하게 보여줄 수 있다. 아낙사고라스는 데모크리토스보다 훨씬 오래된 **고대의** 밀레토스 사상가가 아니라, 그보다 그저 조금 **나이가 많았던** 사람일 뿐이다. 우리는 우리가 이용할 수 있는 증언들 속에서 아낙사고라스와 데모크리토스가 공유했던 무수한 테제들과 마주친다. 총망라한 것은 아니지만, 두 사람이 똑같이 주장한 테제들의 목록은 다음과 같다. 천체는 불타는 돌이다. 달은 스스로 빛을 내지 않는다. 무언가 달에 살았던 것 같다. 은하수는 어떤 별들이 쏟아내는 빛이다. 혜성은 '회합' 때문에, 다시 말해 두 거울이 서로 그들의 빛을 반사하는 것과 같은 방식으로 서로의 빛을 모으는 유성들이 만나서 생긴다. 땅(지구)은 북 모양이다. 공기쿠션이 떠 있는 땅을 떠받친다. 동굴은 그 땅 아래 흩어져 있고, 지진으로 인한 지질 변동에서 아주 중요한 역할을 한다. 바다의 소금기는 땅에서 소금이 만들어지는 것과 비슷한 원인에 따라 만들어진다. 물이 땅에 흡수되어 용해되면 소금기를 띠게 된다. 왜냐하면 땅은 그 안에 소금 성분 물질들, 예를 들어 소금 광석이나 칼륨 광석을 함유하고 있기 때문이다. 나일 강이 정기적으로 범람하여 홍수가 발생하는 까닭은 에티오피아라는 남쪽 나라에서 눈이 그대로 있지 못하고 주기적으로 녹아내리기 때문이다. 번개는 구름 속에서 시작되어 위에서 아래로 떨어지는 불의 번쩍임이다. 천둥은 이 불이 일으키는 굉음에 불과하다 등등.[86]

따라서 우리는 버넷, 베일리[Cyril Bailey], 거스리 등등이 데모크리토스의 기상학 학설들을 하나같이 아낙시만드로스나 아낙시메네스의 학설들(즉, 데모크리토스보다 한 세기 이상 앞서 살았던 철학자들의 학설들)과 연결시키면서, 일부러 아낙사고라스라는 뚜렷이 덜 "의고적인"[87] 선례를 회피했다고 생각할만한 근거가 있다. 그러면서 그들은 데모크리토스가 파르메니데스와 엘레아주의의 다소 세련되지 못한 후예였다는 널리 퍼진 편견에 더 쉽게 동의할 수 있었던 것이다. 데모크리토스는 **엘레아적**이었음에 틀림없고, 그 나머지는 그리 흥미롭지 않거나 조야하다는 식으로 말이다. 또한 그들은 이 철학자에 관한 증언들 중, 이 편향적이고 논박의 여지가 있으며 특정한 이해가 얽힌 [엘레아학파와의] 연관 관계에 맞아떨어지지 않는 모든 것을 반동적이고 시대착오적이며 기괴한 것이라고 서둘러 판단해버렸다.

| 3 | 지식론

1. 지각이론

이제 데모크리토스의 지각이론과 그것이 우리에게 던지는 주된 질문들을 살펴보자. (1) 우리는 원전들 속에서 시지각을 설명하는 **두 가지** 판본을 발견하지 않는가? (2) 데모크리토스에 따르면 대상들의 거리와 크기는 어떻게 지각될 수 있는가? (3) 복잡한 대상에 대한 지각, 예를 들어 복합된 색을 가진 대상에 대한 지각을 어떻게 해명할 것인가?

(1) 데모크리토스는 상像들 혹은 시뮬라크르들(고대 원자론자들은 보이는 대상의 표면에서 계속 흘러나오는 미세한 막들을 에이돌라^{eidola}라고 불렀다)이 그 자체로 우리 눈에 투과되어 보는 것[시각작용]을 발생시킨다고 보았는가? 아니면 눈 자체가 보이는 대상 앞으로 빛을 쏘고, 이러한 조건에서 시뮬라크르와 시선의 흐름이 마주치는 지점에서 이 대상들의 이미지가 형성된다고 보았는가? 데모크리토스가 시지각 메커니즘에 대해 제시할 수 있었을 설명을 연구하는 데에는 무엇보다 먼저 이런 얼마간의 어려움이 있다. 한편으로 어떤 이들은 이렇게 말한다. 데모크리토스는 에피쿠로스가 나중에 그런 것처럼, 어떤 시뮬라크르들이 직접 "보는 자의 눈에

투과되어 보는 것을 발생시킨다"[88]고 가르쳤다고. 따라서 본다는 것은 이 첫 번째 유형의 증언에 따르면 "보이는 대상들로부터 흘러나오는 가시적 인상을 받는 것"[89]이다. 다른 한편 테오프라스토스는 이렇게 주장한다.[90] 데모크리토스에 따르면 **눈 자체를 포함하여** 모든 사물들의 유출물이 존재하며, 눈에서 나온 유출물과 보이는 대상에서 나온 유출물이 그 둘 사이의 공기 어딘가에서 만나서 그 공기에 자국을 남긴다.[91] 루리아가 강조했듯이, 데모크리토스가 위 문제에 관해 하나의 **유일한** 이론(학설사가들은 이 이론을 다소 단순하게 만들어 소개할 수 있었을 것이다)을 가르쳤다는 생각을 거부할만한 아주 확고한 이유는 없다. 그리고 이 〔하나의〕 이론이란 이미지들이 눈에 부딪히는 것(이것은 에피쿠로스의 이론이다)이 아니라, 이미지들이 공기에 **자국**을 남긴다는 의미인 것 같다. 달리 말하자면 데모크리토스가 그보다 앞선 크로톤의 알크마이온과 아크라가스의 엠페도클레스에게 이미 나타나는 '이중방사' double émission 이론을 처음으로 거부했다고 볼만한 이유가 없다.

(2) 다른 한편 R.W. 발데스는 이미지들이 공기를 거쳐 오는 동안, 우리 눈에 투과되기 전에 거쳐야 하는 거리에 비례해 크기가 축소된다는 테제를 압데라인에게 마땅히 부여할 수 있다고 주장했다.[92] 데모크리토스는 분명 아리스토텔레스가 '투명한 것' diaphanēs 에 마련해놓은 매개 역할을 **공기**에 부여했던 것으로 보인다.[93]

(3) 마지막으로 아리스토텔레스의 『감각과 감각되는 것들에 관하여』에는 데모크리토스가 에피쿠로스보다도 먼저 감각적 **최소치**의 존재뿐 아니라 연속시간의 **최소치**, 감각적 순간, 너무 짧아서 우리가 그 중단을 파악할 수 없는 시간의 경과가 있음을 인정했다는 증거가 있다.[94] 데모크리토스의 색이론을 평하면서, 아리스토

텔레스는 데모크리토스가 미세한, 지각할 수 없는 시간이 있음(이것은 아리스토텔레스가 부조리하다고 생각했던 가정이다)을 가정했다고 분명하게 비판한다. 아리스토텔레스에 따르면 데모크리토스는 복합적인 색에 대한 지각이 여러 부분적 지각들이 병렬된 결과임을 더 잘 납득시키기 위해 이런 망상을 내세웠다는 것이다. 그리고 이 단편적 지각들 각각은 혼합물을 조성하는 데 들어간 단색들 하나하나의 존재를 경험하게 해줄 것이다. 아리스토텔레스가 몰두하고 있는 이 비판적 설명의 내용은 대략 다음과 같다. **지금 여기에서** 보라색을 지각하는 자는, 만일 그가 원자론자라면 그에게 빨간색 감각작용을 일으키는 모양의 원자들의 흐름과 파란색 감각작용을 일으키는 모양의 원자들의 흐름에 의해 인상을 받았다는 것을 받아들여야만 한다. 따라서 그는 필연적으로 이 서로 다른 **자극들이** 그리 정밀하지 못한 감각으로는 쪼갤 수 없는 아주 짧은 시간에 **잇달아 온** 것이라고 가정해야만 한다. 요컨대 원자론은 그것의 필연적인 결과로서 **시간의 원자성**이라는 약간 이상한 학설을 초래하는 듯 보인다.

 사실 우리는 데모크리토스의 여러 후계자들에게 그러한 테마가 현존하며 재출현한다는 사실을 어렵지 않게 확인할 수 있다. 가령 14세기에 데모크리토스 원자론에 기초하여 사물들이 영원하다는 학설을 주장했던 오트르쿠르의 니콜라[95]는 연속과 **시간**을 무한하게 나눌 수 있다는 아리스토텔레스의 이론을 거부했다. 그리고 중세 아랍의 모든 원자론자들도 마찬가지로 그렇게 주장했다. 무타칼림은 "시간이 순간들로 이뤄져 있다"[96]고 주장했다. 이는 자연세계가 텅 빈 공간에 흩어져 있는 셀 수 없는 양의 물질원자들로 구성되어 있는 것과 마찬가지로, 시간도 나누어질 수 없는 것들로 이뤄져 있다는 뜻이다. 루크레티우스(기원전 1세기)는 우리에게 시간의 점punctum temporis, 감각적 순간에 불과한 것은 사실 지속을 가지지만, 그것이 이성에겐 **다수의** 논리적 순간들, 즉 시간의 '원자들'로 분해된다고 적고 있다.[97]

다른 착상들의 경우, 특히 주관적 감각인 **미각**은 에피쿠로스주의의 경우보다 그리 문제가 되지 않는다고 말할 수 있겠다. 왜냐하면 데모크리토스는 [에피쿠로스와 달리] 모든 감각적인 것들이 참이라고 그 어디에서도 가르치지 않았으니 말이다. 따라서 내가 좋게 평가한 음식을 나와 같이 식사를 한 다른 이들이 싫어하는 것도 이상한 일이 아니다.[98] 왜냐하면 감각은 객관적인 지식을 주지 않기 때문이다. 만일 데모크리토스가 감각작용이 항상 참되다고 주장했다면 문제는 훨씬 더 복잡해졌을 것이다.

2. 데모크리토스의 합리론

엄밀한 의미의 지식론으로 들어가 보자. 우리는 일부 해석가들이 섹스투스 엠피리쿠스의 너무나 명백한 주장들을 무시하면서까지 얼마나 끈질기게 데모크리토스를 회의주의자 퓌론(기원전 3세기)의 선조로 소개하고자 했는지 살펴볼 것이다. 이 분야에 대한 데모크리토스의 진짜 학설이 무엇이었는지를 알아보는 문제와 관련해서, 사람들은 우리에게 보고된 테제들이 눈에 띄게 서로 맞아 떨어지지 않는다는 사실을 전면에 내세우곤 했다. 무엇보다 먼저 현상들 또는 '감각되는 것들' ta aisthēta의 존재론적 지위가 무엇인지, 그와 관련하여 감각되는 것들이 눈에 어느 정도로 신뢰할만한 것을 주는지에 대해 압데라인이 어떻게 평가했는지를 알아내야 하는 어려움이 있다. 한편으로 아리스토텔레스의 『생성과 소멸에 관하여』에는 데모크리토스와 레우키포스가 "나타나는 것〔현상〕속에 참된 것이 있다"[99]고 평가했다는 구절이 나온다. 다른 한편 섹스투스 엠피리쿠스(서기 2~3세기)는 정반대로 데모크리토스가 "감각들에 나타나는 것들을 부정하고anairei ta phainomena tais aisthēsesi, 이것들이 결코 진리에 맞게 나타나는 것이 아니라 다만 의견에 맞게 나타날 뿐이라고 말한다"[100]고 주장한다. 오로지 원자들과 허공의 실재성만이 참으로 인정될 가치가 있다. "관습상 단 것, 관습상 쓴 것, 관습상 차가운 것, 관습상 색깔〔이 있지만〕, 실제로는 원자와 허공〔만 있다〕."[101] 헬렌 바이스Helene Weiss의 말대로, '심연'(만일 그런 것이 하나라도 있다면!)은 섹스투스의 증언과 아리스토텔레스의 증언 사이의 대립에만 그치지 않는다는 것을 지적하자. 왜냐하면 아리스토텔레스 자신의 설명에서조차 몇 가지 어긋나는 점들이 발견되기 때문이다. 아리스토텔레스는 여러 곳에서 원자론자들에게 맞은 〔원자들의〕 형태들(이것은 원자들의 성질들만이 실재함을 뜻하는 듯이 보인다)로 환원된다[102]고 지적하지 않던가? 또한 그는 원자론자들에게 "색은 존재하지 않는다"[103]고 말하지 않던가? 이것은 "나타나는 것〔현상〕속에 참된 것이 있다"[104]는 〔자신의〕 명제와 모순될 뿐 아니라, 데모크리토스를 회의주의자들의 선구자로 제시하려는 주석가들의 주장을 공고히 해주는 것 아닌가?

하지만 아울루스 겔리우스(2세기)는 데모크리토스가 "스스로 눈의 빛을 박탈했는데, 왜냐하면 그는 자연의 합리적 구성을 검토함에 있어서, 그의 정신의 사유와 성찰들이 시각의 매력과 눈의 방해에서 해방되면 보다 생생하고 정확해질 것이라고 평가했기 때문"[105]

이라고 주장한다. 이런 종류의 일화가 갖는 일차적 이점은 (그 이야기에 꾸며낸 부분이 얼마나 들어 있건 간에) 적어도 데모크리토스가 **오로지 사유의 힘을 통해서만 참된 것에 도달할 수 있다고 생각했음**을 느낄 수 있게 해준다는 데 있다. 게다가 섹스투스 엠피리쿠스는 다음과 같이 적고 있다. 데모크리토스는 "그의 『원칙들』에서 두 가지 인식, 즉 감각들을 통한 것과 사고를 통한 것이 있다고 말하는데, 사고를 통한 인식을 적법하다고 말하고, 그것에는 진리의 판결을 위한 신뢰성을 보증해주는 반면, 감각들을 통한 인식을 서출적이라 부르고, 참된 것의 식별에 따른 틀림없음을 그것에서 배제한다. 그의 말을 그대로 옮기자면 그는 이렇게 말한다. 앎에는 두 종류가 있다. 하나는 적법한 것이고, 다른 하나는 서출적인 것이다. 서출적인 것에는 다음의 모든 것들, 즉 시각, 청각, 후각, 미각, 촉각이 속한다. 반면에 적법한 것은 이것과는 구별된다."[106] 또한 일부 저자들이 말하는 것처럼 데모크리토스를 한 명의 회의주의자 또는 원原-회의주의자로 만들기보다는, 아무리 감각적인 앎을 그저 '서출적'인 앎으로 간주했어도 어떻게 이 철학자가 여기저기에서 일률적으로 감각적인 것을 마치 거짓된 것인 양 다루라고 조언했다고 부당하게 생각할 수 있는지 자문해볼 필요가 있다. 조나단 반즈가 제시한 것(이 저자는 "압데라의 회의주의는 퓌론주의 유형의 회의주의"라고 분명하게 주장했다[107])과는 반대로, 아포리아와 판단중지에 단호하게 자리 잡은 데모크리토스의 이미지를 그릴 필요는 없다. 왜냐하면 데모크리토스가 소박실재론을 피하기 위해 감각작용이 주는 자료들을 비판한 것이 사실이라 해도, 그는 그에 못지않게 참된 것의 서출적 형태들인 바로 이 감각자료들에 기초했기 때문이다.

우리는 이러한 관점을 보다 강조하기 위해서 여러 '소크라테스 이전' 사상가들과 무수한 저자들―(아마도 몇몇 퓌론주의자들을 제외하고는) 누구도 자신이 '회의주의자'의 입장을 취한다고 생각한 적이 없다―이 감각적 앎에 대해 많은 경계심을 가졌다는 사실을 떠올릴 수 있다. 그 예로 크세노파네스, 헤라클레이토스, 또 엘레아학파가 떠오르며, 또한 엠페도클레스와 아낙사고라스도 생각해볼 수 있다. 사실 이 점과 관련해서 데모크리토스(그리고 엠페도클레스와 아낙사고라스)를 그의 여러 선구자들, 특히 엘레아학파와 구별시켜 주는 것은 그들이 어떤 의미에서 감각적인 것을 **복권시킨다**는 데 있다. 왜냐하면 이 세 사람 모두 비록 감각의 매력이 우리를 자주 속이기는 하지만, 감각이 어쨌든 어떤 의미에서 실재적인 것에 접근할 수 있는 길[108]이 된다는 데 동의하기 때문이다. 감각작용은 감각하는 자를 변질시키기는 하지만, 감각작용이라는 표지의 원(原)대상을 완전히 왜곡할 정도로 우리의 원자적 구성을 뒤흔들어놓는 것 같지는 않다. 그리고 우리는 진리가 "심연에 있다", 달리 말해 진리가 깊숙이 숨겨져 있다는 단편(데모크리토스, B117)이 우리의 해석을 뒤집을 수 있으리라고 보지 않는다.[109]

키케로처럼 디오게네스 라에르티오스도, 처음에는 퓌론주의자들이 나중에는 신아카데미학파의 옹호자들(플라톤의 먼 후계자들로서 개연주의와 회의주의로 전향했다)이 얼마나 대범하게 끝도 없이 앞 다투어 자신들의 것이 아닌 선조들이나 권위자들을 꾸며냈는지 잘 제시한 바 있다. 가령 호메로스를 그들 분파의 '창시자'로 만들면서,[110] 이 철학자들은 시인들(아르킬로코스, 에우리피데스)의 저작이나 7현인들 중 한 사람이 말한 이런저런 격언 속에서 회의주의 전통의 징후들(이 유명한 인물들이 이 전통의 전령들이었다고 그들은 주장하곤 했다)이 발견된다고 주장했다. 마찬가지로 대부분의 위대한 자연철학자들, 예를 들어 크세노파네스, 엘레아의 제논, **데모크리토스**, 플라톤, 엠페도클레스, 헤라클레이토스, 히포크라테스가 [회의주의자들에게] 돋보이는 사유(회의주의자들의 명백히 과도한 경향을 부추김으로써 완전히 날조된 계보를 세우는 데 적합한 사유)의 선집을 제공할 수 있었다.[111]

데모크리토스에게 감각적인 것은 이처럼 거짓과 참 사이에서 **매개자**의 지위를 갖는다. 그러므로 그것은 우리가 변화하는 것, 뒤섞여 있는 것의 이편으로부터 원래의 텍스트(현자는 확실한 앎을 가지고, 이 텍스트가 일정하게 배열된 질서를 가진 원자적이고 입자적인 특성들로 이루어져 있다는 것을 안다)에 접근할 수 있게 해주는 하나의 중개인이자, **전망**의 지위를 갖는다.[112]

3. 데모크리토스의 수학

데모크리토스가 수학에 관해 가르친 것에 대해 우리가 아는 정보는 얼마 안 된다. 그렇지만 그 얼마 안 되는 정보는 우리가 방금 그의 지식론에 대해 말한 것과 매우 잘 맞아떨어진다. 그는 수학에서 지나친 **경험주의**의 우를 범한 듯이 보인다. 특히 플루타르코스의 어느 구절[113]에 따르면 데모크리토스가 원뿔의 모선母線이 직선이 아니라 파선破線이라고 생각했음을 알 수 있다. 실제로 밑면에 평행한 면을 따라 원뿔을 둘로 나누었다고 해보자. 데모크리토스에 따르면 그 두 절단면(즉 윗부분의 **밑면**과 아랫부분의 **윗면**)은 동일하지 않다. 그렇지 않으면[두 절단면이 동일하다면] 그것은 하나의 원기둥이 될 테니까! 원뿔의 경사는 결국 단들로 이루어진 일종의 피라미드나 바빌론 신전의 '계단'이 되거나, 나누어지지 않는 일련의 미시적인 층들, 적어도 원자 하나의 두께를 가진 일련의 나누어지지 않는 크기들이 될 것이다.

데모크리토스는 마찬가지 방식으로 구를 "일종의 각"[114]으로, 달리 말해 하나의 **진정한** 구가 아니라 다면체로 생각했던 것으로 보인다. 그리고 여전히 그의 원리를 따르면 맨눈에 곡선으로 보이는 것도, 이성의 눈으로 볼 때 각각의 점이 미세한 직선 선분에 의해 이어지는, 점과 연결되는 파선과 동일시될 수 있다. 여기에서 우리는 원자론자들이 기하학에서 현실적으로 무한히 작은 것과 같은 모든 것에 대해 반감을 가짐으로써 전반적으로 재앙적인 결과를 낳았음을 알고 있다. 또한 데모크리토스는 퓌타고라스학파처럼 기하학을 모든 학문들의 근원이자 모국으로 간주[115]하기는커녕, 기하학을 자연학의 하위 부분 수준으로 깎아내렸고, 결과적으로 순수수학 분야를 단지 산술 분야로 환원시켰다.

| 4 | 영혼론

1. 생명의 불과 호흡

아리스토텔레스의 『자연학 소논문집』 Parva naturalia을 면밀히 살펴보면 우리는 데모크리토스의 영혼론의 주요한 결들을 재구성할 수 있다. 여기서 영혼론은 **자연학**의 한 장을 이룬다. 우리는 아리스토텔레스의 소논문집을 읽으면서, 데모크리토스가 생명 메커니즘에서 스페로이드에 부여한 핵심적인 역할을 발견하게 된다. 그리고 우리는 데모크리토스가 생명을 죽음에 저항하는 기능들의 집합으로 파악했다고 결론지을 수 있다. 사실 유기체는 **두 가지** 물체들, 두 범주의 원자들이 병렬하여 구성된다. 하나는 오로지 신체적인 역할만을 한다. 다른 하나는 작고 매끈하고 구 모양이어서, 그것을 멈추려는 것에 잡히지 않으며 감수성, 운동성, 사유와 같은 영혼의 기능들을 해명해준다고 여겨진다. 데모크리토스가 영혼이라고 부르는 것은 이 한 유형의 원자들, 즉 스페로이드들로 구성된 특수한 물체일 뿐이며, 이 스페로이드들 덕분에 전체로서의 신체는 느끼고, 움직이고, 살아갈 수 있는 것이다.[116] 왜냐하면 스페로이드들이 비할 데 없이 동요함으로써 영혼원자들에게 극도의 **열기**를 부여하기 때문이다. 압데라의 고대 원자론자들이 영혼을 불의 일종에 비교했다고 아리스토텔레스가 말할 정도로 말이다.[117]

    그밖에 데모크리토스는 모든 힘이나 덕이 영혼의 사태이며, 역으로 영혼은 **기계적 에너지의 온상**과 다르지 않다고 간주했을 것이다.[118] 그러니 루리아가 "데모크리토스가 식물들 그리고 아마도 돌들에 부여했던 생명의 **최소치**"[119]를 고려할 수 있었던 것도 이해가 된다. 지나가는 김에 언급하자면, 생명의 최소치는 어떤 전통의 기원과 관계된 우아한 가설을 정식화할 수 있게 해준다. 그 전통에 따르면 데모크리토스는 "돌과 식물의 덕이 숨겨진 채 남지 않도록 하기 위해 그것들을 실험하는 데 온 생애를" 바쳤다.[120] 일부 위작자들은 (특히 기원전 2세기에) 스스로 지은 몇몇 연금술 저작을 출간하면서 자신들의 위작을 **데모크리토스**의 저작인 체했는데, 위의 전통은 이러한 위작들에서 유래한다. 데모크리토스가 불이나 영혼을 만들어낼 수 있는 구 모양을 한 미립자들이 모든 사물에 어느 정도 존재한다고 가정했을 가능성이 크다. 다른 한편, 데모크리토스가 보기에 "신체의 원자들과 영혼의 원자들은 하나씩 하나씩 교대로 놓여 있다."[121] 그는 인간 유기체를 바둑판 모양의 구조(하나의 순전히 신체적인 원자는 하나의 영혼원자와 함께 교대한다)로 묘사했다. 그러므로 우리는 그의 원리에 따라, 자연 안의 **모든** 것에 영혼의 요소들이 포함할 것이라고 가정할 수 있다. 또한 건강한 사람일 경우에만 생명에 핵심적인 이 스페로이드가 그 신체의 절반을 차지할 것이다. 데모크리토스는 병자들, 동물들, 식물들, 돌들의 경우 영혼원자들의 퍼센트 비율이 늘 최소 비율일 것이라고, 다시 말해 아마도 건강한 사람만이 가질 수 있는 공평한 50대50의 비율에서 가장 멀리 떨어져 있을 것이라고 생각했을 것이다.

인간은 전적으로 **물체**로 이루어져 있기 때문에, 모든 것이 마치 물속의 물고기가 그의 자연 환경에 통합되어 있듯이 진행된다. 데모크리토스가 보는 인간은 숨을 쉬기 때문에 사유한다. 왜냐하면 우리가 숨을 쉬고 공기가 우리 안으로 들어올 때, 공기와 함께 우리 안에 들어오는 구 모양의 입자들은 유기체 내에 남아 있는 영혼이 바깥으로 퍼져나가지 않도록 막기 때문이다. 그러므로 삶과 죽음은 직접적으로 들숨과 날숨에 연결되어 있다.[122]

2. 데모크리토스 영혼론에서 공기의 본질적 역할

데모크리토스가 삶과 죽음의 경계에 있는 상태, 즉 잠, 꿈, 그리고 (우리가 보게 될 것처럼, 그가 독특한 방식으로 '그대로 간직하는') 몇몇 대중적 미신들에 대해 가르친 것을 연구하면, 그가 묘사하는 거의 모든 생명 과정에서 공기가 극히 중요한 역할을 부여한다는 것을 확인할 수 있다.

데모크리토스가 보기에 삶에서 죽음으로 가는 이행은 본디 **차츰 줄어드는** 과정이다. "시체도 감각작용을 한다"[123]고 주장하기 위해서, 데모크리토스는 시체가 땅에 묻히고 나서도 손톱과 머리카락은 한동안 계속 자란다는 사실을 근거로 대거나, 우리가 죽었다고 생각했던 사람들이 나중에 다시 살아난다[124]는 사실을 원용했을 수 있다. 왜냐하면 "시체들은 늘 어떤 온기와 감각능력을 갖기 때문이다." 비록 시체의 경우 그 근원의 대부분이 흩어져버렸음이 확인된다 할지라도 말이다. 그에 대한 라이프니츠의 견해가 무엇이었든 간에, 여기에서 〔데모크리토스가〕 사후의 영혼불멸을 어느 정도 믿지 않았을까라고 상상하는 데까지 나갈 필요는 없다.[125] 데모크리토스에게 영혼은 개별적으로는 감각되지 않는 원자들로 이뤄진 일종의 **망상조직**이며, 죽은 뒤에 차츰차츰 분해되어갈 구 모양의 미립자들로 이뤄져 있음을 결코 잊어서는 안 된다. 크로톤의 밀론 같은 건장한 운동선수들도 "얼마 안 가 해골이 되며, 결국 최초의 자연으로 해체되기"[126] 때문이다.

죽음이 많은 수의 구 모양 원자들이 신체 바깥으로 빠져나가는 것이라면, 잠은 "숨이 희박해지는 것", 즉 생명에 가장 필수적인 원자들의 분명히 보다 안정된, 따라서 훨씬 덜 위험한 어떤 이탈 효과로 특징지을 수 있다.[127] 왜냐하면 죽음은 영원한 잠과 같고, 잠은 밤마다 일시적으로 우리를 쓰러뜨리는 짧은 죽음과 같기 때문이다.[128] 그리고 "모든 것은 이미지들로 꽉 차 있기"[129] 때문에, 그 이미지들 중 일부는 우리가 잠든 사이에 "미세구멍을 통해 우리의 신체 안으로 통과해 들어오고", 이어서 "다시 거슬러 올라와서는 우리가 잠잘 때 보는 것들을 만든다."[130] 꿈은 이처럼 외부에서 온 이미지들이 정신의 빛남을 자극하는 **잔향**의 한 방식으로 이해된다.

다른 증언들은 데모크리토스가 이 이미지들 중 어떤 것들, 특히 '크고', '거대한' 것들을 신의 시뮬라크르로 삼았다고 지적한다.[131] 데모크리토스는 이러한 일반적인 이미지론이 '흉안'凶眼이나 전통적으로 저주를 보내는 마법사가 지녔다고 간주되는 사악한 힘들과 관계된 대중적 믿음들을 합리화할 수 있게 해준다고 생각했을 수도 있다. 그리고 데모크리토스의 견해 덕분에, 통속적인 귀신 연구나 유령 이야기 뿐 아니라 간장肝腸 검사 같이 의심스러운 점술들 역시, 보통 사람들이 쉽사리 '초자연적인' 것으로 간주하는 것을 어떤 의미에서 **자연화하려는** 거대한 기획의 대상이 되었던 것으로 보인다.[132] 사실 합리주의라고 해서 꼭 허풍스러운 담론들이 부풀리는 엉뚱한 사실 보고에 틀에 박힌 방식으로 맞서면서 그것을 부인하란 법은 없다. 합리주의는 아무리 기이한 사실이라 하더라도 그것이 진짜라면 그것을 합리적으로 설명할 수 있다는 절대적 확실성에 있다.

| 5 | 의학

1. 데모크리토스주의와 의학

정식으로 입증되는 바, 데모크리토스는 의학 분야에 '관심'이 있었으며, 의학 서적을 집필하기도 했다.[133] 그는 철학이 의학의 누이라고 말하곤 했다. 아주 간략한 비교에서부터 시작해보자. 우리는 『공기, 물, 장소』와 『신성병에 관하여』 같은 히포크라테스 논고들 (어중간하게 설득력 있을 뿐인 어떤 연구들에 따르면 『골절』의 한 구절이나 『관절에 관하여』에서 발견되는 다른 구절 역시)이 데모크리토스로부터 강하게 영감을 받았을 주제와 표현들을 전달하는 듯 보인다는 사실을 떠올릴 수 있을 것이다.

어쨌든 우리가 방금 인용한 논고들 중 첫 두 편은 고대 유물론의 최고봉이다.『공기, 물, 장소』는 인간사에 대한 '환경적' 해석을 개시하였으며, 이는 차례대로 이븐 할둔, 몽테스키외, 포이어바흐, 맑스를 예시하게 된다. 이 책의 저자에 따르면 바람, 해, 수질, 지세가 인간들의 정치제도를 결정하게 된다. 유럽인들의 자유와 도덕적 성질은 변화무쌍한 기후와 흔히 가파른 지형에서 비롯된다. 반면 아시아인들은 온화한 자연 상태가 한결같이 유지되는 환경에서 살기 때문에 참주정에 딱 맞는 게으름을 유지하게 된다.『신성병에 관하여』(기원전 5세기 말엽에 작성되었을 가능성이 아주 큰 논고)에는 우리는 간질이 "나머지 병보다 더 신적인 것은 아니다"[134]라는 구절이 나온다. 논고의 저자는 거기에서 "마술사, 속죄자, 협잡꾼, 사기꾼"[135]을 격렬히 비난한다. 그런 자들은 최고악을 신성한 것으로도 신적인 것으로도 간주하지 않으며, 정화의례나 마술을 통해 질환을 쫓아낼 수 있다고 자처하면서 경건이 아닌 불경을 보여준다.[136] 따라서 이는 단순히 몇 가지 일시적인 공통점이 아니라,[137] 오히려 공통된 합리주의 그리고 자연적 인과성을 초월하는 모든 원리에 대한 공통된 거부인 것이다. 그리고 빌헬름 네슬레가 적었듯이 우리는 이를 통해서 데모크리토스가 이오니아 철학과 히포크라테스 의학 사이를 연결하는 '정신적 다리'를 놓았다고 생각할 수 있다.[138]

2. 히포크라테스 논고들에 현존하는 데모크리토스

오래 전에 이미 M. 벨만이, 보다 최근에는 J. A. 로페즈 페레즈[139]가 몇 가지 지적들을 제안하면서 우리를 그 다리로 초대한다. 이제 데모크리토스주의에 직접적으로 영감을 받은 주제들이 히포크라테스 논고들, 『발생에 관하여』, 『아이의 본성에 관하여』, 『병 IV』에 들어 있지 않은지 물을 필요가 있다. 사실 이 세 논고 및 데모크리토스 의학과 관련된 고대 증언들에 다음의 다섯 가지 테제가 **동시에** 나타난다.

(1) 여성에게 씨앗이 있다.[140]

(2) 정액은 온몸에서 나온다(그래서 우리는 이것을 '범생설' 汎生說이라고 부른다).[141]

(3) 태아의 성별 분화와 임신 말기에 태아가 보이는 다른 성격들은 아버지에게서 온 성격들의 모사물들과 어머니에게서 온 성격들의 모사물들 간의 일종의 싸움에 의해 결정된 것이다('에피크라테이아'〔우월, 지배〕epikrateia라고 불리는 이론).[142] 데모크리토스의 시각에 따르면 부모의 신체 각 부분에서 크기가 줄어든 모사물이 흘러나오며, '축소된 복사물' (루리아는 уменъшенная копия라고 말한다[143])은 씨앗 속에서 어머니의 자궁까지 운반된다.

(4) 쌍둥이를 낳거나 새끼를 많이 낳는 동물들이 여러 새끼를 배는 것은 암놈의 모체에 주머니가 여럿 있기 때문이다.[144]

(5) 배胚 발생 과정에서 바깥 부분이 먼저 형성된다.[145]

이밖에도 데모크리토스가 모체 안에서 배에 영양을 공급하는 방식에 대해 주장한 것(그에 따르면 아이들은 "작은 살 조각을 빨아들이면서"[146] 영양분을 공급받는다. 여섯 번째 테제), 그리고 남풍의 습기와 지중해 지역에서 상대적으로 자주 일어나는 유산 사이의 관계를 정립한 것[147] (일곱 번째 테제)은 『살들』이나 『전염병』 4권에 반향을 일으켰다. 이것들은 방대한 히포크라테스 논고들을 저술하던 이들의 여러 테제들에 [데모크리토스가] 아마도 아주 분명하게 영향을 주었음을 보여주는 보충적인 증거들이다.

3. 『동물들의 생성에 관하여』: 아리스토텔레스 대 데모크리토스

몇몇 전문가들은 위와 같은 접근이 그리 신빙성이 없다고 생각해왔다. 히포크라테스주의가 철학자들과는 독립적으로, 거의 자율적으로 발전했으리라는 것이다. 게다가 이 전문가들의 관찰에 따르면 『히포크라테스 저작집』 어디에도 원자들에 대한 명시적인 언급이 등장하지 않는다는 것이다. 이는 데모크리토스가 그저 **여러 다른 이들 중** 한 명의 소크라테스 이전 철학자라고 전제하는 것이다. 우리는 이러한 태도를 받아들이지 않는다. 우리는 오히려 『동물들의 생성에 관하여』라는 아리스토텔레스의 논고를 검토함으로써 위 태도에 결정적으로 반대되는 증거를 찾아낼 수 있다고 믿고 싶다. 이 책 (여기서 데모크리토스는 12번 거명된다)에서 뤼케이온의 철학자는 아주 분명하게 압데라식 메커니즘에 맞서 정식으로 토론을 벌이는 것 같다. 아리스토텔레스는 정확히 우리가 데모크리토스의 저작들과 세 편의 히포크라테스 논고(『발생에 관하여』, 『아이의 본성에 관하여』, 『병 IV』)에 동시에 나타난다고 말했던 그 테제들을 하나씩 하나씩 논박한다.

아리스토텔레스에 따르면,

(1) 여성에게는 씨앗이 없다. 오르가슴의 순간에 암컷에서 분비되는 체액은 "수태 과정에서 아무 역할도 하지 않는다."[148] 사실

상 모든 것은 시인 아이스퀼로스가 주장했던 것처럼 진행된다. "어미가 그의 아이라고 불리는 것을 낳는 것이 아니다. 그녀는 단지 그 안에 뿌려진 씨의 유모일뿐이다. 아이를 낳는 자, 즉 남자가 그녀를 임신시키는 것이다."[149]

(2) 정액은 온몸에서 나올 수 없다. 만일 암컷이 씨앗을 내지 않는다면, 이는 데모크리토스가 가르친 바와는 반대로 정액이 온몸에서 나오지 않음을 입증하는 충분한 근거이다.[150]

(3) 성의 분화는 수컷과 암컷의 씨앗의 부분 중 어느 것이 우세한가(에피크라테이아)에 달려 있는 것이 아니다. 그것은 암컷이 제공한 질료에 [수컷의] 근원이 형상^{eidos}을 부과하느냐 마느냐에 달려 있다.

(4) 쌍둥이나 여러 새끼가 태어나는 것은 모체가 여러 주머니를 갖고 있음을 증명하는 것과는 무관하다. 그것은 씨앗이 온몸에서 나오지 않음을 또 한 번 입증해주는 것이다.[151] 왜냐하면 난卵 착상이 이루어지는 모체 안에서 여러 배들이 발전할 때, 아이를 낳는 자의 '같은 신체 부위에서 떨어져 나온 원소들'이 그만큼의 [그 여러 배만큼의] 모사물들로 분할되는 기이한 능력을 갖고 있다고 상상해서는 안 되기 때문이다.[152]

(5) 동물들의 바깥 부분들이 먼저 분화되는 것이 아니다. 아리스토텔레스가 보기에 혈액들에서 그 존재가 구분되는 첫 번째 기관은 바로 심장이다. 왜냐하면 심장은 동질체와 비동질체의 원리이기 때문이다.[153]

(6) 게다가 태아의 영양 공급은 전혀 흡인을 통해서 일어나지 않는다.[154]

우리가 히포크라테스 논고들에서 다시 찾았다고 생각했던 데모크리토스의 **일곱** 가지 테제 중에서, 아리스토텔레스가 쓴 『동물들의 생성에 관하여』의 정식 논박을 피해간 것은 물론 가장 평범한 마지막 테제뿐이다. 그보다 더 이전에 데모크리토스가 했던 것처럼, 아리스토텔레스는 지중해에서 불어오는 바람의 온화함과 습도를 기록하는 데 만족한다.[155] 그리고 이 바람이 불 때, '손상된 수컷', 즉 암컷이 더 많이 태어난다고 주장한다.[156]

이처럼 우리는 우리가 찾던 반대 증거를 갖게 되었다. 이것은 『발생에 관하여』, 『아이의 본성에 관하여』, 『병 IV』 같은 히포크라테스 논고들을 집필한 의사의 관점과 그것에 영감을 주었던 데모크리토스의 관점들 사이의 동일성을 확증해주기 충분하다.

| 6 | 인간학

1. 생명의 탄생과 문명의 발전

데모크리토스의 인간학은 황금시대 신화를 배제하며 모든 형태의 목적론을 거부한다. 그것은 사회성이나 도시국가의 조직과 관련하여 인간 자신이 자연의 다른 존재보다 더 지니고 있는 본능을 어떤 식으로든 이용한다는 것을 부정하는 것이다. 이미 우리가 앞에서 언급한 중요한 증언에 따르면, 데모크리토스에게 있어서 "비슷한 것들은 비슷한 것들을 안다."[157] 섹스투스 엠피리쿠스가 했던 이 증언은 이 근원[원자들과 허공]이 세계를 발생시키는 회오리의 점차적인 조직뿐 아니라, 생명의 출현, 나아가 일단 형성된 **세계** 내에 사회성의 출현도 설명한다고 생각하게 해준다. 왜냐하면 생명과 문명 역시 원자들과 허공의 우연적 사건들에 불과하기 때문이다. 데모크리토스는 회전운동을 겪게 만드는 체 안에서 편두, 보리, 밀 알갱이가 분리되었다가 규칙적으로 정돈되는 예를 제시했다. 점차적으로 우리가 말한 알갱이들로 무차별적으로 조성된 혼합물은 비슷한 원소들끼리 서로서로 결합하는 정돈된 모임이 된다. 역시 우리가 이미 말한 대로, 계속해서 다시 시작되는 파도운동의 기계적 효과 덕에 "긴 자갈은 긴 자갈과 같은 장소로 밀리며, 둥근 자갈은 둥근 자갈과 같은 장소로" 정리된다.[158] 무생물의 세계에서 따온 이 두 가지 예보다 먼저, 우리는 또한 다음과 같은 텍스트를 읽는다. "데모크리토스는 생명이 없는 것들과 마찬가지로 **생명이 있는 것들**에도 그런 주장을 한다. 왜냐하면 그의 말에 따르면 비둘기들이 비둘기들과 함께 두루미들이 두루미들과 함께 모이는 것처럼 동물들은 같은 종의 동물들과 모이며, 그밖에 이성을 갖지 않은 모든 것들의 경우도 마찬가지이기 때문이다."[159] 따라서 데모크리토스가 그리는 우주론 틀에서, 세계의 형성 및 조직을 주재하는 **기계적 원리**와, 인간학에서 생명체를 모으는 사회적 유대의 존재를 해명하는 원리는 완전히 동일하다. 두 경우 모두에서 관건은 자연적 **필연**이다. 우리가 보았듯이 필연은 때로 부적절하게 "우연"[160]으로 불리기도 했다.

만일 우리가 역사가인 시칠리아의 디오도로스(기원전 1세기)의 텍스트(K. 라인하르트[1912]는 이 텍스트가 데모크리토스 인간학을 반향하고 있음을 올바르게 인정했다[161])를 신뢰한다면, 데모크리토스는 지구상의 생명의 기원에 대해 햇빛의 작용 하에 축축한 원소들이 차츰 생명력을 띠어간 결과라고 생각했다. 또한 태양은 모든 토착 동물들이 그것에서 태어나게 되는 첫 번째 모체들의 발생을 야기했다는 것이다. 이 모든 것은 생명체의 영혼 구성과 관련된 데모크리토스의 가르침을 통해 우리가 이미 알고 있는 것과 아주 잘 부합한다. 대단히 따뜻하고 잘 움직이는 구 모양의 원자들은 핵심적인 생명 기능들의 토대에 있다. 주변 공기에서 그런 원자들을 흡수함으로써 이 기능들은 얼마간 보존되고 유지될 수 있다.

시칠리아의 디오도로스가 적듯이, 원시인들의 생활은 처음에는 "무질서하고 야생적이었다." 인간들은 뿔뿔이 흩어져^{sporadēn} 살았다.[162] 동물들은 서로에게 위험하고 거친 모습을 보이도록 만들어졌다. [반면] (옷도, 집도, 불도, 적당한 먹을거리도 없었던) 초기 인간들은 "서로 돕게 되었고, 필연의 학교에서, 그들을 모이게 만드는 공포 효과 하에서, 점차 그들 상호간의 형태를 인정하게 되었다."[163] 이어서 점차 **예상**하는 것을 배우면서 그들은 "보존될 수 있는 과일들을 채집한다."[164] 도시국가, 언어, 기술, 모든 것이 그렇게 서서히 생겨나고, 경험^{peiras}은 이 다양한 진보를 가져오는 데 중요한 몫을 한다. 신들은 여기에 개입하지 않았다. 필요^{chreia}(이 단어는 '우연'처럼 자연적 필연의 다른 이름이다)가 진보의 유일한 동인이었다.[165]

여기에서 토머스 콜의 전문적인 작업을 언급해야 한다. 그는 자신의 작업을 통해 디오도로스의 텍스트뿐 아니라, 십중팔구 위대한 데모크리토스라는 하나의 모델에서 가지 쳐 나온 듯 보이는 네 편의 다른 인간학 텍스트들을 제시하면서, 라인하르트의 해석에 큰 무게를 실어주었다. 이 네 편의 텍스트들은 다음과 같다.

(1) 비트루비우스의 『건축에 관하여』 2권(33장을 비롯하여 여러 곳 참조).

(2) 루크레티우스의 『사물의 본성에 관하여』, 5권(문명발전사

는 925행에서 1457행에 나온다).

(3) 세네카의 『루킬리우스에게 보내는 편지』 중 90번째 편지. 사람들은 여기에서 스토아학파인 포세이도니오스의 가르침의 여러 반향들이 나타난다는 데 동의한다.

(4) 마지막으로 비잔틴의 요하네스 체체스(11세기)가 『일리아스』와 헤시오도스를 주해하면서 작성했던 주석들.

콜은 문명의 완만한 진보를 추적한다고 하는 이 텍스트들에서 묘사된 상이한 단계들이 디오도로스의 텍스트에 나온 것과 대동소이하다는 점을 찾아냈다. (1) 유목적 삶, 축적에 대한 완전한 무지 그리고 완전한 궁핍. (2) 최초의 저장 및 비축. (3) 최초의 주거지 건축, 직조 발명, 불 발견, 음식 익히기. (4) 최초의 사회 형성, 최초의 언어, 유용한 기예들의 탄생. (5) 불 덕분에 가능해진 새로운 기술 발전, 예를 들어 금속 추출, 야금술, 도구 및 전쟁무기 생산, 직조, 농사. (6) 위 모든 창시자들은 기술 발전을 가능하게 만들었던 요인들을 정리하는 일종의 결산표를 만들 필요를 느낀다. 이 요인들은 주로 손, 언어, 지능과 같이 인간 동물이 이용할 수 있는 자연적 이점들이나 축적된 경험 속에 있다. (7) 필수불가결하지 않은 기술들의 출현, 특히 천문학과 음악의 출현. (8) 글쓰기의 탄생, 최초의 역사 문서 작성.[166)] 위와 동일한 구상을 가지고 짜인 여러 텍스트들이 있는데, 콜은 이것이 데모크리토스가 쓴 하나의 원본 텍스트의 다양한 사본이나 각색이라고 생각할 여지를 제공한다고 반복해서 말한다. 우리가 할 수 있는 일이라곤 독자가 이 뛰어난 증명의 노력을 직접 참조하도록 하는 것뿐이다.

마지막으로 데모크리토스는 인간 기술의 탄생을 설명하기 위해 동물 패러다임을 자주 사용했던 것으로 보인다는 사실을 언급할 필요가 있다. 플루타르코스의 보고에 따르면 압데라인[데모크리토스]은 '우리가 중요한 일들에서' 짐승의 '도제이자 제자'라고 주장했다고 한다. "즉 우리는 [천을] 짜는 기술과 수선하는 기술에서는 거미의 제자이고, 집 짓는 기술에서는 제비의 제자이며, 그리고 흉내 내어 노래 부르는 데서는 백조와 꾀꼬리의 제자이다."[167] 인간 기술들의 원리에는 항상 보편적인 교육자인 자연, 달리 말해 새로운 생각들을 촉발시킨 **감각적** 경험의 축적이 있다. 이런 뜻에서 낙뢰가 어떤 것에 떨어져서 그것에 갑자기 불이 붙는 모습을 관찰하거나, 나뭇가지들이 마찰하고 적당히 바람이 불어주면 화재가 발생하는 것을 보고 나서, 인간들 역시 스스로 불을 지필 수 있다는 생각을 품게 된다고 루크레티우스는 주장했다.[168] 데모크리토스에게도 마찬가지로 자연은 필연**과** 우연(모든 기술혁신을 위해 필요한 조건으로서 **필연**, 그리고 정확히 기회로서의 **우연**)으로 스스로를 드러내면서 인간들에게 발견의 **기회**를 제공한다.

2. 언어의 기원과 시적 언어

데모크리토스에 따르면 언어는 '우연에 따라', 달리 말하면 관습[규약]에 따라 생겨난다.[169] 주변 공기에 채워져 있는 신적인 이미지들이 사람들에게 침투할 때, 시인들의 정신은 다른 이들의 정신보다 쉽게 그 이미지에 사로잡힌다. 시인의 언어는 이런 예외적인 인물들의 신들림과 관련된다.[170]

데모크리토스가 서정시인들의 신들림에 대해 가르치던 것은 그의 관습론적[규약론적] 언어 개념에 놀랍도록 잘 맞아떨어진다. 우리는 플라톤의 『파이드로스』와 『이온』보다 앞서, 이 철학자가 일말의 광기 없이는 진정한 시인이 될 수 없다고 주장했음을 입증하는 증언들을 가지고 있다.[171] 몇몇 인물들의 타고난, 수용적인 본성에 영감, '신적인 숨(기운)'이 덧붙여지는 것이다.[172] 이 신적인 기운은 우리 세계 바깥 지역에서 우리 각자에게까지 도달한 아주 미세한 원자들의 흐름과 다르지 않다. 시인은 다른 인간들보다 훨씬 더 **민감**하다. 호흡 기능은 다른 이들보다 더 시인에게서 **영감**을 위해 활용된다. '제6의 감각', '신적인 본능'은 현자들과 '이성이 없는 동물들'의 전유물로서, 그것을 가진 이에게 신적 이미지들의 흐름을 저절로 해석할 수 있는 능력을 부여한다. 정신이 나간^{ekstatikoi}, 혹은 정신질환이 있는 사람들^{melankolikoi}도 마찬가지로 이 능력에 다소 접근할 수 있다. 왜냐하면 그들은 그들 자신의 사유에 몰입하기보다는 일반인들보다 더 외부의 영향에 복종하기 때문이다.[173] 따라서 시를 오랫동안 쓰면 미학적 구성을 완전하게 하는 데 보탬이야 되겠지만, 시인들은 오로지 홀린 상태나 정신 나간 상태에서만 아름다운 것들을 만들어낼 수 있다.

3. 데모크리토스는 무신론자였는가?

데모크리토스와 에피쿠로스는 그들의 이미지이론을 가지고 "신들의 존재를 부정한다."[174] 데모크리토스는 "극단적인 방식으로 신성을 폐지하지 않는가?"[175] 키케로의 이 몇몇 단언들을 읽다보면, 데모크리토스가 참으로 **무신론자**로서 처신했던 듯이 보인다. 많은 이들이 그에게 이런 평판을 만들어주었다. 가령 에우세비오스(4세기)는 "데모크리토스의 동료가 되었던 프로타고라스는 무신론자라는 평판을 얻었다"라고 적었다.[176] 그리고 어떤 전통들은 무신론자

디아고라스라는 별명을 가지고 있던 멜로스의 디아고라스를 데모크리토스의 제자로 만들었다.

(가장 그럴듯한 가설을 고려하여 택하는) 몇몇 해석자들은 데모크리토스의 신들을 신적인 상들^{eidola}, 즉 예외적으로 큰 이미지들과 동일시하고자 했다. 그 이미지들은 우리의 정신을 두드리기에, 그것들이 **재**-현하는 듯한 신성들이 실제로 존재한다는 믿음을 우리 안에 유발한다. 완전히 다른 저자들(헤르미포스, 키케로, 섹스투스 엠피리쿠스)에게서 나왔는데도 같은 내용으로 수렴되는 텍스트들은 이런 내용을 뒷받침하는 근거로 쓰일 수 있을 것이다. 몇몇 다른 텍스트들은 "신적 존재에서 오는"$^{apo\ tēs\ theias\ ousias177)}$ 이미지들, 인간들과 또한 (우리가 보았듯이) 이성이 없는 동물들을 두드리는 이미지들,[178] 그것을 발생시킨 존재로부터 확실히 유출되는 이미지들을 언급한다. 하여튼 〔데모크리토스가〕 신적 본질을 가진 존재들(신적인 상들)이 "파괴하기 어렵지만, 소멸하지 않는 것은 아니라고"[179] 여겼어도, 가장 독실한 독자들이 이런 주장을 그들의 입맛에 맞지 않는 것으로 여겼던 것은 쉽게 이해할만하다. 키케로가 주장하듯이, "데모크리토스는 절대적으로 영원한 어떤 것이 있을 수 있음을 부정하기 때문에, 신성을 완전히 〔…〕 제거한다." 왜냐하면 그런 식으로 데모크리토스는 사람들이 공통적으로 만들었던 의견을 무화시키기 때문이다.[180]

그밖에 우리는 시칠리아의 디오도로스가 우리에게 전한 인류의 초기 진보에 대한 밑그림에서 신들이 어떻게 발견되었는지, 심지어 종교가 어떻게 제도화되었는지에 대한 아무런 언급도 없다는 사실을 지적할 수 있다. 아마도 데모크리토스에게 종교란 특정한 목적에 봉사하는 고유한 의미의 발견^{heurēma}이 아니라, 오히려 자생적으로 발생한 뒤에 옛 입법자들에 의해 법제화된, 어떤 의미에서 하나의 심리적 현상일 뿐임을 확증할 수 있는 표지가 바로 여기에 있다 하겠다. 섹스투스 엠피리쿠스가 적고 있듯이, "어떤 이들은 우리가 세상에서 마주치는 경이로운 사건들로부터 신에 대한 생각에 도달했다고 가정했다. 데모크리토스도 그러한 의견을 가졌던 것 같다. '고대인들이 천둥, 번개, 낙뢰, 행성들의 합슴이나 일식, 월식 같이 하늘을 극장 삼아 펼쳐지는 사건들을 보았을 때, 그들은 그런 사건들의 무시무시함으로 인해 신들이 그것들의 원인이라고 생각하게 되었다'라고 데모크리토스는 말한다."[181] 그래도 데모크리토스는 크리티아스가 아니다. 데모크리토스는 신의 발명을 정치가의 술수 탓으로 돌리지 않았다.[182] 데모크리토스의 체계에서 신들은 물론 "그들의 권능과 고유의 의미를 상실했다."[183] 신들은 사실 종교와 신화 속에서 전통적으로 그들에게 부여되었던 대부분의 속성과 기능을 상실한 것이다.

| 7 | 윤리학

1. 문제적인 문집. 영혼의 유쾌함

데모크리토스의 윤리적 단편으로 간주된 것들이 과연 진짜인지 마땅히 의심받았다는 사실에 주목해야 한다. 서로 다른 두 모음집에서 나온 꽤 많은 수의 격언들이 전통적으로 이 철학자에게 속한다. 130여 단편이 스토바이오스(5~6세기)의 선집에서 나왔다. 이 단편들은 딜스-크란츠 판으로 데모크리토스 B169~297에 해당된다. 이 단편들 중 몇몇은 노력[184]과 자유[185] 개념을 다루고 있다. 우리는 적어도 어떻게 그 개념들이 범결정론적인 자연학 테제들과 경우에 따라 양립할 수 있었는지 자문할 수 있다.

80개의 다른 금언들(딜스-크란츠 판 B35~115)은 『철학자 데모크라테스의 금언들』이라는 제목으로 17세기에 처음 출간된 필사본에서 뽑아낸 것이다. 그것들 중 여러 금언들은 스토바이오스가 전승한 몇몇 경구들과 겹친다. 장밋빛 문헌학적 낙관주의도 없지 않지만, 사람들은 위 두 문집들이 하나의 원전에서 파생되었으며, **데모크라테스**는 **데모크리토스**의 단순한 오기誤記일 뿐이라고 인정했다. 하지만 몇몇 금언들은 어리둥절하지 않고는 못 배길 정도로 뻔한 것이다. 예를 들어 "나쁜 짓을 하는 자를 막는 것은 훌륭하다. 그러나 만약 막지 못한다면, 같이 나쁜 짓을 하지는 말아라"[186] 또는 "많은 사람들은 친구들이 부유하다가 궁핍해지면 외면한다"[187] 등이 그러하다.

끝으로 중요한 한 가지를 언급하자면, C. 베일리의 말마따나 특히 '독특하게도' 윤리학 단편들에서 운^{tychē}과 관련된 여러 중요한 언급들이 발견된다는 사실이다.[188] "그것은 자연학 이론에서 운 관념이 제거되었던 것과 인상적인 대조를 이룬다"고 C. 베일리는 적는다.[189] 모든 것은 마치 데모크리토스의 교훈들이 "인간은 자기 방식대로 행동할 자유가 있다"는 신념에 기초한 듯이 진행된다.[190] 만약에 절대적 결정론이 도덕 세계마저도 지배했더라면, 도덕이론의 가치는 무엇이 될 것이며, 솔직히 말해서 도덕적 교훈들이라는 것의 무엇이 될 것인가? 에피쿠로스주의자들이 물어보듯이, 사실상 자유와 책임이 없다면 "모든 칭찬과 비난은 사라져버리는 것"이 아닌가?[191]

하여튼 사람들은 에우튀미아^euthymia가 데모크리토스 윤리학의 중심 개념이라는 데 동의한다. eu('좋게', '행복하게')라는 부사와 thymos(적어도 비유적으로, 지성과 정념이 거하는 곳으로 간주되는 '영혼', '심장')라는 실사로 이루어진 이 용어는 영혼의 '유쾌함'을 가리킨다. 디오게네스 라에르티오스는 이 유쾌함이나 잘 지냄^euestō 이 "사람들이 잘못 생각했던 것처럼 쾌락과 같은 것이 아니라는" 사실을 우리에게 알려준다. 유쾌함이란 오히려 "영혼이 어떤 두려움이나 미신, 다른 어떤 정념에 의해 동요되지 않으면서, 잔잔하고 안정되게 살아가는 것"이다.[192]

2. 윤리적 단편들과 원자들의 자연학을 연결할 수 있는가?

G. 블래스토스는 획기적인 한 연구[193]에서, 자연학의 주요 원리들과 직간접적으로 관련될 수 있을 데모크리토스에게 귀속된 윤리학의 측면들을 조사하려고 노력했다. 이를 위해 그는 『히포크라테스 저작집』과 데모크리토스가 썼다는 윤리적 단편들에서 동시에 마주칠 수 있는 거의 모든 규범적 용어들을 찾아내기를 제안한다. 특히 '척도'^metron, '조화'^harmonia, '해야 하는 바(의무)'^to deon, '호기'^kairos, '유용한 것'^to sympheron 등. 요컨대 블래스토스는 이 용어들이 일반적으로 (신체, 자연 환경, 또는 의사 자신의) 어떤 과정이나 행위가 **건강**한 상태로 이끄는 것을 표현하기 위해, 의사들에 의해 사용된다는 것을 강조한다. 그는 또한 다음과 같은 추론에 기댄다. 만일 어떤 용어, 표현 또는 관념이 의사들의 논고와 데모크리토스에게 귀속된 윤리적 단편에 동시에 나타난다면, 이는 이 용어, 표현 또는 관념이 윤리적 단편에서도 자연 질서에 대한 관심의 울림이나 원자

적 미립자들의 자연학의 울림을 만들 수 있음을 뜻한다는 것이다.

한 가지 예만 들어보자. 데모크리토스가 말하는 유쾌함은 자연적 또는 자연학적 질서의 어떤 조건들에 기초하는 듯이 보이는가? 단편 B191에는 다음의 구절이 나온다. "부족한 것들과 과도한 것들은 변화가 심해서, 보통 영혼 안에 큰 변동들을 생기게 한다. 큰 폭의 변동을 겪는 영혼들은 **안정되어** 있지도 않고 유쾌하지도 않다." 블래스토스는 곧 "격렬한 기관운동이 건강 일반에 유해하며, 특히 정신건강에 나쁘다는 것은 의학 논고에 자주 나타나는 관념"이라고 지적한다.[194] 이런 류의 접근으로부터 그는 아주 전문적인 일종의 '삼각측량'을 통해 이 문제적인 〔윤리〕 저작집과 원자적 자연학 사이의 친화성이 가능하다고 결론 내린다.

블래스토스는 이렇게 어느 정도 성공적으로 나아간다. 하지만 아무리 매력적이고 교양 있더라도, 그의 해석은 잘해봐야 전통적으로 데모크리토스에게 그 저자 자격이 부여되는 몇몇 윤리적 단편들과 몇몇 의사들이 유지했던 담론들 사이의 완벽한 양립 가능성을 정립하는 데 이를 뿐이다. 여하튼 이 책을 읽고 있는 편견 없는 모든 독자들에게 부과되는 신중한 회의주의를 그의 해석이 방해하지는 못할 것이다.

3. 아이들의 교육과 입양에 대하여

우리는 이 윤리 저작집에서 아이를 가져서는 안 된다는 아름답지만 매우 엄격한 생각을 발견하게 된다(B276~278). 아이들을 기른다는 것은 전투이자 근심거리를 함축한다고 데모크리토스는 주장했을 것이다. 아이를 기르는 데 실패해서 생기는 슬픔은 어느 것과도 비교할 수 없다. 로마 황제들이 했던 것처럼 이미 다 자란, 자신의 마음에 드는 후계자이자 '아들'을 입양을 통해 고르는 것이 낫다. 데모크리토스의 주장에는 플라톤이 그의 『법률』에서 혹독하게 비난한 공민정신 결여를 특징으로 하는 형태가 들어 있다.[195]

우리는 또한 교육의 중요성을 강조하는 몇몇 단편들을 발견한다.[196] 먼저 거기에서 주목할 만한 것은, 덕이 특수한 자질들이나 규칙들이 되풀이된 결과로서 묘사되지 않고, 오히려 노력(B179)과 설득(B181)의 산물로서 그려진다는 사실이다. 사람들은 여기에서 민주주의의 이상에 부합하는 새로운 경향의 표현을 알아본다. 즉, 자연[본성]^{physis}은 모든 교육이 그 위에 집을 지어야 할 토양일 뿐이다. 테오그니스와 핀다로스가 예시했던 귀족주의적 관념에 맞서, 소피스트 같은 철학자들이나 **인간 본성**이 존재한다는 생각을 가졌던 이들은 성격이나 도덕성이 오로지 인종에 달려 있다거나 전혀 **획득될** 수 없다는 생각을 받아들이지 않았다. 데모크리토스(?)에게 교육은 자연적 자질을 전제한다. 이러한 자질은 조기의 지속적인 노력^{ponos}, 즉 우리의 단편들에서는 '훈련'$^{askēsis\,197}$이라고 불리는 것에 의해서 완성된다. 또한 훈련의 윤리적인 가치를 강조하면서 데모크리토스는 교육이 교육받은 인간에게 일종의 제2의 본성을 부여한다고 주장하는데, 이는 그리 놀라운 일이 아니다. 데모크리토스의 단편 B33에는 이런 말이 나온다. "본성과 교육은 유사한 것이다. 왜냐하면 교육은 사람을 변형시키며, 변형하면서 본성을 만들기 때문이다."[198]

4. 윤리와 정치

마지막으로 몇몇 단편들은 마땅히 정치적이라고 규정될 수 있을 것이다. 우리는 거기에서 조약이나 서약과 무관한 일련의 법-바깥('위험한 자들이나 해를 끼칠 준비를 하는 자들', '우리에게 적대적인 짐승들과 뱀들' 등)이 공공선의 이름으로 권리 영역 바깥으로 배제되는 것을 읽을 수 있다.[199] 그리고 이 공공선은 민주정에서 최고로 실현되는 것으로 보인다.[200] 하지만 몇몇 단편들에서는 대중선거를 통해 채택한 결정들에 대한 가벼운 비판이 나타난다.[201] 몇몇 해석자들은 시민더러 법에 복종하라고 권하는 단편들(예를 들어, B47)과 정반대로 법은 나쁜 발명품이라고 주장하는 단편들(A166)을 화해시키는 데 매달렸다. 하지만 우리는 그들이 만들어낸 재구성을 따르기가 어렵다. 꽤 널리 퍼진 '해결책'은, 단편 B47에서는 시민 대중이 지켜야 할 행동에 대해 말하는 것이지만, A166에서는 그 자신의 이성이 법을 대신하기 때문에 시민의 법을 필요로 하지 않는 현자만을 다루는 것이라고 가정하는 것이다······. 그러나 우리는 여기에서 가장 완벽한 억측의 영역에 있다. 한 걸음 더 나아가보자. 때때로 당황스럽고 의심스러웠던 이 [윤리적] 단편들로부터, 데모크리토스에 대해, 그러나 전설적인 데모크리토스에 대해 말하고 있는 짐짓 그 전거가 의심스러운 문헌을 불러내러 시나브로 이동할 수 있을 것이다.

| 8 | 데모크리토스의 전설

1. 『위-히포크라테스 서한들』

데모크리토스에 관해 언급된 것이라면, 비록 그것이 잘못된 것이라고 하더라도 언급할 필요가 있다. 『위-히포크라테스 서한들』이 연출하는 염세적이고 멜랑콜리한 데모크리토스에 대해 몇 마디 해야겠다. 서기 1세기에 쓰인 것으로 추정되는 이 텍스트들은 한 명의 독특한 인물을 우리에게 보여준다. 텍스트에서 데모크리토스는 죽음, 병, 정신착란, 광기, 멜랑콜리, 살인, 결혼, 찬사, 아이의 탄생, 신비, 명령, 영예에 대해 **웃는다**. 그는 선과 악을 혼동하는 듯이 보였다. 압데라 시민들은 위험하게 괴상한 언동을 일삼는 이 현자를 재빨리 치료하려고 명의인 히포크라테스를 불러들인다. 그런데 이 허구상의 데모크리토스는 그의 의사의 의사가 된다. 아일리아누스는 그의 『다양한 이야기』에서 이 뒤집힌 상황을 꽤 상세히 묘사하고 있다. "데모크리토스는 모두를 조롱하곤 했으며, 모두를 미쳤다고 했다. 때문에 시민들은 그를 웃는 자^{Gelasinos}라고 불렀다. 시민들의 말에 따르면, 히포크라테스도 처음 데모크리토스를 만났을 때 그가 미쳤다는 인상을 받았다고 한다. 그러나 히포크라테스는 데모크리토스를 차츰 알아가면서 그를 극도로 존경하기 시작했다."[202] 데모크리토스는 자신의 웃음의 "두 원인"[203]을 구분할 필요가 없다고 말한다. 그가 단언하기를, "사실 나는 오로지 한 대상에 대해서만 웃고 있다. 무분별함으로 가득 차 있고, 올바른 행동은 텅 비어 있으며, 자신의 모든 구상에 있어서 미숙한 사람, 그리고 쓸데없이 커다란 수고로 고통받으며, 채워지지 않는 욕망이 이끄는 대로 땅 끝이나 끝도 없는 심연에까지 가고, 금은을 주고 또 그것을 획득하기를 멈추지 않는 사람, 그리하여 항상 더 많은 것을 가지려고 근심하는 사람에 대해 웃는 것이다."[204] 나는 오로지 한 대상, 사람에 대해서만 웃는다. 왜냐하면 이 사람은 "태어날 때부터 병일뿐이기" 때문이다.[205] 분명 다분히 소설 같은 이 인물은 역사적 데모크리토스의 사유 체계를 재구성하려고 시도하는 사람들에게 시사하는 바가 크다.

『위-히포크라테스 서한들』을 자세히 연구하면서[206] 우리는 될 수 있는 한 다음의 것들을 하려고 애썼다.

(1) 거기에서 가장 진정한 히포크라테스 학의 지식들에 대한 인용, 또는 적어도 일시적인 암시를 구성할 수 있는 것들을 모두 찾아내기.

(2) 거기에서 연출된 허구상의 데모크리토스가, 스튜어트가 제기했듯이, 퀴니코스적인 현자의 모습을 지니고 있음을 보이기.[207] 또한 이 문헌이 루크레티우스에게서 직접 빌려왔을 수 있는 몇 가지 주제들을 취하고 있으며(예를 들어, 다사다망한 인간사의 무분별하고 비일관적인 특성에 대한 묘사), 또 다른 몇몇 주제들은 역사적 데모크리토스의 전기가 주는 가르침에 영감을 받은 듯이 보인다(데모크리토스가 일부 히포크라테스적 의사들에게 분명하게 영향을 미쳤음을 생각하자)는 사실을 보이기.

(3) 위 서한 모음집 중에서 가장 많이 알려진, 장문의 미려한 『다마게토스에게 보내는 편지』[208] 역시 플라톤의 『파이드로스』, 『이온』, 위-아리스토텔레스의 『문제 XXX』과 더불어, 멜랑콜리한 기질과 천재성을 동전의 양면처럼 연결하는 신화를 정립한 텍스트들 중 하나임을 강조하기.[209]

2. 헤라클레이토스의 눈물과 데모크리토스의 호탕한 웃음

우리가 앞에서 말했듯이, 위-히포크라테스의 『서한들』이 쓰인 연대는 필시 신성로마제국 시기, 즉 서기 1세기로 추정된다. 이는 우연으로 치부할 수 없는 특이한 사실이다. 왜냐하면 바로 이 시기, 보다 정확히 말하면 세네카(기원전 2년~서기 65년)와 그의 스승 소티온이 활동하던 시기부터 웃는 데모크리토스Democritus ridens라는 표현은 우는 헤라클레이토스Heraclitus fluens라는 표현과 함께 원용되기 시작했으며, 그 후로 둘은 거의 뗄 수 없는 짝패를 이루기 시작하기 때문이다. 유베날리스, 루키아노스 및 그들 이후 다른 많은 작가들은 사람들의 광기에 눈물을 흘리는 한 현자(헤라클레이토스)와 그것을 두고 웃기로 결심한 또 다른 현자(데모크리토스)를 계속 의례적으로 맞세웠다.

방금 인용한 작가들이 비교할 때 선호 대상이 되었던 것은 헤라클레이토스가 아니라, 데모크리토스였음을 지적하자. 첫째, 의사처럼 말하자면 심각한 정신착란보다는 쾌활한 정신착란이 덜 위험하다.[210] 이어서, 메니포스 일파 또는 몇몇 다른 퀴니코스 현자 일파의 누군가가 '퀴니코스적인 데모크리토스'와 '스토아적인', 우울한, 따라서 훨씬 덜 매력적인 헤라클레이토스를 대조함으로써 전자의 모습을 다듬었으리라고 가정하는 것이 옳다.

르네상스와 근대 시기에 이 웃음은 여러 차례 다시 출현하고 다양하게 변주된다. (1) 르네상스 시기, 닥터 티머시 브라이트와 로버트 버턴('데모크리토스 주니어')에게, 이 웃음은 우선 깊은 우울로 괴로워하는 자가 보이는 행동이다. (2) 이어서, 데모크리토스는 인간의 모든 결점과 약점을 풍자하고 체계적으로 비난하는 주요한 본보기가 되었다. 우리는 그것을 에라스무스, 세바스찬 프랑크, 페트루스 트리토니우스, 타위로, 프랑수아 라블레, 몽테뉴에게서 그리고 루벤스나 야콥 요르단스의 그림 속에서 만날 수 있다. (3) 마지막으로, 데모크리토스는 **악인**이 되었다. 디드로에서 라바터에 이르기까지, 데모크리토스의 웃음은 염세주의적인 것으로 보이게 되었다. 한참이 지난 뒤에 다시 크리스토프 마틴 빌란트(1733~1813)는 그의 방대한 저작인 『압데라인들의 역사』 다섯 권 중 첫 두 권에서, 데모크리토스를 완전한 **계몽주의자**로 그리면서 그와 같은 도시 시민들, 즉 군중의 어리석고 제한된 관점과 대립시킨다.[211] 그 뒤로는 [데모크리토스에 대한 언급이] 더 이상 전혀 없거나 거의 없다. 고작해야 프랑스국립도서관 도서목록에 민주주의적인 또는 심지어 사회주의적인 선동용 팸플릿 몇 개가 올라 있을 뿐이다. 그 저자들은 '데모크리토스'라고 서명하는 것을 선호했다. 왜냐하면 그런 가명을 쓰면 당국이나 경찰로부터 그 간행물 저자의 신분을 숨길 수 있을 뿐 아니라, 또한 아주 분명하게도 그들의 풍자문의 내용을 풍자 또는 신랄한 조롱으로 소개할 수 있는 이점이 있었기 때문이다. 올리비에 블로크는 **유물론**을 다룬 그의 책에서, 구체제의 유물론은 보다 **비관주의적인** 색조를 띠지만, 18세기의 유물론은 이를 혁신하면서 사회적 낙관주의와 자주 결합했다고 말한다.[212] 보다 정확히 말하면, 블로크는 자유사상가들의 사유나 태도를 특징짓던 엘리트주의와 점차 18세기말의 유물론을 움직이던 '보편주의적 선전 정신'을 대립시킨다. 이 웃음의 문학사(우리가 보았듯이, 이는 데모크리토스 자신의 웃음이 아니라 퀴니코스적인 모조품의 웃음이었다)는 특히 이 분열을 확인시켜준다. (실증주의적인 또는 맑스주의적인) 철학적 유물론이 귀족주의적 거만함의 형태들 중 하나인 염세주의를 비난하면서 관대하게 전 인류에 신뢰를 부여한 뒤로, 사람들은 이 웃음의 문학사를 더 이상 거의 참조할 수 없게 되었다. 또한 스탕달이 쓴 『앙리 브륄라르의 생애』(1835)의 3장에서 다음 구절을 읽을 때, 사람들은 어떤 놀라움마저 느끼게 된다. "내 할아버지는 히포크라테스의 외전적 서한―당신은 그리스어를 조금 알긴 했지만 라틴어로 그것을 읽었다―과, 깨알 같은 글씨로 인쇄된 요하네스 봉Johannès Bond 편집본의 호라티우스를 너무도 좋아했다. 그는 나에게 이 두 열정을 전해주었다." 20여년이 지나서, 에밀 리트레Émile Littré는 〔위-히포크라테스 서한들의〕 그 이야기들이 그의 입맛에는 "아무런 종류의 흥미도 없는" 것이라고 다소 경멸조로 말할 뿐이었다.213)

3. 연금술 전통 : 위-데모크리토스

마지막으로 '위-데모크리토스'214)의 연금술 저작들에 대해 간략히 언급해야겠다. 우리는 여기에서 그것을 식별하고, 역사적 데모크리토스가 이런 류의 문헌에 어떤 식으로든 영감을 주었을 수 있다는 생각(특히, 허쉬벨Jackson Hershbell이 제안한)에 반대하고자 한다. 페스튀지에르가 주장하듯이, "로마제국 하에서 데모크리토스는 원자 가설의 발명자도 아니고, 이집트에서 작성된 나무와 돌의 마술적 효력에 대한 온갖 종류의 외전들과 연관된 신비술의 대가도 아니었으며, '공감'에 대한 책, 연금술 저작인 『퓌지카와 뮈스티카』의 작가도 아니고, 비의적 학설의 예언자, 점성술사, 마술가를 뜻하는 한에서의 '철학자'도 아니었다."215) 한참 후에, 청년 니체는 다소 격분한 감이 없지 않지만 이렇게 적고 있다. "중세의 반계몽주의자들은 그들의 마술적이고 연금술적인 문헌을 데모크리토스라는 간판 아래 등록하면서, 그리하여 모든 **계몽**적, 합리주의적 경향의 아버지에게 위대한 마술사라는 평판을 만들어주면서 그에게 복수한다."[216]

또한 전문가들은 관행적으로 이 문제와 관련해 (데모크리토스가 아니라) '위-데모크리토스'를 말하며, 그를 멘데스의 볼로스라는 이집트인과 동일시하곤 한다. 『수다』(10세기에 편찬된 사전)에 상대적으로 짧은 두 항목이 할애되어 있는 볼로스[217]는 기원전 250년에서 115년 사이에 살았을 것이다. 그는 유기적 또는 비유기적 세계에 포함된 숨겨진 성질들 및 다른 본성이나 능력, 그리고 말하자면 그것들 간의 공감과 반감이 존재한다고 생각한 것 같다. 요컨대 볼로스는 벨만이 잘 알고 말했던 **퓌지카**라는 문학 장르의 창시자였다. 그것은 이집트에서 출현한 문학으로서, 헬레니즘 시기 동안 특히 신비주의적이고 마술적인 질서로 자연을 살피는 전혀 새로운 방식을 전파했다. 사람들은 거기서 자연의 존재들이 지닌 신비하고 경이로운 힘들, 그것들이 지닌 반감 및 공감의 관계들, 그것들의 불가사의한 능력들을 발견하고자 했다. "인간, 짐승, 식물과 (금속을 포함한) 돌은 신비한 힘, 그런 연유로 모든 고통과 병을 치유하고, 인간에게 부, 행복, 명예, 마술적 권능을 보장해줄 수 있는 힘의 담지자로서 간주될 뿐이다."[218] 이 문학의 대표자들은 뒤틀린 맹신성을 가지고 그리스의 과학뿐 아니라, 고대 페르시아의 조로아스터와 오스타네스, 유대의 다르다노스, 페니키아의 모코스 또는 이집트 마술사인 아폴로베케스의 외전들을 차용했다. 콜루멜라는 멘데스의 볼로스가 그리스어로 작성한 『손으로 만든 것들』*Cheipokmēta* 이 "데모크리토스에게 잘못 귀속되었다"고 보고하였다.[219] 베르틀로$^{Marcelin\ Berthelot}$, 딜스, 폰 리프만$^{Edmund\ von\ Lippmann}$, 벨만 그리고 페스튀지에르는 자연스럽게 바로 이 작가[멘데스의 볼로스] 탓에 고대 초기부터 데모크리토스를 연금술이나 제련술에 푹 빠진 사람으로 보는 평판이 처음으로 만들어졌다는 데 동의한다.

사람들은 위험을 무릅쓰고 이런저런 관점을 이용하여, 데모크리토스의 전기 속에서 또는 그의 사유 속에서, 분명 그가 쓰지는 않았어도 그러한 연금술 모음집이나 여타의 초자연적 이야기들의 주창자였음을 입증할 수 있는 몇몇 표지를 찾아내려고 했다. 이와 정반대로 우리는 정말로 마술(벨만이 정당하게 지적하였듯이, 마술은 그리스의 합리주의와 비교하자면 극히 **새로운 것**이었다[220])과 데모크리토스주의를 이을 수 있는 어떤 유기적 관계도 볼 수 없음을 강조하고자 한다. 기적들에 대해 굽힐 줄 모르는 불신을 가졌던 사람, 자연주의 철학자, 특히 자유로운 사상가가 마술사나 연금술사로 둔갑하는 것을 보는 것은 지극히 기이한 일이라고 말하는 루키아노스(서기 2세기)에 우리는 기꺼이 동의할 것이다. 이 모든 것은 데모크리토스의 **합리주의**에 전적으로 낯선 것이다. 더구나 아울루스 겔리우스는 못 배운 저자들이 데모크리토스라는 이름의 권위에 기대려고 자신들의 책을 데모크리토스에게 귀속시켰다고 이미 분명히 선언한 바 있다.[221] 플리니우스도 "데모크리토스의 나머지 활동들을 승인하는 사람들조차 이 [마술] 저작들이 데모크리토스의 것이 아니라는 사실을 받아들인다"고 인정했다.[222]

| 결론 | 데모크리토스의 운명

히포크라테스 의사들, 소피스트들, 헬레니즘 철학자들(에피쿠로스주의자들은 말할 것도 없고 스토아학파, 퀴니코스학파, 퓌론주의자들까지도). 고대 시기 전체에 걸쳐 데모크리토스가 끼친 영향력이 얼마나 컸는지 강조할 필요가 있다. 위에 언급한 이렇게 다양한 사상을 가진 학파들 가운데, 어느 곳도 데모크리토스의 영향에서 벗어나지 않았다. 우리가 의심해볼 수 있듯이, 이 영향은 고대에 머물지 않고 지속되었다. 이 영향사에 대한 연구는 그 자체만으로도 책 한 권 분량이 될 것이다.

중세 시대 아랍-이슬람의 사유에서, 특히 아쉬아리적인 신학자들(유명한 무타칼림)에게서 우리는 데모크리토스, 히포크라테스주의의 유산 그리고 아리스토텔레스의 철학을 결합하는 매우 뿌리 깊은 전통이 지속되는 것을 목도할 수 있다. 특히 그것은 여기에서 기독교 지역에서보다 훨씬 더 합리주의와 양식 있는 경험주의의 출현을 가능하게 했다. 르네상스 및 근대 시기에, 조르다노 브루노, 베이컨, 가상디, 로버트 보일은 많은 부분에서 데모크리토스의 원자론에서 파생된 학설들을 제안했다. 뉴턴, 보스코비치, 코시, 그리고 칸트 자신도 『일반 자연사와 천체론』에서 존재를 **불연속적인 것**으로 개념화하는 데 동의했던 바, 그들이 압데라인에게 빚지고 있음을 인정하지 않을 수 없었다. 19세기에 청년 니체는 그보다 20여 년 전에 맑스가 했던 것처럼 이 고대 철학자를 연구할 계획을 세웠다. 우리가 여기에서는 그저 지나가면서(!) 언급할 뿐인 근대의 과학적 원자론의 경우, 돌턴, 아보가드로, 맥스웰, 아인슈타인, 플랑크 등의 이름은, 입자 가설이 오늘날까지 보존해온 엄청나게 풍부한 발견적 방법에 대한 몇몇 관념을 제공하기에 충분할 것이다.

그러나 이제 아주 먼 옛날로 되돌아가서, 기원전 3세기에 한 그리스인이 종교의 무게 아래 짓눌린 인류를 보면서, 이 형리刑吏를 감히 정면에서 노려보며, 원자들의 자연학에 대한 앎이 행복한 삶에 필수불가결하다고 열렬히 설파했음을 살펴볼 시간이다.

2

에피쿠로스

| 서론 |

1. 거친 시기에 철학하기

에피쿠로스는 출구 없는 시기에 태어났다. 자유는 사람들의 꿈속에서조차 사라져버렸다. 오로지 값비싼 사치품만이 부자들을 지루함에서 벗어나게 해주었고, 대다수가 겪고 있던 빈곤을 다음 세기로 은폐할 뿐이었다. 예술가는 작품을 복잡하게 만들고 덧칠하며, 아름다움보다는 영예를 위해 일했다. 에피쿠로스가 살았던 시기는 정확히 그런 시대였다. 그리스인들은 모든 것이 이미 말해졌다고 평가하면서 더 이상 어떤 것도 기대하지 않았다. 정복자는 늘 동방으로 전진하고자 열에 들뜬 채 초조해 했다. 그의 집요한 기획은 불 보듯 뻔하게 불안정할 따름이었다. 이 초조함과 불안정함은 무한한 욕망이 사람들을 필시 존재의 막다른 골목으로 이끈다는 에피쿠로스의 학설을 공간적으로 앞서 확증해주었다. 제 손으로 거의 모든 사람들을 하나의 멍에 속에 옭아맸던 필립포스 2세의 아들 알렉산드로스로부터 남은 것이라곤 그의 옛 보좌관들이 쟁탈전을 벌이는 대제국의 조각들 밖에 없었다. 알렉산드로스는 기원전 323년에 죽었다. 그의 영광조차도 제국의 붕괴를 막지는 못했다. 야망에 찬 옛 장군들은 알렉산드로스의 시체를 거두기 위해 격렬한 쟁탈전을 벌였다. 그 속에서 알렉산드로스의 시체는 능욕을 피할 수 없었다.[1] 도시국가의 틀이, 그것을 위해 살고 죽을 만한 가치가 있는 조국의 수백 년 된 틀이 완전히 파괴되었다. 철학도 이제 그리스인에게 두 종류의 피난처만을 제시할 뿐이었다. 스토아적인 세계시민주의는 도시polis를 세계cosmos의 차원으로 확장하고, 후자를 거대한 도시로 간주했다. 사람들은 이 거대 도시의 시민들이고, 신들이 그곳의 재판관들이다. 반면 에피쿠로스주의는 이 도시를 그들의 동족들과 거리를 둔 채 살아가는 친구들의 모임 차원으로 축소했다. 이는 공공장소의 등에도 아니고, 헛된 소란도 아니며, 영원을 소유한 양 살아가는 모든 이들과는 더더욱 거리가 멀다.

2. 에피쿠로스의 생애와 저작

에피쿠로스는 기원전 341년 그리스 사모스 섬(도데카네스 열도에 속한 섬으로서, 이오니아 해안에서 그리 멀지 않은, 현재 터키의 쿠사다시 바로 앞의 섬)에서 태어났다. 그 당시는 플라톤이 죽은 지 이미 6년이 지났고, 데모크리토스가 죽은 지 20년이 지난 때였다. 그 때 아리스토텔레스는 마케도니아의 필립포스 2세의 궁에서 황태자, 즉 미래의 알렉산드로스 대왕의 가정교사직을 수행하고 있었다. 얼마 후 에피쿠로스가 성인(대략 기원전 320년경)이 되어 아테네에 들렀을 때, 그리고 좀더 지나 기원전 306년에 아테네에 자신의 학교를 세웠을 때, 플라톤과 아리스토텔레스의 학교, 즉 아카데미아와 뤼케이온이 그리스의 지적 생활을 지배하고 있었음은 두 말할 나위 없다.

에피쿠로스의 아버지 네오클레스는 [식민지에 대한] 아테네의 지배를 보다 지속적으로 공고히 하기 위해 사모스 땅의 소규모 경작지를 분배받았던 아테네 시민들 중 한 명인 '식민지인'이었다. 그 섬의 주인은 계속해서 바뀌었다. 스파르타인들이 아테네인들로부터 기원전 404년에 그 섬을 빼앗았고, 아테네인들은 40년이 지나서 그 섬을 재정복했다. 네오클레스는 농부이면서 교사였다. 이는 에피쿠로스의 사회적 출신이 평민에 더 가깝다는 것을 잘 보여준다. 한 주석가는 그(에피쿠로스)에 대해 **자수성가한 사람**이었다고 말했다.[2) 반면 유복한 청년들은 아카데미아, 뤼케이온 또는 이소크라테스 주변으로 몰려들곤 했다. 에피쿠로스의 어머니는 자식들을 모두 데리고 가난한 사람들의 집을 방문한 뒤, 그곳에서 신들을 (그 빈자들에게) 우호적으로 만들기 위한 제사를 지냈다. 에피쿠로스가 이후 신화와 대중종교의 미신들에 맞서 대단히 열정적으로 싸우기 시작한 것도 어쩌면 여기서 비롯된 것 같다. 그 이후 열네 살부터 열여덟 살까지, 에피쿠로스는 사모스 섬에서 팜필로스라는 우리에게 잘 알려지지 않은 플라톤주의 철학자의 강의를 들었던 것이 틀림없다.

사모스에 정착한 '식민지인들'은 아테네 시민권을 가지고 있었다. 그래서 그들의 자녀들은 당연히 (18세부터 20세까지) 2년을 꽉 채워 군복무^{ephēbos}를 해야 했다. 알렉산드로스가 죽은 바로 그 해인 기원전 323년에, 에피쿠로스는 국방의 의무를 이행하기 위해 아테네로 떠났다. 바로 그 시기에 에피쿠로스는 역시 군복무를 하러 온 메난드로스를 알게 되었고, 그와 친분을 맺었다. 메난드로스는 나중에 신희극^{Nea}의 대표주자가 되었다. 젊었을 때(기원전 317년에, 즉 6~7년간의 수습기간 이후에), 메난드로스는 몰리에르의 작품에 나오는 알세스트라는 인물의 맏형이라 할만한 『까다로운 성격자』^{dyskolos}를 연출했다. 크네몬(극중 인물의 이름)은 재판도, 감옥도, 전쟁도 없는 세계, 인간들이 그곳에서는 호의적인 감정만을 느끼는 그런 세계를 꿈꾼다. 하지만 이 세상은 참된 것이 아니기에, 크네몬은 인간혐오자가 되어 사회로부터 멀어진다. 메난드로스가 이『까다로운 성격자』라는 희곡을 집필했을 때, 군복무 시절의 옛 동료였던 에피쿠로스가 지닌 성격의 몇몇 특질들에 대한 기억을 되살렸으리라고 생각하지 못할 법도 없다.

아테네에 2년간 머물고 나서 에피쿠로스는 더 이상 자신의 고향땅인 사모스로 돌아갈 수 없는 처지가 되었다. 그 사이에 사모스 원주민들이 아테네 식민지인들을 섬에서 쫓아냈던 것이다. 강탈당했던 자신들의 땅을 되찾고 싶어 했던 원주민들은 알렉산드로스의 갑작스런 죽음(기원전 323년)으로 인한 상대적인 무정부 상태를 잘 이용했다. 청년 에피쿠로스는 망명과 가난을 배워야 했다. 그는 사모스 맞은편 이오니아 해안의 콜로폰에 망명해 있던 가족과 상봉했다. 그 후 10년이 지나서, 그는 데모크리토스와 회의주의자 퓌론을 동시에 원용하던 철학자인 나우시파네스의 강의를 듣기 위해 〔콜로폰에서〕 약간 북쪽에 위치한 도시 테오스로 갔다. 거기에서 에피쿠로스는 원자들과 허공의 자연학에 친숙해졌고, 그 자연학으로부터 핵심적인 주장들을 받아들였다. 그 후 기원전 311년, 보다 더 북쪽에 있는 레스보스 섬의 뮈틸레네에 직접 학교를 열었다. (1년도 채 안 되게) 짧게 체류했던 것으로 보아 우리는 에피쿠로스가 유물론적이고 쾌락적인 개념들을 쓰는 바람에 사람들의 반감을 샀을 것이라고 생각해볼 수 있다. 왜냐하면 '쾌락'(그리스어로 헤도네 hēdonē)이라는 단어는 어떤 이들에게는 "고귀함을 결여"한 것으로서, 그들의 관점에서 보면 "불쾌감을 주고, 수상쩍으며, 의심쩍은 뭔가"를 포함한 것이기 때문이다.[3] 그리하여 에피쿠로스는 또다시 뭍으로 돌아왔다. 그는 헬레스폰트(지금의 다르다넬스)에 위치한 도시인 람프사코스에 정착했다. 그곳은 마르마라는 작은 바다가 서방을 향한 채 좁아지는 곳으로서, 그 바다의 가장 동쪽의 '병목 지점'인 보스포로스는 이스탄불의 아시아 부분과 유럽 부분을 나누는 곳이다. 람프사코스에서 에피쿠로스는 분명히 기원전 310년에 학교를 하나 세웠다. [거기에서] 앞으로 계속 그의 곁에 충실하게 남을 여러 제자들이 그를 따르게 된다. 예를 들어, 수학자인 폴뤼아이노스는 에피쿠로스와 철학을 하기 위해 자신의 학문에서 등을 돌렸다. 콜로테스, 이도메네우스, 레온테우스와 그의 아내 테미스타. 우리에게 남아 있는 세 통의 편지 중 두 편의 수신자인 헤로도토스와 퓌토클레스. 그리고 특히 그 누구보다 친한 친구였던 메트로도로스. 메트로도로스는 에피쿠로스보다 조금 일찍 죽었는데, 별명이 '제2의 에피쿠로스'였다.

이렇게 둘로 명확히 구분되는 기간(사모스와 아테네에서 보낸 유년 및 청년기, 그리고 이오니아 해안을 따라 자주 이동했던 성숙기)을 지나 이제 서른다섯 살이 된 에피쿠로스는 마지막으로 아테네에 정착하러 간다. 바로 거기에서 기원전 306년부터 270년까지, 에피쿠로스는 자신의 삶의 세 번째이자 마지막 부분, 즉 그의 생을 완수하는 시간을 보냈다.

306년 여름, 람프사코스에서 그의 강의를 듣던 자들 여럿을 대동하고, 에피쿠로스는 아테네 북서쪽에 위치한 한 정원에 살터를 마련했다. 이 소규모 공동체는 출신 성분이 극히 다양한 새로운 제자들을 맞아들이면서 점점 커지기 시작했다. 그 제자들 중에는 노예들도 있고,[4] 몇 명의 매춘부도 있었는데, 당시에는 여자들이 철학 토론에 끼는 것만으로도 충분히 상대 학파의 웃음거리가 될 수 있었다. 학원은 창시자가 떠난 뒤에도 아시아에서 아주 활발하게 남아 있던 에피쿠로스주의 모임들과 밀접한 관계를 유지했다.

에피쿠로스는 멀리 떨어진 이 무리들과 셀 수 없이 많은 서신을 교환하면서 꾸준히 그들에게 자신의 학설을 가르쳤다. 루크레티우스와 여러 에피쿠로스주의자들이 축복받은 신들에 속한다고 묘사했던 그는 병에 걸려 견디기 힘든 고통에 시달리다가 기원전 270년에 일흔둘의 나이로 죽었다. "안녕, 나의 가르침들을 기억하라. 이것이 에피쿠로스가 죽어가면서 마지막으로 친구들에게 했던 말이다. 그는 뜨거운 목욕물에 몸을 담그고 이물질이 섞이지 않은 술을 마신 뒤, 하데스의 찬 공기를 들이마셨다."[5]

에피쿠로스는 아주 풍부한 저작을 남겼다. 그가 쓴 저작들의 수는 300편이 넘는다고 전해진다.[6] 그의 것으로 간주된 저작 목록에서 다음의 제목들을 언급할 수 있다. 『자연에 관하여』 총 37편, 『원자들과 허공에 관하여』, 『선택과 피함에 관하여』, 『인생의 목적에 관하여』, 『신들에 관하여』, 『경건함에 관하여』, 『상像[시뮬라크르]에 관하여』, 『사랑에 관하여』, 『음악에 관하여』, 『왕의 다스림에 관하여』 등.[7] 하지만 이 다방면에 걸친 저작 중에 우리에게 남아 있는 것이라고는 디오게네스 라에르티오스(서기 2세기)가 그의 『유명한 철학자들의 생애와 사상』 가운데 특별히 그리스 에피쿠로스주의자를 다룬 제10권에 필사해둔 세 통의 편지가 고작이다. 이 편지들 중 한 통은 헤로도토스[8]라는 이에게 보낸 것으로서, 가장 넓은 의미에서 자연학을 다루고 있다. 두 번째 편지인 『퓌토클레스에게 보내는 편지』는 '기상학'(우리가 기억하듯, 그것은 자연학의 한 부분이다[9])을 다루고 있다. 세 번째 『메노이케우스에게 보내는 편지』는 에피쿠로스 윤리학의 기본 원칙들을 요약하고 있다. 이 세 통의 편지에 (제자들이 외웠을 것으로 추정되는) 40개의 『중요한 가르침들』과 19

세기에 바티칸 도서관에서 발견되었고 14세기 것으로 추정되는 필사본인 *Vaticanus Graecus 1950*에서 발췌한, 그래서 그 이름이 『바티칸의 금언들』인 81개의 단장들이 더해진다. 그렇지만 우리가 여기에서 '무명 인사'에 관해 말하고 있다고 생각해서는 안 된다. 왜냐하면 우리에게는 [에피쿠로스를 언급하는] 다수의 **간접** 증언들이 있기 때문이다. 이 증언들은 세네카가 길게 논평한 에피쿠로스 인용구들, 또는 키케로나 플루타르코스가 에피쿠로스에 맞서 논쟁한 장문의 논고들 전체,[10] 고대 학설사가들(아에티오스, 스토바이오스)의 글이나, 교부들, 신플라톤주의자들(포르퓌리오스, 프로클로스, 올륌피오도로스), 그리고 그 외의 저자들 사이에 흩어져 있는 풍부한 참조 구절들이다. 게다가 학설의 이런저런 측면을 해명하기 위해 루크레티우스(기원전 1세기)가 남긴 그 가치를 이루 헤아릴 수 없는 증언을 참조하지 않을 수 없다. 이 에피쿠로스적인 로마 시인은 에피쿠로스가 남긴 발자국 위에만 발을 디딜 정도로 그를 '모방하는' 일에 착수했다.[11]

마지막으로 에피쿠로스 연구를 특징짓는 새로운 요소 중 한 가지, 최근 에피쿠로스의 주저인 『자연에 관하여』의 각 장들이 계속해서 편집되고 있다는 사실을 지적하자.[12] 여러 제자들(카르네이스코스, 콜로테스, 이도메네우스, 메트로도로스, 헤르마르코스, 폴뤼스트라토스, 폴뤼아이노스, 시돈의 제논, 라케다이몬 사람이라 불리는 데메트리오스, 그리고 특히 필로데모스)의 저작들에서 나온 잔존물들 역시 편집되었거나, 편집 중에 있다. [위 텍스트들이 오늘날 발굴, 편집될 수 있는] 까닭은 에피쿠로스주의자인 필로데모스의 집과 도서관이 이탈리아 남부 '마그나그라이키아', 보다 정확히는 헤르쿨라네움에 위치해 있었기 때문이다. 서기 78년 베수비오 화산

분출 이후 용암 아래 묻혔으나, 역설적으로 바로 그것 때문에 상당히 잘 보존된 이 지역은 1753년에 발견되었다. 그곳은 고고학자들이나 문헌학자들이 기대할 수 있었던 모든 열매들을 아직까지 다 맺지는 않은 상태다. 앞으로도 장기적인 예산을 필요로 하고, 귀중한 파피루스들을 훼손하지 않고 검토할 수 있는 기술 수준은 오랫동안 너무 조잡한 상태에 머물러 있었다. 이 두 가지 이유 때문에, 결국 에피쿠로스 연구 분야에서는 여전히 **특종**을 기대할 수 있는 것이다.[13]

| 1 | 규준론

에피쿠로스의 철학을 짧은 두 문장으로 요약해야 한다면, 우리는 다음과 같이 제안할 수 있을 것이다. (1) 우주는 원자들과 허공으로 이루어져 있다. (2) 이 진리에 대한 인식과 그 인식에서 유래하는 것은 행복에 필수불가결하다.

    하지만 에피쿠로스주의자들에 따르면 철학은 단지 자연학과 윤리학으로만 환원되는 것은 아니다. 철학은 두 부분이 아니라 세 부분으로 되어 있다. 바로 논리학 또는 그들이 흔히 말하는 규준론(인식의 규칙들, 규준들을 설정하는 것)이 세 번째 부분이다. 규준론은 오히려 철학의 세 부분들 중 첫 번째다. 왜냐하면 그것은 우리가 참된 것에 다다르기 위해 애쓸 때 정당하게 도움을 청할 수 있는 기준들, 다시 말해 지적 도구들을 다루기 때문이다.[14]

1. 진리의 네 기준

디오게네스 라에르티오스는 에피쿠로스주의에 대해 소개하면서 진리의 세 기준, 어쩌면 네 기준을 다룬다. 그가 말하기를, 에피쿠로스는 『규준』에서 "진리의 기준은 감각$^{aisth\bar{e}sis}$과 선^{先}개념$^{prol\bar{e}psis}$과 감정$^{path\bar{e}}$"이라고 말하곤 했으며, "에피쿠로스주의자들은 여기에 사유의 직접적 이해$^{phantastikai\ epibolai\ t\bar{e}s\ dianoias}$15)를 추가한다." 또한 디오게네스 라에르티오스가 덧붙이기를, 에피쿠로스 자신도 헤로도토스에게 보낸 요약문과 『중요한 가르침들』에서 이 마지막 것에 대해 말했다고 한다.16)

    (1) 자연학의 관점에서 **감각**(존재자들의 실재성의 유일하고 주요한 보증자)은 늘 원자들의 이동, 결과적으로 다양한 물질적 실체들 사이의 접촉으로 귀결된다. 진리의 나머지 세 기준은 결국 모두 이 보편적 기준으로 귀결된다. 에피쿠로스에 따르면 감각은 참된 것을 탐구하는 데 가장 확실한 우리의 안내인이다. (2) **감정들** 중 하나나 다른 하나(에피쿠로스는 쾌락과 고통이라는 두 가지 감정만을 인정한다17))가 반드시 감각에 동반된다. 감각은 우리에게 단순히 우리 바깥에 대상이 있다는 정보를 제공하는 것이 아니라, 그와 더불어 쾌락이나 아픔과 같이 수반되는 느낌을 가져다준다. 우리가 뒤에서 보겠지만, 감정은 결국 감각이 자연학의 틀에서 차지하는 역할과 동일한 역할을 에피쿠로스의 윤리학에서 한다.18) 사물 자체의 특성이 우리 감정의 작인$^{作因\ poi\bar{e}tika}$인 한에서, 감정은 사물 자체의 특성을 우리에게 드러내 보여준다.19) 마찬가지로 눈의 감각작용은 사물이 **상을 발생시키는 것**^{phantasta}인 한에서, 사물의 본성을 볼 수 있게 해준다.20) 에피쿠로스에 따르면 꿀을 맛보고 그것을 유쾌하다고 느끼는 것은 인식의 작용이다. 마르셀 콩슈가 적고 있듯

이, 쾌락과 고통은 "원인의 본성을 드러내는 효과들이다. 유쾌하다 또는 고통스럽다는 특성은 존재, 작인의 본성에 속하는 것이다. 따라서 작인의 본성 자체는 유쾌하거나 고통스럽게 느껴지는 것만이 아니라, [그것 자체가] 유쾌하거나 고통스러운 **것이다**."[21] 기쁜 감정과 불쾌한 감정은 부차적인 가치를 갖는 것이 아니라, 감각과 마찬가지로 즉각적이며 그 자체로 그것의 고유한 확실성을 보장한다. 그리고 우리가 쾌감을 경험할 때 관건이 되는 것은, 형식에 맞는 결론을 갖춘 추론이 아니라 진정한 **환기**다.[22] "우리가 불이 뜨겁다, 눈이 하얗다, 꿀이 달콤하다고 느끼는 대로 느껴진다고 정원의 철학자는 말했을 것이다."[23] 기쁜 것이란 감정이 우리에게 그것이 우리의 본성에 잘 맞을 수 있다고 환기시켜주는 것이고, 반대로 고통스러운 것이란 감정이 생물적 환기의 역할을 해주는 것이다.[24]

(3) 베일리는 경험대상들의 유적類的인 유형들인 **예상** 또는 **선개념**을 일종의 '합성사진'에 비교한다.[25] 우리는 서로 비슷한, 자주 반복되는 감각들로부터 선개념을 형성한다. 선개념은 비슷한 특질들을 포함하는 개별 대상들을 자주 되풀이하여 지각할 때 생긴다. 예를 들어, 내가 둘, 셋, 열 사람 등등을 보면 나에게 인간에 대한 선개념이 형성된다. 그 특질들이 감각에 직접 바탕을 둔 구성물들이라는 사실로부터 선개념의 타당성이 따라 나온다. 그것은 에피쿠로스 체계에서 일반 개념 노릇을 한다.[26] 데카르트라면, 에피쿠로스가 "관념이라는 이름을 환상 안에 묘사된 이미지들로 환원시켰다"고 말했을 것이다.[27] (4) 우리에게 남아 있는 텍스트들만 가지고는 정의하기 어려운 듯이 보이는 "사유의 직접적 이해"[28]는 어떤 진리나 실재에 대한 정신적 시각에 상응하는 것 같다. 에피쿠로스가 『헤로도토스에게 보내는 편지』에서 다섯 차례 사용하고,[29] 『중요한 가르

침들』 XXIV에 다시 등장하며, 알렉산드리아의 클레멘스가 그의 『학설집』에서 인용하는 다소 모호한 이 표현을 일부 저자들은 '사유의 직관적 표상'으로 옮기기도 했다. 어쨌든 에피쿠로스는 참된 것이 항상 외부 감각에 의해 우리에게 제공된 정보들로부터 도출된다고 가르치면서도, 어떻게 그 자신이 **비가시적인** 실재들에 대해 말하는지 설명하려고 애써야 했다. 신들은 특히 바로 이 마지막 기준을 통해서만 다다를 수 있는 실재들이다.[30] 더욱이 헤로도토스를 위한 개요, §62는 원자론적 자연학의 기본 진리들의 아주 명백한 특성을 바로 이 네 번째 기준의 공으로 돌린다.[31] 보다 정확히 말해 마르셀 콩슈에 따르면 사유의 직접적 이해에는 두 가지가 있다.

(1) 진리의 기준들 사이에 놓일 수 있는 준-감각. 예를 들어, 외부 감각으로 지각하기에는 너무 미세한 신들〔의 시뮬라크르를 포착하여 그들〕에 대한 **정신적 상**을 갖는 것.

(2) 경험에 기초한 추론을 통해 얻은 시각화. 이것은 앞의 것과는 본성이 다르다. 가령 〔신과 달리〕 원자들은 최소한의 시뮬라크르도 유출하지 않기 때문에, 정신이 그것들을 '보지' 못한다.[32]

그러나 어떤 경우든 이 마지막 기준 역시 그것의 타당성을 그것이 감각으로부터 파생된 형태라는 사실에 돌리고 있는 듯하다.

2. 규준론에서 자연학으로 : 다수의 설명 방법

우리는 학파 내에서 아주 교조적으로 가르쳤던 원리들(전체의 무한성, 원자들과 허공의 실재성, 영혼의 물질성 등)에 대한 앎이 행복한 삶에 필수불가결하다면, 사실 자세한 설명들에 비상한 관심을 기울이거나 지나치게 **시간 낭비**할 필요가 없음을 알 수 있다. 이런 뜻에서 이른바 다수의 설명 방법은 에피쿠로스의 급진적 쾌락주의의 부득이한 결과로 보인다. 우리는 자연 현상들을 설명하기 위해서 에피쿠로스주의자들이 **후건부정**$^{\text{modus tollens}}$ 형식에 맞는 경험적 추론을 특히 좋아했다는 것을 알고 있다(또는 오히려 그리 잘 알지 못한다).[33] 그들은 이것을 **비-반증**$^{\text{ouk antimartyrēsis}}$의 방법이라고 불렀다. 예를 들어 허공은 존재한다고 주장할 때, 그들은 규준론에 따라, 만일 허공이 **존재하지 않았다면** 운동은 불가능했을 텐데, 운동은 실제로 존재하므로 허공은 존재한다는 식의 추론에 기초하는 것이다.[34] 허공이 존재한다는 테제를 부정하면 명백한 부조리(이 경우에는 장소에 따른 운동의 비실재성)를 인정할 위험에 빠지게 된다. 감각은 언제나 확실하므로 그러한 부조리를 논박하기에 충분하다. 에피쿠로스주의자들이 경험적 체험을 이렇듯 거의 체계적으로 참조한다는 사실을 강조할 필요가 있다. 왜냐하면 그러한 참조는 그리스인들이 이 점〔경험적 체험에 대한 참조〕에 대해 무관심했다는 세간의 평판을 반박하는 데 이바지하기 때문이다. 더욱이 우리는 데모크리토스의 자연학을 연구할 때 이미 동일한 문제에 대해 같은 종류의 증명과 마주친 바 있음을 떠올려야 할 것이다. 이는 데모크리토스가 감각에 부여했던 (분명히 아주 상대적인) 신뢰를 에피쿠로스주의가 절대화하고 있음을 입증하는 것이다.[35] 그것은 또한 감각되는 것의 진리에 대한 그러한 신뢰가 사람들이 여기저기서 주장하는 식의(그때까지 차분하게 변증론적이고 사변적이었던 하늘, 즉 에피쿠로스 이전에, 물질입자 그리고 감각이 주는 정보들을 제외하고는 모든 것을 말했을 고대 원자론을 뒤집어엎는) 경험주의적 돌발 사건이 아님을 확증해준다.

우리가 "비가시적인 것에 대하여 표지들로부터 추론"[36]하려고 애쓸 때 하나의 의견은, 경험이 그 의견을 부조리한 것으로 돌리거나 그것의 모순됨을 **반증하게** 해주지 않는 이상, 현상들과 합치하게 된다. 이는 우리가 정의상 감각에 닿지 않는 것들인 지각 불가능한 원인들, 비가시적인 것들[불분명한 것들]$^{ta\ adēla}$과 관련된 여러 가설들을 우리에게 관찰하도록 주어지는 것을 해명하기 위해 이성적으로 정식화할 수 있다는 의미이다. 분명 우리에게 지각되기는 하지만, 멀리 떨어져 있어서 원인이 전혀 분명하지 않은 기상 현상들$^{ta\ meteōra}$을 연구할 때[37], 우리가 끊임없이 기억해야 하는 것은 바로 그것이다. 예를 들어, 『퓌토클레스에게 보내는 편지』에서 벼락은 다량의 회오리바람이 급격히 갈라짐으로써 결국 불타오르는 것으로 설명되거나, 산 때문에 앞으로 나아가지 못하고 압축되어 있는 구름을 먼저 있던 불이 낙하하면서 깨트리는 것으로 설명되기도 한다. "그리고 벼락은 여러 다른 방식으로도 만들어질 수 있다."[38] 꽤나 두려움을 불러일으키는 혜성 역시 불이 때때로 하늘에서 타오를 때 생기거나, 하늘이 특별한 운동을 해서 나타나게 되거나, 어떤 때에 별들 스스로가 우리의 지평 위의 장소로 오는 것일 수도 있다.[39] 지진은 지하의 바람 때문에, 또는 지층의 많은 땅덩어리의 침강운동의 전달 때문에, 또는 그 밖의 다른 이유들 때문에 생길 수 있다.[40] 에피쿠로스(또는 적어도 그의 가까운 제자들 중 한 명. 이 『퓌토클레스에게 보내는 편지』는 사실 그 진정성에 이의가 제기된 바 있다)는 기상 현상의 가능한 설명 목록을 결코 닫아놓지 않았다. 그는 우리가 현상들과 부합한다고 주장할 수 있는 모든 다른 인과성의 방식들도 마찬가지로 수용 가능하다고 지적했다.[41] 그는 단지 "우리가 신화만은 멀리해야 한다"고 덧붙인다.[42] 사물들의 본성을 다루는 탐구 분야에서, 만일 우리가 마음의 동요를 가라앉히기 위해 효력이 비슷한 넓은 범위의 치료제를 사용할 수 있다면, 하나의 설명을 받아들이면서 "마찬가지로 현상들에 부합하는"[43] 다른 설명을 굳이 거부할 이유가 없다. 우리가 잠시 뒤에 보겠지만 자연학은 분명히 불안을 다스리는 치료제이다. 자연학은 그 자체로 다수의 설명 이론과 다르지 않고, 이론적 연구의 **약량학**藥量學 posologie을 동반한다. 이 의사-철학자는 특수한 연구 분야에서는 행복을 얻기 위해 처방된 복용량을 넘지 않을 줄 아는 것이 중요하다고 말한다.

하지만 에피쿠로스는 [여러 설명들을 받아들인다고 해서] 이 표지론적 유사-무차별주의, 그리고 왜 아니겠는가만, 사람들이 흔히 생각하듯 불가지론을 가르치기는커녕, 한 명의 **독단론자**였다. 에피쿠로스학파의 무수한 적들이 오늘날 우리가 대중매체에서 횡설수설하는 것처럼 어떤 상투적인 선전구호를 에피쿠로스의 제자들에게 전가했다는 사실을 언급할 필요가 있다.[44] 분명히 '기상학적' 탐구의 주요한 특징은 하나의 동일한 현상에 대해 **다수의** 설명들(우리는 그 설명들이 꽤 정치한 원자론의 틀과 엄밀하게 양립 가능해야 함을 언급할 필요가 있다)을 납득할 수 있음을 받아들이는 데 있다. 그러나 우리는 자연 세계의 궁극적 구성에 대한 에피쿠로스의 이론을 살펴보자마자, 이 다수의 원인 및 설명이 자취를 감추어버렸음을 곧바로 깨닫는다. [자연의 근원에 대한] 참된 설명과 관련해서는 어떠한 머뭇거림도 없다. 거기에서는 가능한 다른 선택지를 제안하는 것은 **어떠한 경우에도** 받아들일 수 없다. 비록 우리가 "별들의 뜨고 짐, 지쪽, 식蝕, 이것들과 비슷한 모든 현상들"과 관련해 특별히 납득할만한 몇몇 원인들을 발견하는 데 만족할 수 있다 하더라도, 이 현상들에 대한 연구는 앎과 결부된 행복에 아무런 이바지도 하지 않는다. 에피쿠로스는 "만약 천체 현상에 대한 의심들과 죽음에 대한 의심들이 우리를 전혀 뒤흔들지 않는다면, […] 또한 고통과 욕망의 한계를 이해하지 못한다는 사실이 우리를 전혀 뒤흔들지 않는다면, 우리는 자연학^{physiologia}을 필요로 하지 않을 것"[45]이라고 『중요한 가르침들』, XI에서 말하고 있다. 에피쿠로스는 어떤 문턱, 어떤 수준을 넘어서면, 자연 현상들에 대한 설명이 소피스트들이나 호사가들의 일이 되며, 오히려 그 설명이 행복에 이바지하는 것을 방해한다고 공언한다.[46] 그러나 베일리가 강조하듯이, "원자론은 우주에 대한 여러 가능한 이론들 중 하나가 아니다. 그것의 세부 사항들 중 어떤 것과 관련해서도 에피쿠로스 자신이 상술한 것이 아닌 다른 견해가 참일 수 있다는 암시를 전혀 찾아볼 수 없다."[47] 텍스트들은 이 점에 대해 특별히 명확한데, 왜냐하면 그것들은 "하나의 설명만 있는 것들〔한 가지 방식으로만 있거나 생겨나는 것〕"$^{to\ monachōs\ echon\ e\ gignomenon}$과 "여러 설명들을 포함하는 것들〔여러 방식으로 일어나는 것〕"$^{to\ pleonachōs\ symbainon}$을 명확히 구분하기 때문이다.[48] 에피쿠로스가 헤로도토스에게 써준 개요에서 우리가 읽을 수 있듯이, '지배적인' 또는 주요한 현상들$^{ta\ kyriōtata}$에 있어서는, "여러 방식으로 설명되는 것도 없고, 그것이 다른 방식으로 될 가능성도 없다."[49] 이 모든 것들이 다양한 방식으로 설명될 수 있다거나 그것들이 그와는 다르게 될 수 있다는 것을 주장하는 것은 용납할 수 없다. 모든 다른 본성을 빼더라도 물체들과 허공이 실재적이고 보편적으로 존재함, 제1원소들의 쪼갤 수 없는 성격, "삶에 대한 추론"[50]의 결론들이 절대적 확실성의 예로서 주어진다. 에피쿠로스는 이렇게 절대적으로 참된 원리를 가진 자연학으로부터 반드시 우리를 행복하게 만들 자격이 있는 유일한, 절대적으로 **유일한**

윤리학이 따라 나온다는 사실을 단호하게 지적하려고 애썼다. 결국 "만물의 본성에 대한 가장 중요한 사항들"[51]인 몇몇 절대 진리들에 부합하지 않고, 신화의 땅에서 생겨난 모든 설명은 〔참된 원리를〕 발견하는 데 있어서 금지된다. 이 경우에는 그럴 듯한 것〔설득력 있게 이야기되는 것〕$^{to\ pithalogoumenon}$의 질서에 속하는 것만 받아들일 수 있다.[52] 사실 원자론적 사유의 엄밀한 틀과 양립하지 않는 모든 설명은 쾌락의 획득이라는 우리의 유일하고 영구한 목적에 위배되기 때문이다.

3. 규준론에서 윤리학으로 : 철학, 사용법

에피쿠로스는 회의주의자와 대척점에 있음을 명심해야 한다. 우리가 보다시피 그는 자연학에서 "무사태평하게"[53] 나아가지 않는다. 그의 철학의 일반 원리들(원자들과 허공의 존재, 지각이론, 쾌락과 최고선의 동일시 등)은 감각적 소여들로부터 완전히 필연적인 방식으로 도출된다. 그러나 **기상 현상들**과 관련해서는, 특히 몇몇 **세부적인** 문제들에 있어서는, 이른바 다수의 설명 방법이 이러한 일반 원리들에 대한 탐구보다 우위에 서는 일이 **일어날 수도 있다**. 그래도 일반 원리들의 전적인 확실성은 우리 행복을 위한 첫 번째 조건으로 남는다.

"이 모든 일반적 고려와 더불어 우리는 다음과 같은 점을 깨달아야 한다. 사람들의 영혼 속에 가장 큰 괴로움이 생겨나는 이유는, 사람들이 천체들은 축복받고 불멸하며 그 속성에 반대되는 의지와 행위, 동기〔인과작용〕를 갖는다고 믿기 때문에, 그들이 신화에 따라서, 또는 마치 죽음이 그들 자신과 관계있는 양 죽을 때 감각이 없어지는 것을 두려워하면서 어떤 영원하고 두려운 무언가를 기다리거나 의심하기 때문에, 그리고 그것들을 의견 속에서가 아니라 비이성적인 마음 상태 속에서 겪기 때문이며, 따라서 두려워해야 할 것을 정의하지 않은 채, 만일 그것들에 대한 의견을 가졌더라면 겪었을 것과 같거나 아니면 더 큰 괴로움을 느끼는 것이다. 하지만 아타락시아[54]는 이 모든 괴로움으로부터 해방되는 것이며, 일반적이고 주요한 요소들을 계속 기억함을 뜻한다."[55]

| 2 | **자연학**

1. 우주, 세계들, 원자들과 허공

에피쿠로스 자연학의 근본 테제들은 『헤로도토스에게 보내는 편지』에 모여 있다. 그리스인들에 따르면 자연^{physis}을 설명하는 임무를 맡고 있는 것은 철학의 한 부분인 **자연학**이다. 이렇게 칭하는 것에 깜짝 놀랄 필요는 없다. 왜냐하면 자연학〔물리학〕은 적어도 17세기까지 철학의 일부로 간주되었기 때문이다. 가령 1644년에 출간된 데카르트의 『철학의 원리들』 1부에서는 **제1철학**만 다뤄지지만, 2·3·4부는 주로 충돌 법칙, 천문학적 문제들에 대해서, 석탄, 질산칼륨, 자석 등의 본성에 대해서, 즉 **자연철학** 또는 **자연학**에 속하는 문제들을 다룬다. 우리는 고전 역학을 정초한 뉴턴이 쓴 주저의 제목이 『자연철학의 수학적 원리들』(1687)임을 기억한다.

  에피쿠로스는 『헤로도토스에게 보내는 편지』에서 자기 철학에 대한 요약^{epitomē}을 제시하겠노라고 선언한다. 그는 진리에 대한 개관이 제자(신입 제자이든 진전을 거둔 학생이든)에게 필요하다고 말한다. 이는 제자가 모든 경우에 올바르게 판단할 수 있게 해주는, 간략하고 종합적인 몇몇 정식들을 이용한다는 것을 전제한다.[56] 에피쿠로스주의의 기본 학설들에 대한 연구에 몰두하면서, 학생은 항상 제1진리들의 도장을 그의 영혼에 찍게 될 것이며, 오늘날 우리가 곧잘 실재에 대한 **해석의 격자**라고 부를만한 것을 조금씩 구축해나갈 것이다. 그리하여 학생은 실천 영역에서 쾌락의 **최대치**를 지속적으로 누리는 능력을 얻게 될 것이다.

에피쿠로스는 먼저 "존재하지 않는 것에서는 아무것도 생기지 않는다" 그리고 "(그렇지 않다면) 모든 것이 씨앗을 전혀 필요로 하지 않으면서 모든 것으로부터 생겼을 것"이라고 가르친다. 이것은 이미 엘레아학파,[57] 데모크리토스,[58] 그리고 특히 아낙사고라스[59]에서 발견되는 원리이다. 그리고 그는 뒤이어 말한다. 반대로 만일 "없어지는 것이 존재하지 않는 것으로 소멸했다면", 모든 것들은 "사라졌을 것이다. 왜냐하면 [그것들이] 분해되어지는 바의 그것 [구성 요소]이 존재하지 않을 것이기 때문이다."[60]

그는 곧이어 우주는 무한하다고 주장한다. 파르메니데스, 엠페도클레스, 플라톤,[61] 아리스토텔레스, 스토아학파(이들은 만장일치로 세계는 하나밖에 없다는 테제를 옹호했다)와 반대로, 에피쿠로스는 회오리에서 생겨나는 세계들의 수가 무한하다는 테제를 지지한다.[62] 에피쿠로스는 이 주장과 관련해서 데모크리토스(그리고 그 이전에 아낙시만드로스[63])가 사용했던 것과 거의 비슷한 정식들을 사용한다. 하나의 **세계**^cosmos가 형성될 때, "온갖 종류의 원자들의 회오리가 우주에서 떨어져 나왔다."[64] 왜냐하면 "그런 원자들(그것들로부터 세계가 생기거나, 그것들로 세계가 구성될 수 있다)은 하나의 세계나 제한된 수의 세계들 속에서, 우리의 것과 유사한 세계들이나 다른 종류의 세계들 속에서 고갈되지 않는다. 따라서 아무것도 세계가 무한히 많음을 방해하지 않는다."[65] 세계의 수가 무한하다는 테제는 세계의 **복수성**에 대한 퓌타고라스의 믿음을 단순히 확장시킨 것 이상이다. 왜냐하면 플라톤은 후자(퓌타고라스의 테제)를 공손하고 조심스럽게 거부했던 반면, 전자를 정말로 정신 나간 것으로 보았기 때문이다(플라톤은 그런 것을 데모크리토스에서밖에 발견할 수 없었다).[66] 세계의 수가 무한하다는 테제는 대부분의 고대 천문학자들과 그들의 중세 계승자들에게는 일종의 논리적 스캔들이다. 앞서 말한 것의 따름 명제로서, 세계들 그리고 특히 우리의 세계도 모두 소멸하게 되어 있다. 반대로 우리의 세계 질서에서 신 또는 섭리의 실행을 보곤 했던 대부분의 사상가들과 마찬가지로, 플라톤에게 우리 세계는 사실상 "노화와 병에 다가갈 수 없다."[67]

세계들의 형태가 꼭 모두 같은 것은 아니다. 그리고 동물이나 식물의 생명은 우리가 경험 속에서 마주치는 모든 것과 마찬가지로 우리와는 다른 세계들에서도 충분히 존재할 수 있다.[68]

우주는 전체적으로 볼 때 물체들과 허공으로 이뤄져 있다. 물체들의 수와 허공의 크기도 역시 무한하다. "허공이 무한한데 물체가 제한되어 있다면, 물체들은 어디에도 머물지 못하고 흩어져서 무한한 허공 사이를 쓸려 다닐 것이다. 왜냐하면 충돌에 의해 물체를 지탱해주고 붙들어줄 것들이 없기 때문이다. 한편 허공의 크기가 제한되어 있다면 무한한 수의 물체들은 있을 장소를 갖지 못하게 될 것이다."[69]

감각은 명백히 물체들의 존재를 입증한다. 그리고 물체들 중에는 복합체들 그리고 복합체를 구성하는 것들인 원자들이 있다. 만약 분해되는 모든 것이 비-존재로 해소될 때까지 분해된다고 상상하려 하지 않는 이상, 원자들은 쪼개지지 않으며 변하지 않는다.[70] 만일 무한히 작은 것이 **현실태로** 존재했다면, 실재하는 모든 것은 이미 흔적도 없이 사라져버렸을 것이라고 에피쿠로스는 주장한다. 그렇지만 실제로는 그렇지 않다. 따라서 나타나는 것의 씨실을 만드는 쪼갤 수 없는 근원들이 존재한다.[71] 이 근원들 또는 제1물체들, 즉 원자들은 무한한 허공 안에서 끊임없이 운동하는 동안에도 분할되거나 변경될 수 없다. 4원소(흙, 물, 공기, 불)나 그 중 하나에서 모든 현상들의 궁극적 근원을 보곤 했던 초기 '자연철학자들'과 반대로, 에피쿠로스는 그 이전에 데모크리토스가 했던 것처럼 어떤 감각적 원소에도 항구적인 존재를 부여하기를 거부했다. 사실 모든 감각되는 사물들이 파괴와 죽음에 굴복한다는 것을 우리는 경험하지 않는가?[72]

에피쿠로스에 따르면 원자들은 감각되는 물체들과 공통된 성질을 세 가지 밖에 갖고 있지 않다. 이 성질은 무게(데모크리토스가 아마도 가르쳤을 것과 달리, 에피쿠로스는 이 성질이 원자들에 내재한 것이라고 생각했다[73]), 크기, 형태이다.[74] 따라서 이러한 "존속하는^{hypoleipesthai} 원소들"은 어떤 변화하는 본성도 갖고 있지 않은데, "왜냐하면 복합체가 분리될 때, 단단하며 분리 가능하지 않은 어떤 것이 남아서, 비-존재로의 변화나 비-존재로부터의 변화를 만들지 않아야 하기 때문이다."[75] 이 마지막 지점과 관련해서 레우키포스와 데모크리토스도 같은 것을 가르쳤다. 제1물체들은 "서로 결합하고 뒤얽힘으로써 사물들을 발생시키지만",[76] 그것들 자체는 "영향을 받지 않으며(무감하며)^{apathēs}", "영향을 받지도 변화하지도 않는다.$^{mēte\ paschein\ mēte\ metaballein}$"[77] 따라서 형태, 무게, 크기는 에피쿠로스에게 있어서 원자들이 지닌 유일한 성질들^{poiotēta}이다. 원자에는 색도 냄새도 맛도 없다.[78]

에피쿠로스에 따르면 허공이 존재한다는 절대적 확실성을 정초하는 것은 본질적으로 운동에 근거한 논증이다. 우리는 또 한 번 에피쿠로스가 얼마나 그의 근원들을 정립하기 위해 이른바 비-반증의 방법(이 방법은 주장되는 바의 역逆이 근본적으로 불가능함을 증명하는 것이다)에 애착을 가졌는지 확인할 수 있다.[79] "우리가 허공, 공간 또는 만질 수 없는 본성이라고 부르는 것이 없었다면, 물체들은 존재할 곳도, 우리에게 보이는 것처럼 그곳을 통해 움직일 곳도 없을 것이다."[80] 이는 안티페리스타시스^{antiperistasis}, 즉 꽉 찬 공간에서 줄지어 일어나는 순간적인 대체 순환과 같은 아리스토텔레스의 운동 개념과 명백히 대립된다. 아리스토텔레스가 보기에 운동은 공기 중의 한 대상이 자리를 옮기고, 줄지어 대체 순환이 일어날 때 만들어진다. 이것은 수중 환경에서 앞으로 나아가는 물고기가 자신을 추진시키는 데 썼던 바로 그 물을 자신의 뒤로 밀어낼 때와 비슷하다. 우리가 앞으로 보겠지만, 에피쿠로스의 충실한 제자이고자 한 루크레티우스는 운동 논증(즉, 허공 없이는 운동은 불가능하다[81])을 그대로 다시 채택하며, 거기에 역시 허공의 존재를 증명하기 위해 마련된 세 가지 명쾌한 논증들을 덧붙인다.[82]

2. 원자의 형태, 운동 그리고 성질

원자들로 다시 돌아오자. 각각의 형태별로 원자들이 무한한 수만큼 있다. 그러나 에피쿠로스에 따르면 이 형태들의 수는 무한정하지^{aperilepton} 절대적으로 무한하지는^{apeiron} 않다.[83] 원자들과 문자들의 비교를 다시 끌어들여 말하자면, 인쇄기의 활자 케이스를 나누는 작은 칸들의 수가 무한하지는 않은 것과 같다. 이 칸들 각각에 A, N, H 등을 무한수로 채워 넣을 수 있다고 하더라도 말이다. 에피쿠로스주의자들은 사실 원자들을 물리적 크기를 가진 것들로 구상하였을 뿐 아니라, 어떤 크기-단위(그들은 이 크기-단위를 '최소 부분'이라고 불렀다) 여럿이 모인 크기들로 구상하였다. 원자의 형태가 수적으로 무한하다고 생각하면, 감각적 판별의 문턱을 넘어서는 원자들(심지어 세계만큼 커다란 원자들, 그리고 무한히 큰 원자도 안 될 이유가 없다)을 구상하는 것을 피할 수 없다고 그들은 생각했다. 따라서 그들은 이 부조리한 결론과 그들이 보기에 필연적으로 이런 결론을 낳게 되는 원리를 동시에 거부한다.

원자는 완전히 나뉘지 않기는 하지만 '최소 부분들'로 이루어져 있다는 이 에피쿠로스의 이론이 무엇인지 좀더 면밀히 살펴보자. 에피쿠로스에 따르면 원자들이 가능한 모든 형태들을 가질 수 없는 것과 마찬가지로, 그것들이 가능한 모든 크기를 가질 수 있다고 가정하는 것 역시 불가능하다. 그의 추론은 대략 다음과 같다. 만일 내가 하나의 원자를 표상할 때, 나는 거기에서 정신적으로 왼쪽, 오른쪽 등을 묘사할 수 있다. 왜냐하면 원자는 두께 없는 수학적 점이 아니라, 일정한 연장을 갖는 작은 물질 덩어리이기 때문이다. 자연적으로는[물리적으로는] 떼어낼 수 없지만, 위상학적으로는 구분될 수 있는 상이한 공기들을 생각해볼 수도 있다. 둥글거나, 세로로 길쭉하거나, 갈고리 모양 등등일 수 있는 원자는 물리적 **최소치들**, 이 원자의 형태대로 다양하게 배열된 '연장의 조각들'로 구성되어 있다. 이 '원자의 최소치들'(또는 '최소 부분들')은 우리가 말했듯이 크기-단위들이다. 따라서 그것들은 모두 서로 같으며, 한 원자의 크기는 필연적으로 다수의 **최소치들**, 즉 문제가 되는 다수의 부피 단위와 동일하다.[84] 우리가 알다시피, 그리스 건축가들(고딕 건축가들도 마찬가지로)은 **모듈**, 즉 하나의 길이-단위(건축물의 모든 길이는 다수의 길이-단위여야 한다)를 채택했다. **모듈**은 일반적으로 기둥(원주)의 **평균 반지름**에 해당했다. 가령, 파르테논 신전에서 기둥들의 평균 반지름은 949mm이므로, 그 기둥들의 높이인 10.43m는 11모듈에 해당한다. 우리는 유비적으로 최소 부분이 정말로 원자의 **모듈**이라고 말할 수 있다. 그래서 에피쿠로스주의자들이 보기에 한 원자는 2, 3, ⋯⋯ n개의 최소 부분들의 병렬로 구성되며, 이렇게 병치된 '부분들'이 일정한 수를 넘게 되면 어떤 입자들은 감각적 판별의 문턱을 넘어설 것이고, 어떤 것들은 세계만큼 클 수 있을 것이다.[85] 그렇기 때문에 에피쿠로스주의자들은 원자 형태의 수가 무한하게 다양하지 않음을 절대적으로 주장할 필요가 있다고 생각했다.

또 다른 사항. 원자들은 연속적으로 영원히 운동한다. 자유로운 원자들은 무한한 허공 안에서 움직일 뿐 아니라, 심지어 복합체 내에 붙들려 있더라도 그 안에서 끊임없이 **진동한다**. 우리는 언제나 고대 원자론자들의 우주를 **역동적인** 방식으로 묘사할 필요가 있다. 무한한 허공 어딘가에 고립되어 있든, 아니면 한 세계 내에, 나아가 아주 조밀한 집적체 안에 일시적으로 붙들려 있든 간에, 원자는 **항상** 무한한 허공 안에서 운동 중에 있다. 그것은 거대한 허공 안에서 끝없이 운동한다. 그리고 원자는 항상 곧 제동이 걸리거나, 부딪히거나, 그것의 운동을 **지금 여기에서** 방해하는 이웃 원자들에 맞서 격렬하게 되튕겨나갈 것을 무릅쓰고라도 원자의 빠르기, 가능한 가장 큰 빠르기를 보존하거나 되찾으려 한다.

에피쿠로스주의자들은 원자들의 운동을 주재하는 세 가지 원인을 받아들였다.

(1) 무게^{baros}

(2) 이 입자들의 궤도를 변경하는 충돌$^{plēgē\ 또는\ synkrousis}$

(3) 그리고 편위$^{parenklisis,\ clinamen}$: 루크레티우스는 그의 시 II편, 216~293행에서 원자들이 그것들의 궤도에서 제 스스로 편위할 수 있는 힘을 가져야 할 필연성을 증명하기 위해 두 가지 논증을 전개한다. (1) 편위가 없다면 자연은 결코 어떤 것도 만들어내지 못했을 것이다. (2) 편위가 없다면 자유를 온전히 생각할 수 없을 것이다. 우리는 이것을 뒤에서 좀더 자세히 살펴볼 것이다.[86]

지금 당장은 『헤로도토스에게 보내는 편지』의 43, 44 단락에 클리나멘(편위)에 대한 어떤 참조도 없다는 사실에 에피쿠로스 연구자들이 놀라거나 '실망하지' 않을 수 없었다는 사실만을 언급하자. 헤르만 우세너는 이런 유의 '실망'에 고무되어 『헤로도토스에게 보내는 편지』, §43 텍스트상에 누락된 부분이 있다고 가정하고자 했다.[87] 시릴 베일리는 근대 주석가들이 그리도 바라마지 않던 암시를 『헤로도토스에게 보내는 편지』의 영역본에 대뜸 삽입하면서 이 누락을 '메우려고' 까지 했다![88] 마찬가지로 위와 정반대되는 입장을 취할 수도 있다. 어떤 어설픈 제자가 인간 행위의 자유라는 주제와 원자들에 부여된 '편위'의 힘을 연결했다고 보는 것이다. 아돌프 브리게(1884)의 견해가 그러했고, 그 뒤 거의 반세기 지나서 모리스 솔로비네(1925)도 그렇게 생각했다.[89] 하지만 이런 태도는 에피쿠로스주의자인 오이노안다의 디오게네스(분명히 그는 학파의 창시자보다 5세기도 더 뒤에 살았다!)의 증언, 키케로의 증언, 그리고 에피쿠로스주의를 비판하던 다른 이들의 증언에 위배된다. 왜냐하면 이들 모두는 이 독특한 학설(루크레티우스는 우리에게 그 학설로 다시 돌아갈 기회를 제공할 것이다)을 정원 철학자 본인이 만들었다고 말하기 때문이다.[90]

다시 한 번 반복할 필요가 있는 바, 에피쿠로스가 원자들의 운동, 복합체 내에서 원자들이 진동^{palmos}하고, 서로 충돌하고, 되튕기고, 이런저런 식으로 뒤얽힌다고 말할 때, 그는 "원자들과 허공은 영원히 존재하기 때문에, 이 과정에는 시작이 없다"[91]고 주장했다. 이 단언은 확실히 일의적이긴 하지만, 『헤로도토스에게 보내는 편지』, §43~44에 편위에 대한 언급이 전혀 없다는 문제를 완전히 해결해주지는 못한다. 그래도 그 단언은 에피쿠로스도 데모크리토스 못지않게 **기원의 문제**를 제기하지 않음을 뚜렷이 보여준다. 우리는 아리스토텔레스가 데모크리토스에 맞서 논쟁하면서 장소운동이야말로 원자론자들이 그 존재를 인정하는 **유일한** 운동이었다는 사실을 유감스럽게 생각했음을 보았다. 그리고 아리스토텔레스는 [원자론자들이 말하는] 이 장소에 따른 운동이 **영원하다**는 사실에 의해서만 설명될 수 있었다고 반박했다. 아리스토텔레스의 원리들에 의거할 때, 여기에는 분명히 **무엇을 위해**, 즉 목적인이 빠져 있다.[92] 그는 논박하기를, "일반적으로, 항상 그러하다 또는 [항상 그러하게] 생겨난다는 것을 충분한 원리라고 보는 것은 올바르게 가정하는 것이 아니다. 데모크리토스는 [사물들이] 이전에도 그러하게 생겨났다고 주장하면서, 자연에 관한 원인들을 바로 그것으로 끌고 간다. 그러나 그는 이 '항상'의 원리를 탐구할만한 가치가 있다고 생각하지 않는다."[93] 에피쿠로스가 자연적 실재에 대해 제공한 표상 역시 목적인이 빠져 있다는 식의 똑같은 '경멸'을 불러일으켰을 수 있다. 에피쿠로스에서도 마찬가지로 일종의 '브라운' 운동이 **전부터 늘** 원자들을 동요시켜왔기 때문에, 이 운동이 아직 일어나지 않았을 우주의 상태를 상상할 **이유**가 전혀 없다.[94]

따라서 에피쿠로스 자신은 원자들이 그들의 궤도에서 제 스스로 편위할 수 있는 힘이 있다고 결코 가르치지 않았든, 아니며 그가 직접 이 클리나멘(우리에게 전해지는 텍스트들로 보면, [에피쿠로스가 아니라] 오로지 그의 제자들만이 그것에 대해 우리에게 말하고 있다)에 대해서 말했든, 이는 원자들 상호간의 충돌에 대한 자연학적 설명을 제공하기 위한 것이라기보다는 **윤리적** 질서의 요청을 충족시키기 위한 것이었다.

자생성이냐 절대적 숙명이냐? 바로 이 도덕 문제를 에피쿠로스의 제자들(그리고 아마도 에피쿠로스 자신)은 사물들의 기원에로 옮겼던 것이다. 만일 우리의 작은 사적 세계가 생생한 의지와 운동의 원천이라고 주장한다면, 어떻게 우리를 둘러싼 커다란 세계가 거대한, 불변의 메커니즘일 뿐일 수 있겠는가? 바로 이와 같은 입장에서, 장-마리 귀요는 "자연과 인간은 너무도 밀접한 관계를 맺고 있기에, 우리는 하나에는 없는 절대적으로 새로운 어떤 것을 다른 것에서 찾을 수 없다. 우리가 우리 자신 안에 자생성과 자유의 원리가 있음을 인정하고 싶다면, 그것을 사물들에서도 전적으로 제거하지 말자"라고 적었다.[95] 훌륭한 철학적 유물론의 경우, 무에서는 아무것도 나오지 않는다면, 다른 모든 생명체처럼 우리가 경험하는 자유도 원자 안에 실제로 현존하는 성질을 우리[인간 복합체]의 수준에서 번역한 것이어야 한다. 편위는 정확히 이런 성질일 것이다.

3. 지각이론

『헤로도토스에게 보내는 편지』의 두 번째 부분에서, 에피쿠로스는 시각, 청각, 후각의 메커니즘을 제시한다. 우리가 보겠지만 그것들은 촉각의 특수한 방식들일 뿐이다.[96] **존재 이유**의 관점에서 보면 원자론자들에게 촉각은 모든 다른 감각들이 그것에로 환원되는 감각이다. 그렇지만 **인식 이유**의 질서에서는 시각이 원자론자들에게 가장 세세한 전개 및 가장 폭넓은 설명을 제공한다. 루크레티우스는 그의 시 IV편에서, 시감각을 연구하는 데 거의 500행을 할애했다.[97] 에피쿠로스도 마찬가지로 그것에 대해 다른 감각들보다 훨씬 더 많이 말한다.[98] "실제 대상들〔단단한 것들〕과 형태가 동일하고, 그것들의 극도의 미세함에 의해 현상들과 구별되는 영상들^{typoi}이 있다. 〔…〕 우리는 그것들을 시뮬라크르들^{eidōla}이라고 부른다." 이 영상들은 외부 사물들과 **일치하는 복사물들**과 같다. 왜냐하면 "외부 대상들로부터 무언가가 〔우리 안에〕 들어오기 때문에, 우리는 형태들을 보고, 생각할 수 있는" 것이다.[99] 이 맥락에서 보면, 지각이란 대상 자체가 부분적으로 우리 안으로 이동해 들어와서, 엄밀히 말해 우리 안에 **인상을 남기는** 것이다. 이 이동은 더구나 순간적이다. 비록 시뮬라크르들의 '넘어설 수 없는' 빠르기는 **무한한** 빠르기는 아니지만 말이다.[100] 그것은 **우리에게 있어서** 분해할 수 없는 시간의 간격 안에 일어난다. '넘을 수 없는'이란, "시뮬라크르들이 원자들만큼 빨리 간다는 것을 뜻하는 것이 아니라, 단지 원자들처럼 감각적 순간 내에 생각할 수 있는 어떤 거리라도 통과한다는 것을 뜻하는 것"이라고 마르셀 콩슈는 적고 있다.[101] 그리고 영상들(그것의 중개로 나는 대상을 본다)이 **바로 그 순간에** 대상에서 떨어져 나온다고 말하는 것은, 결국 이 대상이 그러했던 바대로가 아니라 그러한 바 그대로 보인다는 것을 주장하는 것이 된다. 그래서 시뮬라크르들은 믿을 수 있는 것이다. 그것들은 우리에게 우리가 지각하는 것의 실재를 충실하게 전달한다. 감각은 따라서 항상 참이다. 잘못된 판단〔거짓〕과 오류는 "항상 의견을 덧붙이는 데"있다.[102] 대상들에서 빨리 떨어져 나오는 이 얇은 막들은 쉽게 "공기의" 또는 여타의 느슨한 조직을 가진 물체들(여기에서는 투명한 물체들을 떠올려 보자)의 "허공들〔간극들〕속에서 흐를 수 있다."[103] 우리는 그 막들을 개별적으로^{singillatim}[104] 식별할 수 없기 때문에, 그것들이 빠르게 연이어지고 우리 눈에 축적됨으로써 만들어지는 이미지를 지각하는 것이다. 베르그손은 적절하게 이를 영화적 지각 메커니즘(그것은 우리에게 바라볼 **하나의** 이미지를 주지만, 사실 우리는 화면 위에 극히 빠르게 줄지어 지나가는 24개의 이미지들을 관람하는 것이다)과 비교했다. 그리고 에피쿠로스에 따르면 사유는 **정신의 시각**^{vision} $_{mentale}$과 다르지 않다. 그러나 눈과 달리 정신은 가장 미세한 시뮬라크르들에 의해 자극받을 수 있다.

    복합체 가장 깊숙한 곳에 있는 원자들은 끊임없이 진동하고 있다. 바로 이 때문에 원자의 표면층은 쉽게 주변 환경으로 유출될 수 있다. 또한 발산이나 유출의 조직을 형성하는 이 원자들은 그것들 서로간의 위치를 보존하는데, **왜냐하면 그것들**〔발산 또는 유출〕은 물체들의 내부에서 오는 것이 아니라 그것들의 표면에서 오기 때문이다. 그것들은 원자들의 무수한 충돌들로 인한 심층에서 오는 압력 때문에 극히 빠른 리듬에 맞추어 축포를 쏘듯이〔원자들의 표면으로부터〕내던져진다. 우리는 (그와 관련된 충분히 정확한 텍스트들이 없기에) 데모크리토스의 이론에서와 똑같이 에피쿠로스의 이론에서도, 시뮬라크르들은 우리 눈에 들어오기 전에 적절한 크기로 축소된다고 상상해야 한다. 왜냐하면 만일 내가 코끼리를 본다면, 내가 그에 대해 갖는 이미지는 코끼리 자체의 크기보다는 비교할 수 없을 정도로 더 작아야 하니까 말이다.

확실히 모든 집적체는 부식된다. 그것은 마모되고, 조금씩 해체된다. 하지만 이런 시뮬라크르들의 지속적인 유출에도 불구하고, 이 미세한 막들을 유출한 물체가 곧바로 '급격히 줄어들기' 시작하는 것은 아니다. 왜냐하면 그렇게 상실한 원자들은 주변 공간에서 모종의 방식으로 붙들린 다른 원자들로 대개 보충되기 때문이다. 한 복합체의 경계는 특히 불안정하게 조성된 외곽 지대를 이룬다. 바로 그 수준에서 이 물체의 표면층들을 구성하는 원자들의 운동과 자신의 운동을 결합할 수 있는 주변 원자들이 붙들린다.[105] 적어도 세베루스 왕조부터 겨우 로마 문화권에 흡수되어 자신들의 무기를 그들이 봉사해야 하는 자들에게 지체 없이 반납한 야만인들이 로마의 **요새 지대**를 지켰던 것과 비슷하게, 모든 복합체들(제국과 마찬가지로 결국 죽을 운명에 처해 있는 원자들의 사회들)은 그들의 국민들 일부가 바깥으로 퍼지도록 내버려두는 대신 이 지속적인 손실을 보충할 원자 용병대를 모집한다. 에피쿠로스는 이 '보충해서 채우는' 과정을 안타나플레로시스^{antanaplērōsis}라고 부른다.[106] 이것은 물체들이 비록 그것들을 구성하는 실체의 무시할 수 없는 만큼의 부분들을 끊임없이 상실함에도 불구하고, 눈에는 전혀 줄어드는 것으로 보이지 않는 까닭을 설명해준다.

"비록 때때로 뒤죽박죽이 되기는 하지만, 시뮬라크르들은 단단한 물체[외부 대상] 위에 있던 원자들의 위치와 순서를 오랫동안 유지한다. 그리고 그것들은 심층에서 채워질 필요가 없기 때문에, 주위

환경에서 빠르게 결집[보충]이 이루어진다."[107] 달리 말하면 꿈속에 나타나는 이미지들과 온갖 다른 종류의 환영들의 기원은 우리 눈이나 영혼원자들에 실제로 영상들이 충격을 준 것에 있다. 우리는 어떻게 켄타우로스에 대한 정신적 상을 가지는가? 우연히 말과 인간의 왜곡된 시뮬라크르들이 연결되어 하나의 복합 이미지를 구성한 것인데, 사람들은 그것이 현실태로 존재하는 하나의 잡종에서 직접적으로 유출된 것이라고 쉽사리 믿어버리는 것이라고 루크레티우스는 적고 있다.[108] "그리하여 우리는 켄타우로스, 스킬라의 사지, 케르베로스 같은 개의 면상, 그리고 대지가 그들의 뼈를 옥죄고 있는 죽음을 거친 자들[시체들]의 시뮬라크르들을 본다. 왜냐하면 온갖 종류의 시뮬라크르들이 여기저기로 옮겨 다니는데, 어떤 것은 공기 중에서 저절로 형성되고, 어떤 것은 다양한 사물들로부터 떨어져 나오고, 또 다른 것은 이런 형상들의 결합으로부터 만들어지기 때문이다."[109] 에피쿠로스의 합리주의는 신화의 탄생을 이런 왜곡된 이미지들을 가지고 해명한다. 에피쿠로스주의에 따르면 "정신병자나 꿈꾸는 자의 상들은 참되다. 왜냐하면 그것들은 운동의 효과를 갖고 있기 때문이다. 그렇지만 존재하지 않는 것은 그런 효과를 갖고 있지 않다."[110] 어떤 이미지도 엄격한 의미에서 헛되지 않다. 그러나 어떤 이미지들은 기만적이다.

따라서 반복하기를 신경 쓰지 않고 말하자면, 에피쿠로스가 보기에 시뮬라크르는 항상 진실하다. 그것은 우리에게 이동해오는 동안 변하지 않은 채 남아 있어서 대상과 완벽하고 완전하게 일치하거나, 또는 공기 중에서 이리저리 옮겨 다니고 장애물을 만나는 바람에 약간 왜곡되어 부분적으로만 일치하지만 "부분적인 표상의 자격에 있어서, 그 이미지는 못지않게 진실되다."[111] 그러므로 우리는 "감각되는 모든 것들은 '참되고', '존재한다' $^{al\bar{e}th\bar{e}\ kai\ onta}$ 고 말하던" 에피쿠로스가 멀리서는 둥글게 보이지만 가까이 가면 네모로 보이는 탑이, 멀리서는 둥근 것**이고** 가까이에서 보면 네모난 것 **이라고** 주장할 수 있었던 이유를 좀더 잘 이해할 수 있을 것이다.[112] 만일 건축을 하는 데 규준이 처음부터 틀렸다면, "만일 직각자^{norma}가 부정확하고 직선에서 벗어나 있다면, […] 필연적으로 모든 것이 부정확하고, 비뚤게 된다. […] 이처럼 사물에 대한 이성적 판단은 그것이 거짓된 감각에서 나올 때마다 필연적으로 그릇되고, 거짓되다"라고 루크레티우스는 적는다.[113] 에피쿠로스도 그대로 말했다. "당신이 어떤 감각이든 단적으로 거부한다면, 그리고 의견을 가진 것 및 확증을 기다리는 것$^{to\ doxazomenon\ kai\ to\ prosmenon}$과 감각·감정·사유에 의해 포착된 모든 영상을 따라 이미 현존하는 것을 구별하지 않는다면, 당신은 나머지 감각들도 헛된 의견과 혼동할 것이고^{syntaraxeis}, 그래서 모든 기준을 거부하게 될 것이다."[114] 사실 그런 원리를 가지고 우리는 『퓌토클레스에게 보내는 편지』, §91에서 읽을 수 있는 것처럼 상당히 터무니없는 말을 하게 될 수도 있다. 문제가 되는 구절에서 에피쿠로스는 태양이나 그 밖의 별들의 크기가 우리에게 드러나 보이는 크기이며, [우리가 보는 것보다] 조금 크거나 조금 작거나 또는 같다고 적고 있으니 말이다.

　청각의 원인 역시 어느 대상에서 출발해서 우리에게 전달된 한 '흐름'이다. 에피쿠로스에 따르면 그 흐름은 바로 우리의 청각기관에까지 도달한 대화 상대의 실체[신체]의 일부분이다. 쉬지 않고 대화를 계속할 때, "특히 만일 우리가 큰 목소리로 내뱉으면" 힘이 빠져버리는데, 이것이 바로 우리가 대화하면서 "우리 신체의 일부분"을 잃어버렸다는 증거라고 루크레티우스는 말한다.[115] 후각도 마찬가지다. 유쾌한 향기는 향기로운 물체로부터 나온, 잘 질서 잡힌 미립자들의 유출에 해당한다. 불쾌한 냄새는 반대로 무질서한 미립자들의 흐름을 나타낸다. 지나가듯 하는 말이지만, 이는 우리의 과학이 결코 전적으로 거부할만한 설명은 아니다. (청각에 대한 설명과 같은) 앞의 설명은 음성 방출의 파동적 특성을 무시한다는 점에서 부족해 보이긴 하지만, 우리가 고기 냄새를 맡을 때, 우리의 후각기관까지 전달된 고기의 '미립자들'을 실제로 들이마신다는 사실을 누구도 부인할 수는 없다.

4. 영혼론

고대인들, **특히** 고대 원자론자들에게 영혼론(또는 심리학)은 **자연학**의 일부였다. 영혼은 "모든 집적체에", 즉 모든 유기체에 "퍼져 있는 미세한 입자들로 구성된 물체"라고 에피쿠로스는 적고 있다.[116] 그것은 숨(바람), 열기 그리고 특히 이 둘과는 구별되는 어떤 부분으로 이루어져 있다. 마지막 것은 '이름 없는 원소'로서, 특히 영혼의 지적 작용을 지배한다. 감각능력은 이 영혼 그리고 목숨이 붙어 있는 동안 영혼을 보호하는 막을 구성하는 유기체의 나머지 부분이 인접하고 '일치'하는 동안만 지속된다. 여기에서 나열된 세 원소들 중 마지막 것("우리의 신체와 보다 내밀하게 섞여 있고", 집적체의 나머지 부분과 더 잘 연결되어 있는 것)은 루크레티우스가 나중에 이름 없는 원소^{akatonomaston}, 제4의 본성$^{quarta\ natura}$이라고 말하는 바로 그것이다.[117] (세 번째가 아니라) 네 번째인데, 왜냐하면 다른 에피쿠로스 관련 텍스트들[118]에서 주장하는 바에 따르면 영혼에는 프네우마^{pneuma}(=숨, 바람), 테르몬^{thermon}(=열기), '이름 없는 원소' 외에도 아에르^{aēr}(=공기)가 있기 때문이다.

사지의 한 부분이 잘려나가도 영혼은 여전히 느낄 수 있다. 영혼의 이성적 부분(루크레티우스가 아니무스^{animus}라고 부르고, 에피쿠로스가 토 로기콘$^{to\ logikon}$이라고 이름 붙였던[119])은 그러한 절단에 의해 영향을 받지 않는다. 병사의 머리가 떨어져나가 땅바닥에 나뒹굴어도 그 얼굴은 여전히 움직이고 눈은 뜬 상태로 있다는 것이 입증하듯이, 또 여러 토막으로 썰린 뱀이 여전히 땅 위에서 분노하며 꿈틀대는 것이 입증하듯이, 바로 아니마^{anima}(에피쿠로스가 알로곤^{alogon}이라고 한 영혼의 비이성적 부분)가 신체와 동시에 분할될 수 있으며, 신체처럼 여러 부분들로$^{in\ multas\ \cdots\ partis}$ 나뉠 수 있는 것이라고 루크레티우스는 적고 있다.[120] 반대로 구더기가 여러 조각으로 잘려도 사방으로 격렬하게 꿈틀대는 지속적인 생명력을 보인다는 것은 청년 아우구스티누스(서기 4~5세기)에게는 커다란 걱정거리였을 것이다. 움직이는 이 분절체들은 사실 영혼의 단순성이라는 플라톤의 공준을 이론의 여지없이 논박하는 듯이 보이니 말이다! 『파이돈』(80b~c)에서 영혼의 단순성은 영혼불멸에 관한 네 가지 논증들 중 하나였다.[121]

이제 영혼의 '이성적' 부분$^{to\ logikon}$과 '비이성적' 부분$^{to\ alogon}$에 대한 에피쿠로스의 구분이 위상학적 토대를 갖고 있음을 지적하도록 하자. 이성적 부분은 가슴에 위치하고, 비이성적 부분은 유기체 전체에 흩어져 있다. 그러나 이 구분은 영혼의 가장 커다란 원소들(바람, 열기, 공기)과 영혼의 가장 미세한 원소인 '이름 없는 원소' 사이에 우리가 정립할 수 있는 구분과 아주 부분적으로만 겹친다. 특히 모든 이름 없는 원소(루크레티우스가 제4의 본성이라고 하는 것)가 가슴에 집중되어 있다고 믿어서는 안 된다. 우리는 기껏해야 에피쿠로스주의자들을 따라 가장 얇고 잘 움직이는 원자들로 이뤄진 이 아주 미세한 원소 부분이 알로곤보다는 로기콘에서, 즉 유기체의 나머지 부분보다는 심장에서 비율상 보다 중요할 것이라고 가정할 수 있을 뿐이다.

"더구나 만약 집적체 전체가 분해된다면, 영혼도 흩어져서 더 이상 [이전과] 같은 능력을 가지지 못하고 운동을 할 수 없게 되며, 그래서 감각도 가질 수 없게 된다. 왜냐하면 영혼이 유기체 안에 있으면서 이 운동들을 이용하지 않을 때, 또한 영혼을 보호하고 둘러싸는 것들이 현재 그러한 바와 같이 이 운동들을 갖는 그런 상태에 있지 않을 때, 영혼이 감각한다고 생각할 수 없기 때문이다."[122] 죽음은 이전에 생명체를 구성했던 원소들의 해체, 분해, 분리이다. 그것은 유기체 일반, 특히 정신조직의 해체를 뜻한다. 영혼은 신체와 아주 밀접하게 연결되어 있으면서도 죽음의 순간에 그 신체로부터 이탈해서 "마치 연기처럼"[123] 흩어진다. 따라서 영혼이 비물체적이라고 말하는 자들은 '헛소리'를 하는 것이라고 에피쿠로스는 덧붙인다. 그들의 말은 무의미한 것이다. "왜냐하면 만일 그것[영혼]이 그러했다면[비물체적이었다면], 그것은 영향을 주지도 영향을 받지도 못했을 것이기 때문이다."[124] 허공만이 유일하게 비물체적인 것이다.

5. 자연학에서 윤리학으로 : 에피쿠로스의 신학

이제 에피쿠로스가 불멸하며 축복받은 생명체라고 주장했던 신들에 관해 살펴보자. 에피쿠로스에 따르면 신들은 인간사를 걱정하지 않는다. 신들은 세계에 대해 전혀 걱정하고 싶어 하지 않을 정도로 지나칠만큼 **에피쿠로스적**이다. 루크레티우스가 적듯이, "모든 고통에서 벗어나 있고, 모든 위험에서 벗어나 있는, 스스로 그 자신의 원천에 의해 강력하며, 우리를 전혀 필요로 하지 않는 신들의 본성은 호의에도 사로잡히지도, 분노에 의해 자극받지도 않는다."[125]

"축복받았으며 불멸하는 것[신들]은 그 스스로 어떤 고통도 모르며, 다른 것들에게 고통을 주지도 않는다. 그래서 그것은 분노나 호의에 종속되지 않는다. 왜냐하면 그런 모든 것들은 약한 것에게만^{en asthenei} 존재하기 때문이다"라고 에피쿠로스는 『중요한 가르침들』의 첫 단편에서 주장한다. 우리는 부정적인 느낌들(분노, 걱정 등)이 오로지 신성의 위엄을 변질시키는 자들에게서 오는 것이라고 생각해볼 수 있다. 가멸可滅적인 존재들에게 호의(자비)를 베푸는 신이 약하다는 암시는 그다지 놀랍지 않다. 왜냐하면 대중종교는 결국 신도들과 신들 사이의 환상 계약, 즉 '내가 주기에 네가 준다'^{do, ut des} 식의 계약에 기초하고 있기 때문이다. 따라서 대중종교는 **쾌락**의 신들을 희생을 통해 숭배되어야 하는 것으로 만들고, 철저히 코드화된 의례들, 신들을 기쁘게 하며 그들에게 우호적으로 배치되었다고 간주되는 의례들을 시작했다. 그리하여 숭배는 쉽사리 거의 상거래가 되어버렸다. 신들은 다양한 헌납 및 선물들 덕분에, 말하자면 인간들의 채무자가 되었다. 우리의 감사 표시의 대가로 우리에게 호의를 베푸는 능력을 불멸하는 존재에게 돌리는 것은 곧 그 불멸하는 존재가 흔들릴 수 있다고, 다시 말해 우리에 의해 타락할 수 있다고 믿는 것이나 다름없다. 고대 풍자 작가들은 심지어 **결핍에 대한 두려움**으로 괴로워하는 신들을 묘사하기까지 했다. 가령 아리스토파네스(기원전 약 445~386년)는 『새』라는 희곡에서 인간들이 신들을 위해 준비해서 바친 희생물들에서 피어나는 연기가 올라가지 못하게 가로막는 사악한 행위로 신들을 굶주리게 만들려고 계획하는 새들을 제시한다! 어느 에피쿠로스적 파피루스의 저자[시돈의 제논으로 추정된다]는 묻기를, "너는 신들이 너에게 해를 끼칠 수 있다고 믿느냐? 그것은 명백하게도 신들을 깎아내리는 것이 아니냐? 만일 너와 비교하여 신성이 열등한 것으로 보인다면, 어찌 너는 그것을 비참한 무언가로 본다고 하지 않겠느냐? 아니면 너는 악한 행위를 범하고도 수천 마리의 소들을 희생시켜 신을 진정시킬 수 있다고 생각하는 것이냐?"[126) 신들의 조건은 인간들이 할까 말까하는 것에 대해 걱정하는 것이 아니라, 완전한 **아타락시아**일 뿐이다!

우리가 **유물론적 신학**이라고 제안하는 것에는 부인할 수 없는 역설이 있음을 짐작할 수 있다. 더욱이 유물론의 적수들은 그것에 속지 않았다. 탈무드 전통에서 '에피쿠로스'란 말은 전통적으로 모든 섭리를 부정하고 신을 필요로 하지 않는다고 주장하는 무신앙자를 지칭한다. 가령 우리엘 아코스타(1585~1640)가 인격의 불멸성에 대한 믿음에 이의를 제기하자마자, 모데나의 레온이라는 랍비는 그를 '에피쿠로스적'이고 신앙심이 없는 것으로 간주했다. 이미 모세스 마이모니데스(12세기)가 쓴 『방황하는 자들을 위한 안내서』 중, 에피쿠로스주의를 요약하는 곳곳에는 섭리에 대한 부정, 우연의 지배에 대한 믿음, 모든 조직화하는 이성과 무관하게 우발적으로 섞이는 원자들에 대한 믿음이 포함되어 있다. 마이모니데스는 또한 에피쿠로스의 의견("이 모든 우주에는 어떤 것이든 조절하고, 통치하고, 돌보는 어떤 존재도 없다")과 신을 믿지 않는 자들의 의견(예레미아는 이들을 두고, 이스라엘에서조차 "그들은 영원한 것이 존재하지 않는다고 말하며 그것을 부인했다"라고 선언했다)을 서로 교환될 수 있는 것으로 썼다.127) 하지만 에피쿠로스가 그저 정치적인 신중함 때문에 신들에 대해 입장을 개진했던, 이른바 '가면을 쓴 철학자'였다고 생각하지 말자. 로마 시대 제자인 필로데모스(기원전 1세기)에 따르면 에피쿠로스는 다음과 같이 표현했다. "적어도 우리는 합당한 날에 정갈하게, 희생물을 잘 바치자. 그리고 가장 훌륭하고 가장 존엄한 존재들에 대한 우리 자신의 의견을 뒤흔들지 않으면서, 관습에 따라 다른 모든 것들을 행하자."128) 또 바로 그 필로데모스가 인용하고 있는 편지에서, 에피쿠로스는 현자가 "신들에게 경애의 징표를 준다"고까지 말했다.129) 기록에 따르면 에피쿠로스는 안테스테리아 축제 둘째 날에도 참여했고,130) "도시의 비의들(아마도 엘레우시스 신비의식)과 여타〔입회들〕"에도 가입했다고 한다.131) 에피쿠로스 자신이『신성함에 관하여』*Peri bosiotētos*와『경건에 관하여』*Peri eusebeias*라는 논고를 썼다는 것을 무시하는 것을 무릅쓰고,132) 사람들은 이 모든 것들이 그의 현자로서의 안전을 보장하고 **불경**에 대한 여하한 비난을 예방할 목적으로, 신중하게 순응적인 태도를 취한 것일 뿐이라는 주장을 고수할 수 있을 것이다. 더욱이 에피쿠로스를 비난하던 자들은 오랜 세월 동안 그 말을 반복했다. 예를 들어 플루타르코스가 "사람들은 항상 두려움과 최면 상태 속에서 그들〔에피쿠로스의 제자들〕이 세계를 속이고 기만한다는 것을 발견한다"고 적은 바 있듯이, 비난하는 자들의 말에 의하면 에피쿠로스의 제자들은 다른 이들이 신들이 두려워서 하는 일을 군중이 두려워서 할 뿐이다.133) 플루타르코스는 이어서 말한다. 의식을 주관하는 사제 가까이에 있는 그들은 푸주한도 할 수 있는 단순한 고기 썰기의 위선적 증인들이다.134) 하지만 (한 번 더) 필로데모스에 따르면 에피쿠로스는 "단지 법률 때문만이 아니라"(즉, 단순히 사려 깊은 순응적 태도 때문이 아니라), **"자연적인 이유들 때문에"** 공적인 행사들에 참여할 것을 권유했다.[135] 왜냐하면 에피쿠로스에 따르면 인간은 "탁월한 본성의 존재에게 호혜적인 관계 없이 자발적으로 경의를 표하는 이성적 숭배"[136]를 바치면서 자신의 가사적 조건을 잊고 그 탁월한 본성의 존재와 동일한 기쁨에 도달하기 때문이다.[137]

자연의 모든 존재와 마찬가지로 에피쿠로스주의자들이 말하는 이 신들은 원자들로 구성되어 있다. 그 신들은 부패하지도 않고, 소멸하지도 않으며, 불멸한다. 신들의 삶은 우리가 상상할 수 있는 것 중에 최고로 행복하다.[138] 그들은 세계 바깥에 거한다. 에피쿠로스 자신은 신들이 머무는 공간을 '간세계'^{metakosmia}라고 불렀을 것이다.[139] 또한 그들의 평온한 거주는 바람에 의해서조차 동요되는 법이 없다.[140] 달리 말하면 신들은 우연이 만들어낸 가장 아름다운 산물이다. 왜냐하면 신들의 신체는 불가피하게 마모되지만, 물질적 실체가 항상적으로 재공급됨으로써 보충되기 때문이다.[141] 신들의 신체는 정확히 인간의 모습을 하고 있다. 신들이 인간의 모습을 하고 있는 이유는 그것이 "모든 것들 중에서 가장 아름다운 형태"이기 때문이라고 에피쿠로스주의자들은 주장한다.[142] 참고로 몇몇 아주 복잡한 텍스트들[143] 때문에 이 아주 특수한 신들의 정확한 본성이 무엇인지에 대한 수많은 토론이 발생했음을 환기하도록 하자. 라슐리에(1877),[144] 스코트(1883),[145] 이어서 주사니(1896)는 정원의 철학자가 말하는 신적인 본성이란 이리저리 옮겨다니는, 항상 새로우며 끊임없이 무한한 우주에서 오는 다른 원자들에게 자신의 자리를 내주는 원자들로 이루어진 하나의 형상^{eidos}

이라고 주장했다. 신적인 본성은 일종의 2차원적인 구역으로 환원될 수 있을 것이며, 주사니가 적었듯이 평평한 이미지들이 잇달아서 "폭포처럼 흐른다고, 그것은 폭포의 잇달음이라고 말할 수 있을 것이다."[146] 사실상 에피쿠로스의 신들은 일상적으로 우리가 경험하는 단단한 물체들^{steremnia}과는 다르다. 키케로가 증언하듯이, 신들은 감각에 의해서보다는 정신에 의해서 지각될 수 있는 일종의 **일관성**을 지니고 있다. 마찬가지로 신들은 피 그리고 "신체와 유사한 어떤 것"을 가지고 있다.[147] 달리 말하자면 신들은 순전히 허깨비에 불과한 것이 아니다.

신들이 별로 필요 없을 법한 사유 체계에서 이 독특한 신들이 할 수 있는 기능은 무엇인지 물을 수 있을 것이다. 왜 에피쿠로스는 이런 '아무것도 하지 않는' 신들, 우리 세계의 조직을 전혀 주재하지 않는 신들, 이 점에서 인간사와는 무관한 신들의 존재를 긍정했을까? 대답은 바로 신들이 인간들에게 필수불가결한 **행복의 모델**을 제공한다는 데 있다. 에피쿠로스의 원리를 따르면 우리는 이미 존재하는 것에 대해서만 개념(선^{先}개념)을 가질 수 있다. 그것은 에피쿠로스주의의 기본 원리이다. 신들이 모델^{exemplum}을 갖고 있지 않은데, 어찌 우리의 세계를 창조할 수 있었겠는가?[148] 우리에게 행복의 **이미지**를 제공할 수 있는 현재 행복한 존재가 없다면, 어떻게 우리가 행복을 파악할 수 있겠는가? 이처럼 행복은 이미 존재하며, 그것은 신들의 행복이다. 신들의 이미지들은 선개념의 질료가 되며, 선개념 없이 우리는 최고선을 생각조차 할 수 없을 것이다. 이와 같이 신들을 모델로 삼는 것은 그들과 유사하게 되기를 바라는 것이며, 어떤 의미에서 그것은 그들의 사회에 받아들여지기를 바라는 것이다.

신들이 보내는 시뮬라크르들은 신체의 미세구멍을 통과해서 (엄격한 의미에서) 영혼에 **인상을 남기게** 된다. "신들은 존재한다. 왜냐하면 신에 대한 우리의 앎이 분명하므로."[149] 고로 신들의 존재를 부정하는 것은 분명한 것을 부정하는 것이다. 에피쿠로스는 모든 주관적인 토대로부터 객관적인 신학적 확실성을 빼내기 위해 애쓰면서, 불멸하고 축복받은 존재가 있다는 인간들의 믿음의 보편성을 주장한 최초의 철학자였던 것으로 보인다.[150] 『신들의 본성에 관하여』라는 키케로의 저작에서, 코타라 불리는 인물은 [에피쿠로스의] 그런 논증이 이성적으로 보이지 않는 것도 아니지만 여하튼 꽤 취약한 것임을 보이고자 한다. 코타는 다음과 같이 반박한다. 벨레이우스(키케로가 지어낸 에피쿠로스주의자)는 신들이 존재하는지에 대한 최소한의 의심도 할 수 없을 정도로 상당히 야생적인 나라가 존재하지 않는지 알고 있는가?[151] 멜로스의 디아고라스나 퀴레네의 테오도로스(기원전 5세기의 철학자들)와 같이 신들을 공개적으로 부정한 무신론자들은 전혀 없었단 말인가? 에피쿠로스주의자들은 너무도 관대하게 신들에게 인간의 모습을 부여한다. 그렇다면 그들은 가령 이집트인들이 동물의 머리를 한 신들을 좋아하는 것을 어떻게 설명할 것인가? 유물론 철학자들이 이런 유의 반박들에 허점을 드러내는 것을 보는 것은 이론의 여지없이 놀라운 일이다. 하지만 그런 반박들도 17세기 자유사상가들 또는 18세기 유물론자가 정신주의와 계시 종교의 옹호자들에 맞서 전개할 반론을 없애지는 않았다.

 그밖에 심각한 문제가 있다. 에피쿠로스의 신학은 순수한 신성 개념의 어떤 요소들이 있다는 **합의**^consensus^에 기초하고 있다. 그러나 에피쿠로스의 신학은 우리에게 상을 주는 호의와 벌을 주는 악의, 세계에 개입할 수 있는 권능 등, 요컨대 신적인 존재의 특권이라고 보편적으로 간주되는 듯한 모든 것을 신들에 대한 표상에서 걷어내라고 명할 때, 곧바로 이 합의에서 등을 돌린다.

어쨌든 에피쿠로스에 따르면 대중종교는 천체 현상들을 신들에 의존하는 것으로 만든다는 점에서 잘못된 것이다. 왜냐하면 별들을 관찰하는 것은 놀라움과 경탄을 자아냄으로써 우리의 영혼을 동요시키기 딱 좋기 때문이다. 그리고 "대중들의 신을 거부하는 사람이 아니라, 신들에게 대중들의 견해를 귀속시키는 사람이 불경한 것이다."[152] 진정한 경건은 우리가 어느 것에도 혼란되지 않는 정신을 가지고 모든 것을 바라볼 수 있는 현명함과 다르지 않다.[153]

자연이란 어떠한 사전 목적도 없이, 모든 존재들, 세계들, 비유기적인 집적체들, 생명체들, 인간들을 그 효과로서 생산해내는 과정과 다르지 않다. 에피쿠로스주의자들에 따르면 임시로 이 세계 안에 모이고 조직된 원자들의 운동 형태로도 이 천구에서 우리가 관찰하는 현상들을 해명하기에 충분하다. 행성들이 회전하는 유일한 원인은 루크레티우스가 '자연 법칙'^{foedera naturae}이라고 부르는 것에 있다. 지나가듯 말하자면, 오로지 목적론자들과 신학자들만이 이 자연 법칙을 가장 절대적인 **우연**과 동일시할 수 있다. 정확히 말해 천체들과 관련해서, "우리는 그것들의 운동과 지포, 식蝕, 천체가 뜨고 지는 현상 그리고 이와 유사한 것들이 [천체의 운동을] 담당하고, 조정하며, 조정했던 동시에, 불멸과 더불어 완전한 축복을 누리는 누군가 때문에 일어난다고 생각하면 안 된다"[154]고 에피쿠로스는 가르치곤 했다. 왜냐하면 한 번 더 말하거니와, 노고와 근심, 성냄과 호의 등은 "축복과 양립 불가능하며, 오히려 약함과 두려움, 이웃에 대한 의존이 있는 곳에서 생겨나기 때문이다. 또한 우리는 불이 모여서 형성된 것[천체]이 축복을 받고 있으며, 자신의 의지에 따라 그러한 운동들을 실행한다고 생각해서도 안 된다."[155] 데모크리토스는 이미 종교가 "세계에서 일어나는 경이로운 것들로부터" 나왔다고 주장한 바 있다.[156] 하늘이라는 극장에서 천둥, 번개, 낙뢰, 행성들의 합습, 일식과 월식과 같은 사건들이 발생했을 때, 고대인들은 두려움 때문에 신들이 그런 사건들의 원인이라고 생각하게 되었다고 데모크리토스는 주장했다.[157] 반대로 플라톤은 대중을 사로잡는 경탄의 느낌을 이용하면서, 행성운동의 규칙성을 탐구할 때 다음과 같이 주장했다. "땅, 하늘, 모든 별들, 이것들을 구성하는 덩어리들은, 영혼이 이것들 각각과 연결되거나 그것들 각각 안에 존재하지 않고서는, 년·월·일을 따라 그렇게 정확하게 움직일 수도 없고, 일어나는 모든 것들이 우리 모두에게 이로운 것들이 될 수도 없다."[158] 그리고 플라톤은 별들을 불타는 돌덩어리 수준으로 깎아내리는 불경에 대해 분개했다.[159]

[지금까지 우리가 다룬 자연학으로부터] 윤리학 그리고 정치학의 영역으로 수월하게 넘어갈 수 있게 해주는 것을 마지막으로 언급해보자. 고대인에게 신들은 그의 도시국가의 신이 아니면 아무것도 아니었다. 결국 **게으른** 신들만을 숭배하라고 요구하면서, 불멸하는 존재로부터 이 세계를 통치할 모든 몫을 빼앗으면서, 에피쿠로스의 철학은 국가의 신들(그들은 보통 공포와 전율의 신들이다)에 대한 믿음을 무너뜨릴 뿐 아니라, 더욱이 가멸적인 존재, 전쟁의 수장이나 군주에 대한 숭배를 배제한다. 따라서 에피쿠로스주의자들이 신들에 대해 보였던 태도, 그리고 도시국가가 전통적으로 신들에게 해왔던 숭배들에 대해 그들이 보였던 태도는 명사들과 보수주의자들에게 불쾌감을 주기 십상이다.

| 3 | 윤리학

1. 매우 긴급한 윤리학

정원의 스승이 보기에 철학은 "추론과 토론을 통해 행복한 삶을 얻어내는 활동"이다.[160] 또한 그에 따르면 철학하기를 미루면 행복해지기를 미루는 것이다. 우리의 인생은 한정되어 있고 시간은 얼마 없으니, 우연이 우리에게 단 한 번 허한 기회를 낭비하지 않는 법을 알아야 한다. 먼저 이런 이유 때문에 우리가 에피쿠로스를 칭송해야 한다고 그의 제자들은 부르짖었다. 에피쿠로스가 우리를 구원으로 이끌 수 있는 가장 **곧은**[161] 선, 가장 간단하고 직접적인 길을 제시해주었다는 것이다.[162] 에피쿠로스가 『메노이케우스에게 보내는 편지』 서두에서 주장하듯, "어떤 이도 젊다고 철학하기를 주저해서는 안 되며, 어떤 이도 늙었다고 철학에 싫증을 내면 안 된다. 왜냐하면 어느 누구도 영혼의 건강을 얻기에 너무 이르거나 늦지 않았기 때문이다." 대부분은 살아보기도 전에 죽는다. "모든 사람은 지금 막 태어난 것처럼 삶으로부터 떠난다."[163] 『바티칸의 금언들』, 14는 이것에 관하여 한결 더 분명하게 말한다. "우리는 한 번 태어나지 두 번 태어날 수 없다. 또한 우리는 더 이상 영원히 존재할 수 없다. 내일의 주인이 아닌 당신이여, 기쁨을 연기하라.^{anaballē to chairon} 삶은 미룸에 의해^{mellēsmō} 허비되고, 우리들 각자는 여가를 누리지도 못하고 죽는다." 이런 류의 정식들이 거의 '파스칼적인' 색조를 띤다는 사실에 그렇게 놀랄 필요는 없다.[164] 루크레티우스,[165] 이어서 스토아학파(특히, 『인생의 짧음에 관하여』에서 세네카는 성찰과 여가의 시간을 항상 보다 뒤로 미루는 '연기'^{dilatio}를 비판했다[166])는 근대의 독자들에게 '오락'을 다루는 『팡세』의 유명한 구절들을 매우 자주 연상시키는 문제틀을 로마 시대에 발전시켰다. 세네카의 애독자였던 파스칼은 세네카 자신이 에피쿠로스주의자인 루크레티우스에게서 끌어왔던 이 아름다운 테마를 다시 채택하고 이용했던 것이다.

거기에는 진정으로 "이 삶의 시간은 순간에 불과하고", "죽음의 상태는 영원함"[167]을 계속해서 잊게 만드는 헛된 흥분인 '오락'에 대한 비판이 있다. 거기에는 우리의 세기말로 넘어와 작가 르네-빅토르 필레의 유쾌한 고찰들에 영감을 주는 어떤 암시 같은 것이 있다. 필레는 돈벌이에 기진맥진하고 이득과 경력의 유혹에 통째로 사로잡혀 있는 기업 간부들이 지금으로부터 여섯 달 또는 몇 주 뒤면 이 지긋지긋하고 부조리한 세상을 떠나 중앙 산악 지대 깊숙이 들어가 몇 마리 양들과 더불어 은거하겠노라고, 누구에게도 들리지 않게 간혹 혼잣말로 결심하곤 하는 것을 다루고 있다.[168]

2. 영혼을 치료하는 철학 : 네 가지 처방

철학이 우리를 단숨에 기쁘게 해줄 수 있는 까닭은 다른 모든 활동에서 우리가 병자이기 때문이다. 철학만이 우리를 치료할 수 있다. "이 철학 담론에 의해 인간의 정념^{pathos}이 치유되지 않는다면, 그것은 헛된 것이다. 왜냐하면 의술이 신체의 병을 쫓아내지 못하면 아무 소용^{ophelos}이 없는 것처럼, 철학이 영혼의 정념을 쫓아내지 못한다면, 철학도 마찬가지[로 아무 소용이 없기 때문이다]."[169] 따라서 철학은 특권적으로 해열제, 진통제의 기능을 갖고 있다. 달리 말하면 철학은 정신치료인 것이다. 그는 신이었노라$^{Deus\ ille\ fuit}$, 고귀한 멤미우스여, 그래 그는 우리에게 행복의 길을 알려준 신이었노라.[170)] 이것이 루크레티우스가 그의 스승, 에피쿠로스를 기억하며 훗날 그에게 헌정한 과장 섞인 찬사다. 키케로가 확언하기를, "그들〔에피쿠로스주의자들〕은 스승을 신처럼 숭배한다$^{agunt\ eumque}$ $_{venerantur\ ut\ deum}$. 왜냐하면 그들이 말마따나 그들은 스승 덕분에 견딜 수 없는 참주들(영원히 확장되는 공포^{terror}, 밤낮을 사로잡는 두려움^{metus})로부터 해방되었기 때문이다."[171)] 에피쿠로스가 한때 신이었다면, 분명 의술의 신일 것이다. 사람들이 그에게 바치는 숭배는 병자가 그를 치료한 자에게 바치는 숭배와 아주 흡사하다.

분명히 철학과 의술을 비교하는 것, 현명하지 않은 자와 병자를 동일시하는 것은 고대 세계에, 즉 기원전 5~4세기의 저자들(비극시인들, 데모크리토스, 플라톤, 아리스토텔레스)과 이후 헬레니즘 시기 동안 살았던 자들(퀴니코스학파, 스토아학파, 정원 철학의 제자들)에게 전통적인 것이었다. 좀더 이후에, 키케로(비록 그가 다른 곳에서 에피쿠로스의 **약전**藥典을 극히 경멸스러운 어조로 언급하기는 하지만[172)])는 같은 토대에서 끌어온 비교들을 거리낌 없이 계속 사용했다. 특히 『투스쿨룸 논쟁집』(그는 이 책에서 이 문제가 스토아학파의 주장들을 다루는 다른 책들에서보다 훨씬 폭넓게 검토된다고 고백한다)에서, 키케로는 셀 수 없이 반복해서 영혼의 정념과 신체의 병을 비교한다. 그는 철학이 진정한 "영혼 치료"$^{animi\ medicina}$ [173)]라고 적는다. 특히 이 명시적인 정식을 문자 그대로 번역하자면, 철학은 영혼의 진통제이다.[174)] 에피쿠로스의 글에서 이런 유의 비교가 사용된다는 사실은 정원의 여러 대변인들(폴뤼스트라토스, 헤르마르코스, 콜로테스, 에피쿠로스 자신)의 저작에서 나온 상당히 많은 텍스트와 단편들로 입증된다. 우리는 심지어 원자론을 옹호하는 자들에게 있어서 영혼의 지도야말로 진정한 정신요법이라고까지 말할 수 있다.[175] 루크레티우스의 말에 따르면 우리는 에피쿠로스가 남긴 책들에 기록된 "금언들"을 "즐기면" 된다.[176] 반면 필로데모스는 철학 견습생에게 에피쿠로스적이지 않은 방법을 "마치 낯선 음식물인양 [...] 입 밖으로 뱉어내야" 한다고 권유한다.[177] 따라서 철학은 고유한 의미에서 "가슴을 정화하는 것"이다.[178] 그리고 교부인 락탄티우스가 "최고선이 [...] 의사에 의해 주어지는" 이 "병약한 철학"을 조롱했을 때, 아마도 자신이 제대로 말하고 있다고 생각하진 않았을 것이다.[179] 왜냐하면 대중의 의견들이 우리 안에서 일으키는 고통을 제거하려고 노력하는 에피쿠로스적인 철학자는 의학자나 마찬가지기 때문이다.[180] 다시 말하거니와 그의 학문은 영혼치료이다.

『헤로도토스에게 보내는 편지』가 자연학적 진리의 '요소들'을 모아 놓은 것이라면, 『메노이케우스에게 보내는 편지』는 에피쿠로스 윤리학의 정수를 제시해주고 있다. 그것은 말하자면 영혼의 의사인 에피쿠로스가 우리에게 베풀 수 있는 모든 **처방들**의 **집약**이라고 할 수 있다. 그 편지에서는 훌륭히 살기 위해 필요한 "요소들"stoicheia을 가르치는 것이 열쇠다.[181] 행복한 삶의 이 원리들은 도덕의 원자들stoicheia과 같다. 그것들을 텅 빈 의견들kenai doxai의 무와 대립시킴으로써, 우리는 원자들이 그 안에서 운동하는 텅 빈 공간kenon만큼이나 무게도 일관성도 없는 이 잘못된 생각들 그리고 근거 없는 공포들을 맹렬히 공격하는 데 이를 수 있을 것이다.

　이 『메노이케우스에게 보내는 편지』는 네 부분으로 이루어져 있다. 각 부분들은 네 개의 기본 학설 순서대로, 에피쿠로스주의자들이 (밀랍, 기름, 송진, 수지로 이뤄진 약물치료에서 유추하여) '네

가지 처방'tetrapharmakon이라고 불렸던 것을 구성하는 네 가지 원칙들을 전개한다. 서기 2세기에 오이노안다의 디오게네스라는 후기 에피쿠로스주의자는 그가 사는 마을의 주랑柱廊 벽에 이 네 가지 원칙들을 새기기까지 했다.

(1) **신들을 두려워할 것 없다**(『메노이케우스에게 보내는 편지』, §123∼124) : 신들은 인간사에 개입하지 않는다.

(2) **죽음을 두려워할 것 없다**(§ 124∼127) : 죽으면 감각능력이 사라지므로 죽음에 대한 공포는 대상 없는 공포이다.

(3) **우리는 고통을 참을 수 있다**(§ 127∼130) : 에피쿠로스는 욕망을 분류(자연적인 욕망들과 헛된 욕망들)하는 데 몰두한다. 그는 우리가 열망할 수 있는 가장 큰 쾌락은 우리 안의 모든 고통을 멈추게 함으로써 얻어질 수 있다고 단언한다. 더구나 그는 쾌락이 최고선이라고 주장한다. 그러나 그는 쾌락과 고통을 신중히 평가함으로써, 우리가 때때로 보잘 것 없고 일반적으로 아주 불안정한 쾌락보다는 어떤 고통들을 선호해야 한다고 덧붙인다. 왜냐하면 그렇게 [일부 쾌락들을] 거부하면 **종국에 가서**는 보다 고양된 쾌락이 우리에게 오기 때문이다.

(4) **우리는 행복에 이를 수 있다**(§ 130∼132) : 에피쿠로스는 (『메노이케우스에게 보내는 편지』에서는 명확하게 거명하지는 않지만) 영혼을 영혼의 고통에서 구해내지 못하는 '동적인 쾌락'과 유일하게 아타락시아를 특징지을 수 있는 '정적인 쾌락'을 맞세운다.[182] 이어서 그는 우리에게 선택해야 할 것과 피해야 할 것을 알려주는 '사려'phronēsis를 찬양한다.

『메노이케우스에게 보내는 편지』의 결론(§ 133에서 끝까지)에서, 그는 네 가지 처방의 '성분들'을 다시 정리하고, 사건의 인과성에 대해 현자가 가져야 할 기본적인 신념들에 대해 몇 마디 한다. 현자는 보편적 필연(또는 운명)을 믿지 않으며, 대중과 달리 우연 [운]을 신으로 간주하지 않는다. 그의 제자에게 이 모든 것들을 자신뿐만 아니라 동료들과 함께 숙고하라고 당부하면서, 에피쿠로스는 마침내 마지막 문장에서 그의 철학이 그것에 동조하는 사람 본인에게는 평화를, 타인과의 관계에서는 우정을 가져다줄 것이라고 환기한다.

3. 과거, 현재, 미래 : 쾌락의 세 가지 시간

에피쿠로스는 파이데이아^{paideia}, 다시 말해 전통적인 교육에 대해 적대적이었다. 당시 교육 프로그램은 이미 중세 시대에 '자유학예' (문법, 수사학, 변증법을 합쳐 삼학^{trivium}, 기하학, 산술, 천문학, 음악 이론을 합쳐 사학^{quadrivium})라고 부르게 되는 것과 매우 유사했다. 만일 최고의 학문이 삶의 기예라면, 우리에게 "삶을 더 행복하고 낫게 만드는 데 아무런 효과"도 없는 위 모든 학문들을 연구함으로써 시간을 허비할 필요가 없다.$^{183)}$ [에피쿠로스가] "모든 **교육**으로부터 돛을 펴고 달아나라"$^{184)}$고 명령하는 이유는 행복의 시간이 항상 이미 울렸으며, 이 시간으로부터 우리를 떼어내는 **지연**을 더 이상 연장할 필요가 없기 때문이다. 플라톤, 아리스토텔레스, 심지어 데모크리토스는 우리에게 [교육에 필요한] 준비 행위를 제안했다. [에피쿠로스는] 바로 이 긴 수련과정을 피하라고 말하는 것이며, 바로 그것이 [교육으로부터] 도주하라는 권유가 뜻하는 바다.$^{185)}$ 에피쿠로스에 따르면 젊었든 늙었든 **모두**가 "철학을 해야 한다."

특히 노인에게 철학은 **정서의 상기**를 가르친다. 이러한 실천은 추억을 되살리는 것으로서, 이는 쾌락을 갖는 것이 곧 전 생애에 걸쳐 즐길 준비를 하는 것이라는 공준에 바탕을 둔다. 에피쿠로스주의자들에 따르면 쾌락을 다시 떠올리는 것은 신체가 바로 그 순간에 가장 극심한 고통을 겪고 있다고 하더라도 또 한 번 쾌락을 가져다준다! 에피쿠로스 자신도 굉장히 아프면서도, 죽기 얼마 전에 그의 제자인 이도메네우스에게 다음과 같은 편지를 썼다. 내가 방금 받은 신체적 고통들은 "우리의 토론을 회상하면서 나의 혼이 겪었던 기쁨에 의해 **상쇄되었네**."[186] 지나간 좋은 일들의 흐름은 상실되지 않는다. 쾌락을 손가락 사이로 '흘러가도록' 내버려두지 않는 자는 그 자신을 지금 스쳐 지나가는 순간 앞에 투사하지 않고도 그 순간을 맛볼 줄 안다. 그러했던 바는 그러하지 않을 수 없기에, 우리가 취할줄 알았던 쾌락보다 더 확실한 것은 없다.[187] 그러므로 현자는 자신의 기억을 행복의 창고처럼 이용할 줄 안다.[188]

이렇듯 만사를 제치고 행복을 가져다주는 것을 먼저 숙고하는 것이 중요하다. "왜냐하면 행복이 있다면 우리는 모든 것을 다 가지는 반면, 그것이 없다면 우리는 행복을 얻기 위해 무슨 일이든지 할 것이므로."[189] 이것은 바로, 예를 들어 키케로(그는 최고선[행복]이 "다른 모든 것들이 그것과 관련되고, 그것은 다른 어떤 것과도 관련되지 않는 그런 것이어야 한다"고 주장한다[190])나 이미 아리스토텔레스("우리는 최고선을 언제나 그 자체 때문에 선택하지, 결코 다른 것 때문에 선택하지는 않는다"[191])에서 발견되는, 최고선에 대한 고전적인 정의에 완전하게 부합하는 주장이라는 사실에 주목해야 한다.

헬레니즘 시기 사람은 현재의 순간의 소멸에 수반되는 향수를 아마도 강렬하게 체험했을 것이다. 그러나 에피쿠로스가 그런 사람에게 제안하는 것은 '오늘부터 생명의 장미를 꺾어라'가 아니라, 스쳐 지나가는 시간의 비행을 모종의 방식으로 중단시키고 철학에 관심을 쏟으려 애쓰라는 것이다. 정원 철학자가 우리에게 가르치는 것은 결코 아나크레온 풍의 서두름, 즉 카르페디엠$^{carpe\ diem}$의 서두름, 오마르 하이얌이나 르네상스 시인들의 사이비 에피쿠로스주의적인 서두름, 안달하는 향락주의자의 서두름이 아니라, 쾌락과 고통에 대한 현명한 **절제**이다. 그러므로 구원은 늙기 전에 즐기는 것에 있는 게 아니라, 쾌락들(분명히 쾌락은 그 자체로 좋은 것이긴 하지만) 중에서 어떤 것이 우리에게 가장 이로운지 잘 이해하는 데 있다. 무지한 자들은 현재를 즐길 줄 모르고 "미래의 좋은 일들만을 생각하는" 자들이기도 하다.[192] 그러나 현자는 독일인들이 말하는 진정한 '삶의 계획'^{Lebensplan}을 이용한다. 현자는 신들을 본보기 삼아, 아무것도 "무질서하게" 하지 않는다.[193] 현자는 지나가는 순간을 지배하는 경지에 이른 자이기에, 그 순간 속에서 사라지지 않을 줄도 안다. 그는 "일상적인 일들 중 어떤 것보다 훨씬 더 깊숙한 업무에 매달리는 자들"[194]이 아니다. 그는 대다수의 사람들을 사로잡는 조울증적인 흥분에서 벗어난다. 죽음조차도 기쁨으로 가득한 순간의 전적인 충만함을 없애지 못할 것이다. 일어난 것을 되지 않은 것으로 만드는 것은 불가능하다는 것은 정확히 이런 뜻이다.[195]

에피쿠로스에게 현명함은 이렇듯 [일어난 것을 되지 않은 것으로 만드는 것은 불가능하다는 의미에서] **불가역적인** 성향처럼 보인다. 그것은 아주 확실한 죽음에 대한 걱정과 때때로 찾아오는 불행으로부터 가사자들을 **면역시키는** 것과 관련된다. 한 번 우리가 철학자가 되면, 우리는 모든 돌발 사태에 대비할 수 있게 된다. 보다 쉽게 말하면 **어떤 것도 더 이상 우리에게 닥칠 수 없다**. 따라서 운에 따른 난관들도 현자가 보기엔 사소하기만 하다.[196] 때문에 메트로도로스는 "우연이여, 나는 너의 공격에 초연하노라!"라고 쓸 수 있었다.[197] 에피쿠로스가 희망 그 자체를 비난하는 것은 아니다. 사실 행복한 삶은 장래의 기본 욕구들의 충족과 관련된 몇몇 보장 없이는 생각할 수 없다. 키케로는 정원의 도덕철학과 맞설 때, "누군가 자신의 신체가 연말이 아니라 당장 오늘 해질 무렵에 어떤 조건에 있을지 확실하게 알 수 있는가?"라고 비판했다.[198] 에피쿠로스는 아마도 분명히 그럴 수 없다고 대답했을 것이다. 하지만 매사에 건전하게 검소함을 유지하고 신체의 건강관리 규칙들을 준수하면, 그 현자의 육체마저도 보호되며, 그로 하여금 여러 건강상의 문제에 대비토록 할 수 있다. 마찬가지로 신체를 보존하고자 하는 어떤 **희망**이 영혼의 고유한 쾌락들과 결부된다는 것은 부인할 수 없어 보인다. 부정의한 일을 범한 자가 숨어 지낼 수 있다는 확신^{pistis}을 갖는 것은 절대 불가능하다.[199] 신들에 대한 불경한 의견들을 가르치는 대중들, 죽음은 우리를 전혀 건드리지 않는다는 올바른 인식을 제 것으로 삼지 못하는 대중들이 영혼의 평안을 갖는 것도 불가능하다.[200] 반대로 우정은 우리가 미래에 필요로 할 수 있는 도움과 관련하여 우리에게 긍정적인 믿음^{pistis}을 가져다주는 데 널리 이바지한다.[201] 천체 현상들에 대한 연구와 다른 특수한 연구들이 마련해주는 것에는 반드시 아타락시아뿐 아니라 "확고한 믿음"$^{pistis\ bebaios}$이 동반된다.[202] 따라서 현재의 쾌락을 영속시키는 데 유리한 조건을 장래에 알 수 있을 것이라는 합리적인 희망은 이 쾌락 자체와 밀접하게 연결되어 있는 듯이 보인다.

4. 욕망의 필연적인 제한

에피쿠로스가 『메노이케우스에게 보내는 편지』에서 단언하는 것처럼 "욕망들 중 어떤 것은 자연적이고 다른 것은 헛되며, 자연적인 욕망들 중 어떤 것은 필연적이고 다른 것은 단순히 자연적이라는 사실을 알아야만 한다."[203] 헛된 욕망은 무제한적인 욕망이다. 자연적 욕망은 제한적이다. 『중요한 가르침들』, XXIX는 (대략 비슷하게 귀결되는) 삼분할을 제안한다. 거기에서 우리는 "욕망들 중 어떤 것은 자연적이고 필연적이며, 다른 것은 자연적이기는 하지만 필연적이지는 않고, 또 다른 것은 자연적이지도 필연적이지도 않고 다만 헛된 의견에서 생겨난다"는 구절을 읽을 수 있다. 한 방울도 보탤 수 없는 물병처럼 가득 찬 삶으로부터 벗어날 준비를 하기 위해서는, 정확히 할당 가능한 목적도 없고 명확히 한정된 대상도 지니지 않는 욕망들이 결국은 헛된 것임을 이해할 필요가 있다. 우리는 **더 이상 목마르지 않을 정도로** 마실 수 있고, **물리도록** 먹을 수 있지만, 결코 **원하는 만큼** 부유해지거나, **충분히** 영광을 누릴 수는 없을 것이다.

에피쿠로스는 자연적이고 필연적인 욕망들이 다음과 같은 것들이라고 명시한다.

(1) **행복을 위한 것들** : 가령 철학과 우정은 자연적이고 필연적인 욕망의 대상이다. 그것들 없이는 참으로 행복하게 살 수 없다.

(2) **신체의 고통의 부재를 위한 것들** : 체온 보호를 위한 욕망(즉, 옷에 대한 욕망)을 생각해보자. 에피쿠로스주의자들은 퀴니코스학파와 달리 전혀 야생적인 삶을 권장하지 않는다. 그리고 그들은 몇몇 기술들(옷의 경우, 직조)이 어떤 의미에서 자연을 **끝낸다**는 것을 부정하지 않는다.

(3) **생명 자체를 위한 것들** : 배고픔과 목마름처럼 충족되지 않으면 살 수 없는 것들이 여기에 해당된다. 왜냐하면 원자들로 이루어진 우리 유기체의 손실은 이런저런 방식을 통해 보충되어야 하기 때문이다.

자연의 규범을 따르지 않는 과도한 욕망은 무한한 망상과 영원히 충족되지 않는 공상을 낳으면서, 정작 욕구를 달래지도 않은 채 다른 것으로 바뀌어버린다.[204] 일단 맛보고 나면 모든 것이 결핍된다. 왜냐하면 에피쿠로스주의자인 토르쿠아투스가 말하듯이 텅 빈 욕망들은 "한계도 끝도 없기" 때문이다.[205]

자연에 내재하는 척도를 넘어서는 욕망의 무제한은 다음과 같은 것들에서 비롯된다.

(1) 자연적이고 필연적인 욕망의 충족을 무한히 증가시키려는 헛된 시도(가령 고급 요리와 상다리가 휘어질 정도의 음식은 배고픔이라는 자연적이고 필연적인 욕망이 요구하는 것을 훌쩍 넘어선다).

(2) 자연적이지만 필연적이지는 않은 욕망의 충족을 무한히 증가시키려는 헛된 시도(가령 루크레티우스가 저 유명한 시행詩行[206]에서 비판하듯, 사랑의 정념은 자연적이지만 필연적이지는 않은 성적 욕망에다가 우리 안에 질투를 유발하는 우려스런 긴장을 '포갠다').

(3) **본질적으로** 헛된 의견에 기초한 욕망(야망, 지배욕, 명예욕, 부에 대한 욕망, 영광에 대한 욕구, 불사에 대한 욕망은 최소한의 한정된 대상도 갖지 않는다).

우리는 흔히 배보다 눈이 더 크다[먹는 양보다 더 많이 접시에 담는다]고 말한다. 에피쿠로스는 오히려 몸보다 정신이 훨씬 더 '크다'고 말한다.[207] 정신은 식욕을 인위적으로 다시 불러일으키는 조리법을 발명함으로써 신체의 건강을 위태롭게 만들 뿐 아니라 그 자신마저도 위태롭게 만들 위험이 있으니 말이다. 프로스독사조메논^{prosdoxazomenon}, 말하자면 상황에 맞지 않는 의견으로 인해 순수한 쾌락의 감정에 덧붙여진 것[208]이야말로, 우리가 소위 **헛되게** 우리 자신의 고독을 단련하는 것의 원인이 된다.

에피쿠로스는 우리를 비참한 상태에 빠트리는 원천이 신체에 있다는 생각을 단호히 거부했다. 그는 몸 관리를 제안하기는 했지만, 풍기 단속을 제안한 것은 아니다. 그는 욕망들 중 어떤 것들을 박멸하기보다는 규제하기를 권한다. 어느 곳에서도 그는 성적 금욕이나 장기 금식을 권장하지 않았다. 생명 활동을 위한 **최소치**는 우리의 생존하는 데 필수적이다. 자연적 욕망이 요청하는 배급량을 위험하게 더 줄여갈 경우 우리에게 탈이 안 날 수가 없다. 프로이트는 어딘가에서 실다라는 소도시의 말 이야기를 환기시킨다. 그곳 주민들은 탄성을 자아낼 정도의 힘을 가진 말 한 마리를 가지고 있었다. 허나 그 짐승의 유지비가 너무 비쌌기에, 사람들은 말에게 주는 귀리의 양을 날마다 한 알갱이씩 줄여나가기로 결심했다. 이렇게 했더니, 마지막 알갱이까지 사라졌을 때 말은 죽고 말았다.[209] 이 '소박한' 유물론이 에피쿠로스의 철학에 이미 현존한다. 이 유명한 현자는 "**지나쳐, 너무 지나쳐, 하지만 아무것도 없다면⋯⋯ 그건 충분치 않아!**"라고 말한다. "검소함에도 정도가 있다. 이것을 헤아리지 않는 사람은 무한정함 때문에 길을 잃는 사람과 비슷한 상황에 처한다"고 주장하면서,[210] 결과적으로 하한선(그 선 아래로 떨어지면, 그가 조언하는 검소함도 우리의 안녕을 해치게 될 것이다)을 설정하려고 애쓰면서, 에피쿠로스는 욕구의 자연스러움을 확증하고 승인

한다. 그는 여러 사람들이 받고 있는 고통이 도덕적 진보의 요인과 얼마나 무관한지를 지적한다. 그는 가장 기초적인 욕망들의 실정성과 그것들을 충족시켜야 하는 절대적 필연성을 강조하며, 그리하여 신체를 경멸하는 자들, 신비주의자들 그리고 여타의 고행자들에게 이의를 제기한다.

예컨대 (기회가 닿아서) 호식하는 것은 부인할 수 없는 **쾌락**이다. 그리고 소식小食은 **그 자체로** 추구되어야 할 것은 아니다. 그렇다고 해도 과도한 음식물 섭취는 신체와 건강을 소진시킨다. 그렇기 때문에 **감정평가**métriopathique, 달리 말해 쾌락과 고통을 계산함으로써 우리는 상다리 휘어지는 음식들로부터 고개를 돌릴 수 있다. "간소하고 사치스럽지 않은 생활 방식에 익숙해지는 것은 건강을 완전하게 하며, 생활하는 데 꼭 필요한 것들에 대해 그 사람이 주저하지 않게 만든다. 그리고 이따금 우리가 사치스러운 것들과 마주쳤을 때 우리를 강하게 만들며, 우리가 행운을 두려워하지 않도록 만들어준다."211) 모든 쾌락이 취하기에 좋은 것은 아니듯이, 일부 고통들은 우리가 그것의 추이를 잘 고려하기만 한다면 최소한의 악이 될 수도 있다. 때로는 우리를 치료하는 외과의사의 손길이 주는 몇몇 고통을 감수하는 것이 더 낫다. 왜냐하면 이러한 폭력 뒤에는 일반적으로 건강의 회복, 즉 현재의 고통보다 훨씬 더 큰 쾌락이 뒤따르기 때문이다. 각각의 욕망에 대해 이런 질문을 던져야 한다. 만일 내가 그 욕망을 채우면 어떤 이득을 뽑아낼 수 있는가, 만일 그것을 채우지 않으면 어떤 일이 일어날 것인가?

5. 최고선으로서의 쾌락

우리는 무엇보다도 편견으로 인한 **오류**를 범하지 않도록 조심해야 한다. 에피쿠로스는 어디에서도 **쾌락**의 분류를 제안한 적이 없다. 그는 단지 **욕망**의 분류를 제안했을 뿐이다. 게다가 에피쿠로스가 **쾌락**을 분류했다고 말하는 것은 확실히 부조리하다. 이는 한편으로 "모든 쾌락은 선"이라고 아주 분명히 말하고 있는 『메노이케우스에게 보내는 편지』 텍스트[212] 자체에 명백히 위배되는 것이다. 대신에 텍스트에서 언급되는 분류는 (자연에 부합하는) 긍정적인 **욕망들**과 고통을 낳는 헛된 **욕망들**을 대립시키고 있다. 다른 한편으로 에피쿠로스가 쾌락을 분류했다고 말하는 것은 그의 학설을 무미건조하게 만들고, 또 변질시킨다. 흥분한 정치가, 투기꾼 또는 난봉꾼도 각각 권력, 돈 또는 색욕을 맛보면서 쾌락(그 쾌락)을 느낄 것이다. 사람들이 말하던 방식을 따라 최고선[쾌락]을 찾았다고 믿는 자들[정치가, 투기꾼, 난봉꾼]에게 에피쿠로스는 예고한다. 그런 방식들의 쾌락에는 힘들고 끈질긴 고통들로 이어진 아주 혼잡한 행렬이 반드시 **뒤따를**[213] 것이라고. 그리고 그 고통은 [그들이 느꼈던] 쾌락의 강도를 비교도 안 되게 초과할 것이라고.

에피쿠로스를 위와 같이 보는 것은 그에 대한 심각한 모독이다. 사실 그의 철학에는 이론적인 '다이너마이트' 같은 것이 있다. 왜냐하면 그것은 쾌락이 항상 변함없이 **좋다**고 주장하며, 오로지 그것의 **결과들**이 여기저기서 고통스럽거나 해로운 것으로 드러난다고 말하기 때문이다. 그렇게 함으로써 그 철학은 설교자들이나 육체를 비난하는 다른 이들과 완전히 대척점에 선다. 그들은 보통 대부분의 쾌락이 **불순하다**고 가르친다. 반대로 에피쿠로스는 "쾌락이 있는 곳에서는, 그것이 있는 동안 [육체의] 아픔이나 [영혼의]

괴로움이, 또는 둘 다 없다"고 가르친다.[214] 만일 모든 쾌락이 우리가 그것을 향유하는 동안 좋다면, 도덕적 실수도 여기에서는 단순한 계산 착오로 환원될 수 있다. 따라서 **원죄**라는 종교 관념은 우리가 공부하고 있는 이 철학에서는 생각조차 할 수 없는 것이다.

쾌락은 "행복한 삶의 원리이자 목적"이다. "왜냐하면 우리는 쾌락을 타고난, 첫 번째 선이라고 인식했기 때문이다."[215] 만일 방탕과 탐식이 우리를 행복하게 만들 수 있었다면, 에피쿠로스는 과감하게 그것들을 부르짖을 것이다. 우리는 문란한 사람들의 행태를 본받아야 할 테니까 말이다. 『중요한 가르침들』, X을 보라. "만일 방탕한 사람의 쾌락을 산출하는 것들이 천체 현상과 죽음과 고통에 관한 공포를 사고로부터 몰아낼 수 있다면, 또한 욕망들의 한계를 가르쳐줄 수 있다면, 우리는 이것들을 비난할 이유가 없다." 그러나 "계속 술을 마시고 흥청거리는 일도, 소년과 소녀의 감각적 향락도, 물고기(사실, 그리스인에게 물고기는 상대적으로 비싼 요리였다)와 풍성한 식탁을 가지는 것도 삶을 즐겁게 만드는 것은 아니다."[216] 또한 가장 큰 선은 사려(그리스어로 프로네시스^{phronēsis}), 즉 선택하는 것이 나은지 피하는 것이 나은지를 가장 정확하게 계산하는 기술인 것이다. 현자의 행동이란 각각의 행위들과 관련하여 찬성할 것과 반대할 것을 사전에 재보는 것이다. 가령 어떤 쾌락으로부터 더 막대한 고통이 결과할 것임에 틀림없다면 그 쾌락을 피하고, 만일 어떤 고통으로부터 더 큰 쾌락이 결과할 것이라면 그 고통을 무릅쓰는 식이다. 이로부터 의무도 처벌도 없는 도덕이 도출된다. 에피쿠로스는 결코 쾌락에 맞서 절제된 삶을 살라고 **권장하지** 않았다. 그는 그저 쾌락은 잘 이해된 생의 에너지**라고** 가르쳤을 뿐이다. 에피쿠로스의 윤리학은 의무들을 언술하려고 하지도 않으며, 무지한 자를 결코 처벌로 위협하지도 않는다. 오히려 그것의 유일한 처벌이 있다면, 그것은 우리가 매일 조금씩 더 빠져드는 불가피한 불행이다.

"생명체는 태어나자마자 쾌락에 즐거워하며, 자연(본성)적으로^{physikōs} 그리고 이성의 개입 없이$^{chōris\ logou}$ 고통에 저항한다"고 에피쿠로스는 지적한 바 있다.[217] 동물들과 어린아이들을 관찰해보면, 그들의 본성에 어떤 왜곡도 가해질 수 없었을 때, 본성에서 비롯되는 것이 무엇인지 쉽사리 볼 수 있다.[218] "요람의 아기들도 심지어 말 못하는 짐승들도 **본성**이라는 지도자이자 인도자와 함께라면 쾌락이 아닌 어떤 것도 편하지 않으며 고통이 아닌 어떤 것도 불편하지 않다는 것을 어떤 의미에서 우리에게 알려준다"고 에피쿠로스주의자 토르쿠아투스는 단언한다.[219] 왜냐하면 이 모든 것들에 대한 그들의 판단은 사실 "왜곡되지도, 오염되지도 않았기"[220] 때문이다.

루크레티우스는 묻는다. "자연이 외치는 것을 너는 보지 않느냐? 자연은 고통이 신체로부터 제거되어야 하고, 정신은 걱정과 두려움으로부터 해방되어$^{cura\ semota\ metuque}$ 행복의 기쁨을 누려야 한다는 것 외에 다른 것을 외치느냐?"[221] 일단 우리 안에서 이런 상태가 실현되기만 하면, 영혼의 폭풍우도 잦아들고 생명체는 그에게 결핍된 무언가를 향해 더 이상 나아갈 필요가 없다. 우리가 쾌락에 대한 욕구를 느끼는 것은 "쾌락의 부재로 인해 우리가 고통을 느낄 때"뿐이며, "우리가 고통을 느끼지 않을 때 우리는 더 이상 쾌락을 필요로 하지 않는다."[222] 왜냐하면 쾌락은 항상 어떤 **결핍**이 완전히 채워진 상태이기 때문이다. 이와 관련해서 플루타르코스는 에피쿠로스의 친구였던 메트로도로스의 말을 인용하는데, 그에 따르면 "선〔의 본질〕은 악을 피하는 데 있다. 왜냐하면 고통스럽거나 힘든 것이 있을 여지가 없다면 그 이상의 선이 차지할 자리도 없기 때문이다."[223] 점차 증가하는 충만함에 어떤 여백이 남아 있겠는가? 만일 신체에 고통이 없다면, 이 고통의 부재에 무엇이 덧붙여질 수 있겠는가? 그리고 만일 영혼이 그 자체 안에 조화와 평화를 자리 잡게 했다면, 어떻게 그것은 이 평안 상태를 보다 완벽하게 할 수 있겠는가?

따라서 사람들은 에피쿠로스의 관점에서 최고의 쾌락이란 쾌락들을 필요로 하지 않는 단계라고 말하기도 했다. 어떤 이들은 섣부르게도 에피쿠로스의 현자를 산송장에 비교할 수 있다는 결론을 끌어내기까지 했다. 퀴레네 철학자들은 에피쿠로스가 말하는 쾌락이 말하자면 잠든 사람의 상태, 나아가 순전히 시체 상태나 마찬가지라는 비난을 처음으로 정식화했다. 그것에 대해 샤를 보들레르는 "에피쿠로스의 아편^{opium}과 아편팅크^{laudanum}"라며 경멸적으로 언급했다.[224] 그러나 빅토르 브로샤르는 위 문제에 대해 몇 가지 명석한 설명을 내놓았다.[225] 그는 에피쿠로스 해석자들이 쾌락과 고통의 제거^{indolentia}라는 두 표현을 서로 등가적인 것으로 간주하고 대체하여 사용했다고 말한다.[226] 이 두 가지가 공존하기는 하지만, 실정적이고 실제적인 쾌락의 조건이 고통의 제거라고 하더라도, 전자가 후자에로 환원되지는 않는다.[227] 동시성은 동일성이 아닌 것이다. "그리고 만일 에피쿠로스의 사유를 표현하고자 한다면, **쾌락이 고통의 제거라고 말할 것이 아니라, 쾌락은 고통이 제거될 때에 항상 만들어진다고 말해야 한다.**"[228]

사실 에피쿠로스의 원리들에 따르면 쾌락과 고통 사이의 중립 상태는 있을 수 없다. 정원의 스승은 고통과 쾌락 사이에 매개적인 어떤 상태가 있다고 생각하지 않았다. 그리고 허공의 존재론적 지위가 원자들의 지위와 엄밀하게 대칭적인 것은 아니듯이, 고통 역시 어떤 의미에서 무無이자, 단순한 동요일 뿐이다. 그 동요가 떠나고 나면 우리는 모든 고통이 **비워진 상태에**[229)] 있게 된다. 우리가 자연에 따라 살자마자 고통은 즉시 사라져 자취를 감춘다. 루크레티우스가 멋지게 말했듯이 고통은 **날아가 버린다.**[230)] 이런 관점이 지나치게 당황스럽게 보일지라도, 어떤 현자도 어떤 국가도 어린아이들에게 이의를 제기하지 않는 이 **살아가는 기쁨**을 떠올리기를 바란다. '산다는 것, 이 얼마나 좋은가!'라고 동물들과 어린아이들은 우리에게 끊임없이 환기시켜 주고 있다. 쾌락은 인간의 **자연적** 상태마냥, 결코 [그것에서] 떠나서는 안 되는 것인 양 좋아 보인다. "영혼을 힘들게 뒤흔드는 정념들이 제거되었을 때, 쾌락이 가져다주는 것들이 그것들을 대체한다(우리가 정당하게 번역을 시도해본다면, [쾌락이 가져다주는 것들이] 자연적으로 **정념들의 자리를 되차지한다**)"고 오이노안다의 디오게네스의 단편은 말하고 있다.[231)]

6. 윤리와 정치 : 친구들의 사회

에피쿠로스의 철학에서 우정은 비정치적인impolitique 동시에 세계정치적인 덕의 역할을 하는 듯 보인다. 우정은 공민심公民心 결여의 원리이다. 정치 논쟁과 술책으로부터 이탈한 친구들이 모여 평온하게 공동체를 꾸리고 사는 것은 기존 권력의 측면에서 보자면 꽤 수상하게 여길만한 학설이다. 그러나 부분적으로 우정은 또한 인간이 거의 보편적으로 행복하게 살려는 천성을 갖고 있다는 사실이 가리키는 박애 원리이기도 하다. 실제로 청년, 노인, 여성, 노예들이 정원의 철학적 토론에 능동적으로 참여하곤 했다.

그리스, 특히 아테네 정치생활의 쇠퇴 그리고 거주세계 전체의 부분적인 통합은 의심할 여지없이 보편주의가 섞인 〔정치생활로부터의〕 이탈이라는 학설이 도래하기에 더할 나위 없이 좋은 조건을 형성하고 있었다. 우리는 이미 앞에서 도시국가, 특히 아테네의 몰락이 어떠했는지, 그리고 알렉산드로스 대제의 아시아 원정이 그리스 세계 전체에 어떤 격변을 몰고 왔는지 언급한 바 있다. 기원전 322년 아테네에는 정치생활의 '시뮬라크르' 밖에 없었다.[232] 이제 도시국가는 하나의 허구였다. 그것은 모시스 핀리가 설득력 있게 표현했듯이 "극장의 **도시국가**polis"에 불과했다.[233] 거주지oikoumenē 의 상대적인 통일 그리고 알렉산드로스가 자신이 정복한 영토에 도입한 '통합' 정책은, 그리스인들로 하여금 모든 인간들이 같은 공기를 들이마시며 같은 태양을 누리고 있다는 사실을 결정적으로 받아들이게 만들었다. 그리스의 거만함은 자유와 함께 사라져버렸다. 이 이중의 죽음으로부터 에피쿠로스주의는 그것의 당연한 결과를 대부분 끌어냈다.

우리는 우선 에피쿠로스가 말하는 우정의 성격을 비정치적인 덕으로 규정할 수 있다. (로베스피에르와 쥘리앙 프로인트Julien Freund가 사용하기를 꺼리지 않았던) 이 단어를 '정치색 없는'a-politique이라는 보다 흔한 용어보다 선호하면서 말이다. 에피쿠로스는 무관심을 공공장소의 소란과 대립시켰다. 에피쿠로스와 그의 동료들이 보기에 이 무관심은 흔해빠진 '정치색 없음'보다 더 격렬하고, 더 신랄하며, 그리하여 [사회에] 더 위험한 것으로 보였다. 에피쿠로스주의자는 정치생활이 마치 손해거나, 행복에 혼란을 가져오는 양 그것으로부터 도망친다.[234] "아무도 네가 세상에 있었다는 것을 모르게 살아라", "너의 삶을 숨겨라."[235] 바로 이것들이 정원의 지혜, 즉 회피의 기술로 파악되는 철학, 때로는 심지어 비웃음의 대상마저 되는 학파의 철학에 가장 잘 부합하는 좌우명이다. 에피쿠로스의 유물론은 분명 혁명적이지는 않지만, 거의 모든 유물론들과 마찬가지로 "사회 통념들을 축소하고 전복하는 특성"[236]을 보여준다. 그 자체로 그것은 쉽사리 "스캔들을 일으키는 철학"[237]의 형상을 만든다. 또한 에피쿠로스의 웃음은 진정한 풍자와 상당히 자주 공명한다. 그가 자신의 상대들을 비판하고 정신주의적 학파들에서 통용되는 가치들과 단어들의 부질없음에 대해 헐뜯을 때 특히 그러하다.[238]

    에피쿠로스의 시대에는 거의 대부분의 다른 시대와 마찬가지로 억압받은 자유를 되찾으려는 완전한 영웅들이 있었다. 기원전 323년, 라미아라는 도시에서 알렉산드로스의 옛 보좌관이었던 안티파트로스를 포위했던 장군 레오스테네스. 기원전 288년, 데메트리오스 폴리오르케테스가 무사이오스의 언덕[오늘날의 필로파포스 언덕] 고지에 주둔시켜둔 수비대를 몰아냈던 대담한 장군 올륌피오도로스. 마지막으로 기원전 265년, 즉 에피쿠로스가 죽고 나서 약 5년 뒤에, 마케도니아의 새로운 왕 안티고노스 고나타스의 지배에서 도시국가를 해방시키기 위해 (장기간 스파르타인들과 프톨레마이오스 2세 필라델포스의 노력과 결합된) 노력을 아끼지 않았던 아주 젊은 크레모니데스. 이런 이름들은 비록 아테네가 잿빛으로 물들었던 시대 동안에도 훌륭한 인물들이 부족하지 않았음을 상당히 잘 증명해준다. 또한 드높은 이상과 용맹함을 갖춘 인물들은 정치활동이 최고의 덕들을 발휘하는 극장 노릇을 할 수 있음을 입증해주었다. 하지만 에피쿠로스 자신은 반란자도 사회 개혁자도 아니었다. 그는 "영예와 명성을 좋아하는 인간들은 쉬지 말고 정치생활에 참여하거나 공적인 것들에 종사함으로써 본성을 따라야만 한다. 왜냐하면 **아무것도 하지 않으면**, 그들은 자신들이 욕망하는 것을 얻지 못함으로써 **자연적으로 더 혼란되고 더 불행해질 것**"임을 받아들이기 때문이다(그는 누구에게도 어떤 명령도 내리지 않는다).[239] 그러나 이런 유의 수고에는 대부분 아주 성가신 일들이 따르기 마련이므로, 동요 없이 살고자 하는 사람은 어떻게 해서든 그것에서 빠져나오는 것이 좋다. 이밖에도 에피쿠로스는 현자의 자족^{autarkeia}을 권고한다. 왜냐하면 자유는 정확히 자기 충족의 열매이기 때문이다.[240] 자유는 우리가 철학과 우정의 실천에 전념할 것을 전제한다.[241] 다시 말해 그것은 마치 우리 스스로를 **안전지대**(바깥과의 교류는 분명 가능하게 남아 있긴 하지만 극도로 조절된다)처럼 만들 것을 전제한다. 대부분의 경우 지혜에, 결과적으로 진정한 우정에 알맞지 않은 개인들과의 접촉(충돌이라고까지 말할 수 있을)을 줄일 요량으로, 에피쿠로스주의자들은 여럿이서 도시국가와 정치적 소란으로부터 멀리 이탈한다. 민법은 사회적 정념들을 억누르기 위해 애씀으로써 우리의 행복에 필수적인 이런 번데기 같은 종류의 상대적 안정성을 보존하는 데 도움이 된다. 왜냐하면 현자들의 사회에서 사람들은 쉽게 법 없이도 살 수 있기 때문이다.[242] 에피쿠로스는 [사람들이] 은거를 택하고, 도시국가의 개혁을 제안하기보다 그곳으로부터 벗어나도록 했을 뿐인데도, **우연히**$^{par\ accident}$ 근대인들의 경이와 동시에 기존 질서를 지키는 자들의 분노를 자아냈다. 세네카가 개탄했듯이 그의 철학은 "시민을 그의 조국 바깥에 위치시켰던 것이다."[243]

그러나 에피쿠로스의 우정에는 또한 세계정치적인 덕도 들어 있다. 에피쿠로스의 은거는 폴 니장이 적은 바 있듯이, "은둔자적이기보다는 공동생활 수도적"[244]이며, 결국 고독보다는 공생의 경향을 보인다. 더 나아가자면 **소크라테스로 회귀**하는 방식으로, 개인주의와 보편주의는 헬레니즘 시기 철학들에서 항상 서로 연결된 것으로 나타난다. 마르셀 콩슈가 "소크라테스의 두 번째 계보"(더 이상 귀족적인 것이 아닌 대중적인 계보)라고 불렀던 것을 위한 시간이 되었던 것이다.[245] 소크라테스주의처럼 사변보다는 실천적이고 일상적인 삶에 고개를 돌리면서, 기원전 3~2세기의 지배적인 철학들은 개인을 구원하기 위한 도덕들을 제안했다. 그것은 또한 보편주의적 도덕들이기도 한데, 왜냐하면 그들이 주장하는 구원이란 인종, 언어, 조건, 성별의 구별 없이 모든 개인의 손이 닿는 곳에 있기 때문이다.

여성들(테미스타, 레온티온 등)도 정원에 자주 출입했다. 이와 비교할 수 있는 유일한 전례는 퀴니코스학파의 측근들뿐이다. 그리고 노예인 뮈스가 철학 토론에 참여했다는 것 때문에[246] C. 베일리는 노예 신분에 있는 사람들에까지 "우정이 확장되었다"고 말할 수 있었고,[247] 그러한 확장 속에서 사르트르는 유물론자 에피쿠로스가 보여준 "혁명적인" 태도의 지표를 보고자 했다.[248] [이러한 우정의 확장이] 결국 야만족에게까지 적용된다면,[249] 데 비트의 적절한 표현대로 에피쿠로스의 지혜는 요컨대 "최초의 세계철학"이라 할 수 있다.[250]

인간들이 사회성을 타고났다는 것을 결코 믿지 않았던 에피쿠로스주의자가 보기에, 베일리가 적었듯이 친구들은 어떤 의미에서 타인들의 공격에 맞서는 보디가드 역할을 한다.[251] 친구는 우리의 안전을 보장한다.[252] 그들은 우리의 소마퓔락스sōmatophylax, 즉 우리의 신체 지킴이들이다.[253] 바로 **사려**와 계산이 장래를 위한 신탁의 가치를 갖는 이 친구들을 얻으라고 우리에게 조언한다.

하지만 아리게티가 지적하듯이, "우정과 관련하여, 어떻게 그것이 이기적이고 공리주의적인 원리에 기초한 에피쿠로스의 윤리 체계 전체와 조화를 이룰 수 있는지를^{armonizzarsi} 아는 것은 늘 현실적인 문제다."[254] 왜냐하면 현자는 친구를 위해서 위험을 무릅쓰거나[255] 심지어 **죽을 수도** 있다고[256] 말한 바로 그 에피쿠로스가, 정작 우정의 기원을 도움에 대한 필요와 유용성에 대한 계산에 두고 있으니 말이다.[257] 귀요가 적기를, "에피쿠로스주의자는 우정을 필요로 하고, 우정 자체는 존속하기 위해서 사심 없음을 필요로 한다는 것, 바로 이것이 어려운 점이다."[258] 이에 대한 처방을 제시하기 위해, 고대 원자론 연구에 전념하는 모든 이가 상기해야 할 황금률로 돌아가 보자. 이런 유의 철학에서 마주칠 수 있는 가장 어려운 문제들을 다시 그리고 항상 **원자들**을 통해 생각하려고 애써보자. 위의 경우 내가 나라는 사람만큼이나 내 친구들을 애지중지할 수 있다는 것은 아마도 그 친구들이 실제로 나의 **다른 자아**$^{alter\ ego}$임을 뜻한다. 그 친구들은 그들을 구성하는 원자들이 나 자신의 유기체의 원자들과 수없이 서로 교환되는 복합체들이다. 내가 보기에 전적으로 자신인 것도 아니고 전적으로 타인도 아닌 개인들, 이것이 어떤 의미에서 나의 기쁨의 생명기관들을 나타내는 것이다. 만일 친구가 또 다른 나 자신이라고 한다면, 이는 아마도 밤낮으로 함께 성찰함으로써, 그와 나, 즉 우리는 역동적인 공생의 방식을 정립했다고 할 것이다. 그리고 이 공생 속에서 그의 영혼과 나의 영혼은 참된 학설들의 샘물에서 길어 올린 말씀들을 생각하면서 중단 없는 원자들의 흐름으로 서로 투과될 것이며, 그리하여 서로의 원자적 조성에 항상 더 가까워지게 될 것이다. 그러나 이 모든 설명은 반만 설득력이 있다. 결국 어떻게 현자의 이타주의가 이해관계와 유용성 위에 우정을 정초한다고 주장하는 학설을 마무리 지을 수 있는지를 생각하는 것은 대단히 어려워 보인다.

7. 죽음을 두려워할 것 없다.

마지막으로 『메노이케우스에게 보내는 편지』에는 죽음에 대한 헛된 공포를 다루는 유명한 구절이 있다.[259)] 거기에는 두 가지 중심 개념이 있다. 에피쿠로스는 무엇보다 죽음이 감각의 사라짐이라는 것을 우리가 인식하게 되면 불사에 대한 헛된 욕망을 제거할 수 있다고 주장한다. 이어서 두 번째로, 그는 죽음이 어떤 체험된 경험대상일 수 없기에, 죽음에 결부된 걱정은 문자 그대로 대상 없는 것이라고 결론짓는다. "죽음이 우리에게 아무것도 아니라고 생각하는 것에 익숙해져라." 이 아주 유명한 정식("죽음은 우리에게 아무것도 아니다")은 위 구절에서 세 번 반복해서 등장한다. 그리스어로는 "ho thanatos mēthen pros hēmas"라고 말하는데, 전치사[pros] 다음에 대격이 올 때의 다양한 의미들('~쪽으로', '~에 대하여', '~의 관점에서', '~와 비교하여', '~와 관련하여' 등)이 우리가 그것을 번역하는 과정에서 갑자기 사라져버린다.

대다수는 그 문장을 **"죽음은 우리에게 아무것도 아니다"**라고 옮겼다. 이렇게 번역하게 되면 에피쿠로스의 **공리주의**를 암묵적으로 전면에 내세우게 된다. 왜냐하면 죽음에 대한 생각은 현자에게 어떤 감정도(고통도 쾌락도) 일으키지 않기 때문에, 그것에 대해 어떤 관념을 만들 이해관계도 발견할 수 없다는 것이다. "이런 뜻에서 에피쿠로스와 루크레티우스에게 죽음은 우리와 무관한 것이며, **죽음은 그것에 대해 우리가 어떤 이해관계도 갖지 않는 것**"이라고 피에르 베일은 적은 바 있다.[260] 에피쿠로스의 **유명론**을 특별히 부각시키는 것이 중요하다고 판단한 해석자들은 두 번째 번역을 내놓았다. 그 중 마르셀 콩슈의 번역만 인용하자면 이렇다. "죽음은 **우리와 관련하여** 아무것도 아니다." 이런 식으로 옮기는 방식은 죽음을 두려워한다는 것이 한낱 하나의 **단어**를 두려워하는 것이라는 점을 부각시키는 장점이 있다. 에피쿠로스의 생각을 복원하는 세 번째이자 마지막 방식은, 루크레티우스가 그의 『사물의 본성에 관하여』, III, 830의 후반에서 "죽음은 **우리를 조금도 건드리지 않는다**"라고 했던 구절과 같은 의미로 번역하는 것이다. 이 세 번째 경우는 무엇보다 정원 철학의 **감각주의**를 분명히 강조하게 된다. 왜냐하면 에피쿠로스가 말하고자 한 것은, 정확히 말해 우리가 결코 죽음을 진정으로 **경험**할 수 없다는 것이니 말이다. 우리는 단지 우리가 아닌 존재의 죽음이라는 **사건**을 목도하게 될 뿐이다. 우리가 살아가는 동안에 결코 우리는 비존재와 일말의 소통도 하지 않는다. 우리에게 무를 '만져볼' 기회는 결코 주어지지 않는다.

죽으면 감각능력이 사라지기에, 죽음에 대한 공포는 대상 없는 공포이다. "따라서 죽음이 우리에게 아무것도 아니라는 사실에 대한 올바른 **앎**은, 무한한 시간의 삶을 보태어줌으로써가 아니라, 불멸에 대한 갈망을 제거함으로써 삶의 가사성을 즐거운 것으로 만든다."261) 죽음이 우리에게 아무것도 아니라는 사실에 대한 앎은 우리에게서 "항상 존재하고자 하는 욕심"262)을 제거한다. 달리 말하면, 향수pothos 섞인 욕망, 무지한 자의 가슴을 에고 끊임없이 고통을 주는 [영생에 대한] 이 은밀한 자극으로부터 우리를 해방시키는 것이다. 에피쿠로스는 또한 "현자는 살지 못하는 것을 두려워하지 않는다. 왜냐하면 삶이 그에게 해를 주는 것도 아니고, 그는 살지 않는 것을 어떤 악으로 생각하지도 않기 때문이다. 마치 그가 더 푸짐한 음식이 아니라 더 즐거운 음식을 택하듯이"라고 주장했다.263) 우리가 말했듯이, 지혜는 스쳐 지나가는 순간에 대한 요법이지, 불멸에 대한 약속이 아니다. 포이어바흐 역시 우리가 멜로디의 질을 그것의 지속에 따라서가 아니라 그것의 아름다움에 따라서 판단한다고 비슷하게 주장했다.264) 그래서 에피쿠로스는 "만약 우리가 이성으로 쾌락의 한계를 재본다면, 무한한 시간이 유한한 시간과 동일한 쾌락을 가진다"265)고 주장할 수 있었다.

삶이 줄 수 있는 쾌락들에서 **고개를 돌린** 자는 시간을 더 해봤자 결코 쾌락의 증가를 얻지 못할 것이다. 그러므로 죽음이 두렵다고 말하는 자는 그가 [미래에] 죽을 때 고통스러울 것이기 때문이 아니라, 도래해야 할 것에 대해 [현재] 고통스러워하고 있기 때문에 어리석은 것이다. 죽음의 현존이 우리에게 어떤 동요도 일으키지 않으니 그것을 기다린다고 해도 아무런 고통도 없기 때문이다. 그리하여 에피쿠로스는 다음과 같이 결론 내린다. "그러므로 가장 소름끼치는 악인 죽음은 우리에게 아무것도 아니다. 왜냐하면 우리가 존재하는 한 죽음은 현존하지 않으며, 죽음이 현존하면 이미 우리는 존재하지 않기 때문이다. 그렇다면 죽음은 산 사람이나 죽은

2장 에피쿠로스 · 145

사람 모두와 아무런 상관이 없다. 왜냐하면 산 사람에게는 죽음이 존재하지 않고, 죽은 사람은 이미 존재하지 않기 때문이다."[266] 아나톨 프랑스는 아주 적절한 표현을 써서 이 구절을 요약했다. "내가 존재하면, 그것[죽음]은 존재하지 않는다. 그것이 존재하면, 나는 더 이상 존재하지 않는다." 같은 뜻에서 포이어바흐는 "그것은 일어나기 전에는 존재하지만, 일어난 후에는 존재하지 않는다"고 주장했다.[267] 우리에게 죽음이란 비존재, 손댈 수 없는 것 쪽에서, 헛된 의견과 자연학에서 말하는 **텅 빈 것(허공)**의 무한성 쪽에서만 **살아 있는 것**이다. 대신에 성찰할 수 있는 능력을 가진 원자들의 집적체인 인간들은 존재, **꽉 찬 것**, 유한한 것, 따라서 감각되는 것 쪽에 있다. 죽은 자들은 더 이상 자신의 운명을 경험할 그곳에 없다. 왜냐하면 그들을 구성하던 원자들이 이제 흩어져버렸고, 그 원자들이 임시적인 결합에 의해 우연적으로 구성했던 하루살이 같은 존재는 그 자체로 사라져버렸기 때문이다.

에피쿠로스와 그 이후 루크레티우스의 논증이 다른 세계의 형벌들에 대한 두려움과 싸우는 데에만 소용이 있다고 말하는 피에르 베일의 주장을 따르지 못할 이유는 없다. 사실 그들의 많은 독자들이 원하는 대로, 에피쿠로스와 루크레티우스가 좀더 잘 싸울 수 있었던 다른 종류의 두려움이 있다. 이승의 삶의 달콤함들이 사라지는 것에 대한 두려움 말이다. 어딘가에서 모파상이 쓰기도 했지만, 죽음에 대한 두려움은 "지상의 기쁨에 대한 가장 큰 낭비"이다.[268] 이 작가의 회의주의를 소름끼칠 정도로 형상화하고 있는 인물인 노르베르 드 바렌은 어느 날 저녁 조르주 뒤루아/벨아미에게 자신이 도처에서 죽음을 발견한다고 토로한다. "도로 위에 갈가리 찢긴 작은 짐승들, 떨어지는 낙엽들, 한 친구의 수염에서 발견되는 흰 털,

이것들이 내 가슴을 황폐하게 만들고, 나에게 마치 '자 [죽음이] 여기 있다!' 라고 외치는 것 같아."[269]) 베일은 이렇게 말하기도 한다. "내가 그리도 좋아하는 삶을 박탈당한다는 사실로도 충분하다. 만일 나의 신체와 영혼의 결합이 나에게 속하는 상태라고 한다면, 그리고 내가 그것을 보존하기를 간절히 원한다면, 당신들[에피쿠로스와 루크레티우스]은 이 결합을 끊는 죽음이 나와 상관없다고 주장하진 못할 것이다."[270])

사상사에서 이 상당히 놀라운 정식("죽음은 우리에게 아무것도 아니다")을 잇는 **삼중의** 계승자가 있다. 에피쿠로스 본인의 정신에 충실한 몇몇 저자들(루크레티우스, 세네카, 포이어바흐, 아나톨 프랑스)은 위 정식을 죽음에 대한 공포가 **대상 없는** 공포를 뜻하는 것이라고 생각했다. 다른 저자들은 몽테뉴가 『수상록』 1부에서 **죽음에 대한 긴 사전 숙고**라고 부르는 것에서 결과하는 정신 상태를 묘사하기 위해 위 정식을 이용했다. 이 두 번째 수용방식에서 우리가 죽음을 길들이는 방식으로 그것을 항상 생각하려고 노력한다면, 죽음은 우리에게 아무것도 아니거나 아니게 될 것이다.[271]) 마지막으로 또 다른 이들은 논리에서 벗어나지 않지만 독특하게 그 정식을 사용하며 다음과 같이 주장했다. 만일 죽음이 아무것도 아니라면, 아주 솔직히…… 그것은 우리가 그것을 **바라고**, 그것이 우리의 바람의 대상이기 때문이다. (이점에 대해서는 위-플라톤의 『악시오코스』, 플루타르코스의 『아폴로니오스에게 보내는 위로의 말』, 쇼펜하우어의 『의지와 표상으로서의 세계』의 부록 중 LVI장을 보라.[272]))

| **결론** | **볼룹타스(쾌락) 학파로서의 원자론**

에피쿠로스는 『메노이케우스에게 보내는 편지』 말미에 다음과 같이 적고 있다. "그러므로 이러한 사실들 그리고 그와 같은 부류의 것들을 너 스스로뿐 아니라 너와 비슷한 자와 함께 밤낮으로 생각하라. 그러면 너는 자나깨나 고통받지 않게 될 것이며, 사람들 사이에서 신처럼 살게 될 것이다. 왜냐하면 불멸하는 선善 속에서 사는 사람은 사멸하는 존재들과는 다른 듯이 보이기 때문이다."[273] 철학자의 조건과 신들의 조건을 근접시키는 것은 놀라울 수 있다. 하지만 그런 비교는 스토아 철학자들에게도 상당히 자주 발견된다는 사실에 주목하자. 예를 들어 스토아학파의 창시자들 중 한 명인 크뤼시포스(기원전 3세기)는 그의 책 『자연에 관하여』에서 다음과 같이 주장했다. "제우스의 삶은 찬양받을 만하기에, 그가 그 자신과 그의 삶으로부터 영광을 끌어내어, 그것에 대해 자랑스럽게 여기고, 말하자면 그에 대해 뽐내며 자찬할 처지에 있는 것과 마찬가지로, 이는 모든 선한 인간들에게도 마찬가지로 해당된다. 왜냐하면 그들은 제우스보다 하등 열등할 것이 없기 때문이다."[274] 또 다른 스토아주의자인 세네카(서기 1세기)는 비슷하게 "이것이 최고선이니, 만일 네가 그것을 정복한다면, 너는 신들의 동료가 되리라"라고 주장했다.[275] 게다가 헬레니즘적 지혜(그것이 스토아적이든, 에피쿠로스적이든)는 우리가 말했듯이 **되돌릴 수 없는 상태**를 정초하고자 열망했다. 그 지혜를 갖춘 현자는 모든 타격으로부터 보호되고 그것에 대비되어야 한다. 거의 은어를 섞어 말하자면, 에피쿠로스의 현자는 모든 우연한 불행에도 **끄떡않고**, 면역되어 있어야 한다. 현자의 행복은 전혀 지복적인 것이 아니다. 그것은 평정과 동요되

지 않음으로 이루어진다. 이 행복은 원자들의 자연학이 가르치는 진리들, 존재하는 것 전체에 대한 긍정적인 지지에 기초한다.

마지막으로 에피쿠로스가 '네 가지 처방'의 네 성분들을 요약하면서 주장하기를, 현자는 "(1) 신들에 대해 경건한 의견을 가지고, (2) 죽음을 한결같이 두려워하지 않으며, (4) 한편으로 좋은 것들의 한계는 다다르고 획득하기 쉽다는 것을 깨닫고, (3) 다른 한편으로 나쁜 것들의 한계는 시간적으로 짧거나 강도상 약하다는 것을 깨달음으로써 자연의 목적을 헤아린" 자다.[276] 이 때문에 현자는 다른 사람들보다 우월한 것이다. 현자는 『중요한 가르침들』, III에서 말하는 "쾌락들의 크기의 한계"를 알고 있다. 그 당연한 결과로서 현자의 지혜는 공포에 대한 "한계들"을 정한다.[277] 그는 특히 대중이 죽은 신체의 운명에 관해 갖는 공포들과 지옥의 형벌들에 관한 신화들이 불어넣는 두려움이 헛된 의견의 산물임을 알고 있다.

에피쿠로스는 여기에 한 마디 덧붙인다. 현자는 "어떤 이들이 만물의 주인이라고 소개하는 운명을 비웃는다. 어떤 것은 필연에 따라 생겨나며, 어떤 것은 우연[운]에 의해서, 또 다른 것은 우리 자신에 의해 생겨난다고 말하면서 말이다. 왜냐하면 그는 필연은 책임이 없고, 우연[운]은 불안정하며, 우리의 의지[우리 자신에 의해 생겨나는 것]는 주인을 갖지 않는다는 것을 보기 때문이다."[278] 필연은 정확히 그것이 칭찬과 비난에 어떤 자리도 남겨두지 않는다는 점에서 '책임이 없다.' 그리고 우리는 우리 자신이 세상에서 활동하고 있으며, 그러한 행위에 대해 **책임이 있다**는 것을 경험하기 때문에, 에피쿠로스적인 철학자들에 따르면 (루크레티우스는 분명히 말했고, 어쩌면 에피쿠로스 본인도 말했을) 원자의 편위라는 기이한 이론을 받아들여야 한다.[279] 정확히 이 지점에서 오이노안다의 디오게네스는 그의 스승 에피쿠로스의 가르침과 압데라의 데모크리토스의 가르침을 대립시킨다. 그는 유명한 **클리나멘**(편위)에 대해 언급한 뒤에 "만일 우리가 숙명을 믿는다면 모든 훈계와 비난은 사라져버리고, 나쁜 짓을 한 사람들을 더 이상 처벌해서는 안 될 것"이라고 주장한다.[280] 데모크리토스의 경우처럼 **모든 것**이 필연적인 방식으로 결정되는 세계보다는 어리석은 대중종교를 믿는 것이 훨씬 더 낫다.[281] 용납할 수 없는 또 다른 '운명'이 있다. 그것은 바로 후기 플라톤(특히 『법률』과 『에피노미스』에서)이 그 토대를 세운 **천체 신학**의 운명이다. 이 천체 신학 학설에 따르면 완전한 원운동을 하는 별들은 신적 본성을 가진 존재들일 것이다. 노인 호메로스가 연출하는 인격적인 신들을 하늘에 표시된 운명의 굳은 필연으로 대체한다 해도 사실상 가사자들의 공포와 절망밖에 남지 않을 것이다.

3

루크레티우스

| 서론 |

1. 고대 세계에 에피쿠로스주의를 전파하기

"우리가 에피쿠로스**학파**에 대해 말할 때, 아테네의 진짜 학원(정원)과 그리스 바깥에 형성된, 에피쿠로스 살아생전에도 있었고, 그의 사후에도 고대 세계에 계속해서 유지됐던 서로 다른 에피쿠로스 모임들을 구별할 필요가 있다"고 그라치아노 아리게티는 적은 바 있다.[1)] 물론 **아테네에도** 에피쿠로스의 계승자들이 있었다. 뮈틸레네 시절(기원전 약 311년)부터 스승[에피쿠로스]의 제자였으며, 그의 첫 후계자로서 정원을 지도했던 헤르마르코스. 기원전 250년경에 헤르마르코스의 자리를 이어받은 폴뤼스트라토스. 그 이후에 디오뉘시오스, 바실리데스, 아폴로도로스, 시돈의 제논, 파이드로스(키케로는 기원전 79년에 아테네에서 이 사람의 강의를 들었다), 라케다이몬 사람이라고 불리는 데메트리오스……

그러나 에피쿠로스가 죽기 전부터 학파는 이미 지중해 연안 곳곳으로 뻗어나가기 시작했다. 이집트의 알렉산드리아, 안티오크, 시리아의 아파메아에 학원이 있었다. 공간상으로 이렇게 널리 확산된 것 말고도, 에피쿠로스주의는 오랜 기간 지속적으로 아주 활발한 학설로서 유지되었음을 결코 잊어서는 안 된다. 예컨대 서기 2세기에 오이노안다의 디오게네스는 그의 마을 주랑에 우리가 언급한 바 있는 지혜의 격언들을 새겼다.[2)] 에피쿠로스의 학원이 처음 설립 지 **일곱** 세기가 지나서야, 로마 황제 테오도시우스의 명령으로 문 닫게 되었다! 이 헌신적 기독교주의 챔피언이 통치하는 동안(서기 379~395년) 이교 숭배는 물론 올륌피아 경기처럼 이교 숭배와 멀든 가깝든 연결되어 있는 많은 제도들이 엄격히 금지되었다.

2. 로마의 에피쿠로스주의

로마에서 에피쿠로스주의는 기원전 2세기부터 꽃핀다. 『투스쿨룸 논쟁집』 4권 서두에서 키케로(기원전 106~43년)는 아마피니우스, 카티우스 그리고 라비리우스라는 이름의 몇몇 에피쿠로스주의자들이 "듣기 좋은 쾌락의 유혹"에 항상 민감한 "대중에게 강한 인상을 심어주었다"고 주장했다.[3) 이들은 기원전 150년에서 100년 사이에 살았던 것이 틀림없다.[4) 그들은 "명확하지도 않고, 구도도 없으며, 아무렇게나, 문체 없이"[5) 쓰인, 형태를 갖추지 않은 조악한 저작들을 라틴어로 작성했을 것이다. 키케로에 따르면 그들의 성공은 상당했다. 그들은 "전 이탈리아"[6)에서 동조자들을 만들었을 것이다!

여러 다른 지혜들(스토아주의, 퀴니코스주의 등)과 마찬가지로, "철학자가 되기 위해서 문자를 알 필요가 없다"[7)고 주장했던 학설이 누린 이 상대적 **대중성**을 두고 지나치게 놀랄 필요는 없다. 물론 우리는 벤저민 패링턴이 예전에 했던 것만큼 나가지는 않을 것이다. 패링턴은 에피쿠로스가 그의 정원을 "노예들에 맞서 뭉친 주인들의 수호 동맹과도 같은 도시국가의 평온한 수용"에 단호히 맞서는 "투사 단체의 사령부"로 간주했다고 말했다.[8) 또한 적극적인 **민주주의자** 성향을 띤 에피쿠로스주의(그것은 다소간 비밀스런 집단을 형성했을 것이다)가 로마에 존재했다고 주장하는 것은 경솔한 일이 될 것이다. 스스로 에피쿠로스주의자라고 선언해서 우리가 식별할 수 있는 유명한 이들 중에서, 대부업자 T. 알부키우스,[9) L. 토리우스 발부스, [루키우스 코르넬리우스 술라의] 보좌관 Q. 메텔루스 피우스, 대 사업가 C. 세르기우스 오라타 중 어느 누구도 위험한 혁명가였던 것 같지는 않다. 그들은 자신들의 명성에 해로운 관계들을 원하지 않는 성향이었다.[10] 집정관 L. 만리우스 토르쿠아투스,[11] 또는 원로원 의원 벨레이우스[12]의 경우도 마찬가지다. 그리고 공화국 말기에 전혀 거칠지 않고 고귀한 신분 출신이었던, 그리하여 자주 영예를 다투는 경쟁에 참가했던 여러 저명인사들이 꾸준히 에피쿠로스의 가르침을 표방했다. '극 중도파'인 키케로의 친구이자 서신 교환 대상인 아티쿠스는 그런 이들 중 가장 유명하다.

훨씬 더 확실해 보이는 것은 이것이다. 아리스토텔레스(기원전 384~322년)에 따르면 행복의 문제는 인생의 새벽녘에 자신의 여가를 어떻게 쓸지 자문하는 젊은 귀족에게만 제기될 수 있었다. 달리 말해 뤼케이온의 철학자에 따르면 행복의 문제는 노예, 농부, 장인, 상인, 아이, 심지어 여성(!)과도 상관없는 문제였다.[13] 하지만 에피쿠로스는 그의 가르침을 연구하는 데에 **교양 없는** 이들도 초대했다. 그가 여성들^{mulieres}, 장인들^{opifices}, 농부들^{rustici}에게 지혜를 배울 것을 권유했다는 기록이 있다.[14] 또한 그의 윤리적 이상은 이전 철학자들의 그것보다 훨씬 더 모든 인간들 사이에 근본적인 평등이 있다는 생각을 달게 받아들이는 듯이 보인다. 하지만 기쁨의 노래와 열광을 조심하자. 에피쿠로스는 또한 (이번에는 우리의 현대적 이상들과 정면으로 충돌하는 바) "모든 체형의 사람이 현명하게 되지도 않으며, 모든 민족이 현명하게 되는 것도 아니"라고 주장했으니 말이다.[15]

우리는 로마 시대에 **은거**(과거에 에피쿠로스가 현자에게 조언했던 것)로부터 로마 공화정 말기(기원전 1세기)의 귀족적 에피쿠로스주의까지 명백한 진화가 있었음을 인정해야 한다. 후자의 경우 약간 특수한 에피쿠로스주의인데, 그것의 대표자들은 대체로 카이사르 정파의 지도자들과 아주 가까웠으며,[16] 그들의 정치에 대한 선호는 뚜렷했던 것으로 보인다. 특히 나폴리 근처 시골(쿠메스와 헤르쿨라네움 사이)에는 에피쿠로스주의를 연구하고 전파하는 아주 활동적인 모임이 있었다. 아테네에서 파이드로스, 제논 그리고 파트론은 그 학설에 새로운 반향을 불러일으키고 있었다. 특히 걸출한 인물이 있었으니, 그가 바로 우리가 이미 언급한 바 있는 가다라의 필로데모스다.[17] 시리아 출신인 그는 라케다이몬 사람이라고 불리는 데메트리오스의 제자였다. 그는 L. 칼푸르니우스 피소라는 한 대귀족(기원전 58년에 집정관 역임, **카이사르의 장인**)의 집에서 살았다. 필로데모스는 특히 **그리스어로** 철학 논고들을 작성했는데, 그 단편들이 1753년부터 발견되었다. 우리는 지금 에피쿠로스주의의 추종자 및 계승자들, '전문' 철학자들과 마주하고 있는 것이다. 이들은 로마 **인민들**의 지도자 중 한 명, 달리 말하면 귀족적 '좌파' 중 한 명의 지지자이거나, 적어도 측근이었다. 이 중 어떤 이유로라도 로마 사회 개혁 모습의 책임을 로마의 에피쿠로스주의자들이나 그들 중 일부에게 전가해서는 안 될 것이다. 그렇지만 이것이 만일 에피쿠로스주의자가 정치에 발을 담그거나 권력자와 가까이 지낼 경우, 우선적으로 어느 편으로 **기울지**에 대해 우리에게 말해주는 **성향** 또는 경향을 가리킨다는 것은 이론의 여지가 없다.

3. 루크레티우스 혹은 무명 인사

루크레티우스는 기원전 1세기에, 그러니까 90년경 태어나서 50년대에 죽었을 것이다. 애석하게도 그는 그의 스승이 추천했던 '너의 삶을 숨겨라' 라는 가르침을 신기할 정도로 지나치게 엄격히 실천했던 듯하다. 또한 그가 어떤 인물이었는지는 일련의 **질문들**과 상당히 수수께끼 같은 대답들로밖에는 구성될 수 없었기에, 오늘날까지 여러 해석가들의 통찰을 자극한다.

그는 정념의 노리개였나? 그는 자신의 상당히 짧았던 삶에 제 손으로 비극적인 최후를 부여했는가? "그는 사랑의 미약을 마신 뒤 미쳐버렸고, 그나마 이따금 정신이 멀쩡할 때 몇 권의 책(키케로가 나중에 이 책들을 교정한다)을 쓴 후에, 결국 44세의 나이에 자기 손으로 목숨을 끊었다"라고 스트리돈의 성 제롬(서기 4세기)은 주장했다.[18] 그러나 한 인간이 '이따금 정신이 멀쩡할 때'『사물의 본성에 관하여』같은 걸작을 쓸 수 있었다는 것은 그리 그럴듯해 보이지 않는다. 게다가 이런 유의 일화들은 서구의 초대 교부인 테르툴리아누스가 데모크리토스에 대해 했던 상당히 우스꽝스러운 '증언'을 떠올리지 않을 수 없게 한다. 그에 따르면 데모크리토스는 스스로 눈을 멀게 했다. 왜냐하면 "여성만 봤다하면 욕망으로 불타오르지 않을 수 없었던지라", 그는 그녀들을 소유할 수 없어 갖은 고통을 겪었을 것이며, 결국 이를 진정시키기 위해 눈을 멀게 하고 도피함으로써 감각의 휴식을 찾았을 것이기 때문이다……[19]

아무런 대답 없이 남아 있는 다른 질문들도 있다. 키케로는 (제롬이 제시한 루크레티우스의 약력처럼) 루크레티우스의 시의 **편집자**였는가? 우리가 유일하게 확신할 수 있는 것은 키케로가 루크레티우스의 시를 읽었고, (철학적 생각들은 아니더라도) 그것을 높이 평가했다는 사실이다. 키케로는 기원전 54년 2월에 그의 동생 퀸투스에게 보내는 편지에 다음과 같이 적고 있다. "네가 나에게 적어 보냈듯이, 루크레티우스의 시는 여러 천재적인 번뜩임, 여러 기교로 빛나는구나."[20] 키케로가 평상시에 에피쿠로스의 가장 위대한 로마인 제자에 대해 한 마디도 하지 않는다는 사실은 미심쩍어 보이지 않을 수 없는데, 이는 플라톤이 노심초사하며 데모크리토스에게 했던 있음직하지 않은 침묵과 아주 비슷하기 때문이다.

여러 다른 질문들도 역시 우리에게 수수께끼로 남아 있다. 루크레티우스는 로마에 살았을까? 그는 '캄파니아[이탈리아 서남부 지방]의' 에피쿠로스주의자들, 특히 필로데모스와 접촉했을까? 그는 귀족 가문 출신이었을까, 아니면 (이것이 좀더 그럴듯해 보이는데) 기사 신분이었을까? 이 멤미우스라는 사람(루크레티우스는 잘못 이끌려 자신의 책을 이 사람에게 헌정했다. 루크레티우스는 멤미우스를 전향시키려고 노력했으나 그것은 헛수고였다고 한다)은 정확히 누구였을까?[21] 가장 번뜩이는 빛(먼지들의 기본적인 동요를 밝혀주는 햇빛[비가시적인 원자들의 미세한 운동을 인식케 하는 진리], 또는 영혼의 어둠을 성공적으로 일소하는 교훈시의 빛) 속에서 에피쿠로스의 가르침에 대한 확증을 찾고자 했던 시인의 개성은 이렇듯 여러 어둠의 지대에 가려진다. 지금 우리가 그 주요한 방들을 방문하려고 하는 건축물을 라틴어 시구로 세운 이 거인의 실루엣은 이처럼 흐릿하고 은밀하게 남아 있다.

| 1 | 원자들과 허공 : 제1편

머리말

『사물의 본성에 관하여』 제1편은 다음의 것들을 연달아 다루고 있다. (1) 에피쿠로스 자연학의 일반 원리들(146~482행). (2) 원자들의 단단함, 영원성, 불가분성(483~502행).[22] (3) 루크레티우스는 이어서 몇몇 경쟁 이론들에 대한 세세한 비판으로 넘어간다

(635~920행). (4) 그는 우주는 전체적으로 무한하며, 그것의 두 '부분집합'인 물질과 거대한 허공도 역시 무한하다고 결론짓는다 (921~1117행).

그러나 이렇게 명확히 구분되는 부분들에 들어가기에 앞서, 시는 긴 머리말(1~145행)로 시작한다. 거기서 루크레티우스는 자신의 책을 소개하는 동시에 제1편의 소재를 소개한다. 시 첫머리에는 비너스 여신에게 드리는 기원祈願이 나온다. 비너스는 사실 '자연', 달리 말해서 태어나는 모든 것을 지배한다(I, 21 : "당신 홀로 사물들의 본성을 지배합니다"rerum naturam sola gubernas). "낮의 봄 같은 얼굴이 고개를 내밀고, 풍요로운 미풍이 생기를 되찾자마자",[23] 하늘에, 바다에, 그리고 땅 위에, 새들과 맹수들과 양떼가 녹음 짙은 풀 위에서 뛰놀고, 세찬 물줄기가 헤엄쳐 지나가니, 그만큼 쾌락으로 살아가는 모든 존재가 지닌 욕망이 강렬한 것일 터, 그러므로 여기에서 〔루크레티우스가〕 내세우는 신성은 자신의 **매력**으로 생명체들을 봄으로 인도하는 **볼룹타스**(쾌락)의 여신 비너스이다. 바로 이 충동적이고 발생적인 힘이 루크레티우스가 쓰고자 하는 시에 매력과 자손을 줄 수 있을 것이다.[24] 시인은 또한 비너스에게 마르스의 격정을 잠재우고 로마인들에게 시민적 평화를 가져다 달라고 부탁한다. 마지막으로 그는 에피쿠로스의 **아무것도 하지 않는 신들**의 평온한 행복을 묘사한다. 신들은 불멸과 자기충족을 누리며 가장 순수하고 가장 지속하는 쾌락인 아타락시아를 알고 있다. 이처럼 시의 첫머리부터 짐승들, 인간들 또는 신들의 쾌락이 근본적으로 **하나**라고 주장된다. 이런 관점에서 보면, 동적 쾌락과 정적 쾌락은 하나의 쾌락의 두 리듬 또는 두 **박자**일 뿐이다. 왜냐하면 콩슈가 적듯이,

비너스는 "성적 쾌락**만큼이나** 신적 기쁨을 상징하기" 때문이다.[25]

자연의 풍요로운 능력을 인격화하고 그것에 기도를 드리는 시의 절차에 대해 장황하게 의문을 제기할 필요는 없다. 훌륭한 에피쿠로스주의자인 루크레티우스는 어떤 신에게도 **아무것도** 기대하지 않는다. 게다가 그는 [우리가 다루고 있는] 바로 그 구절에서 신들이 "우리 세계의 일들로부터 멀리 떨어져 있다"[26]고 설명한다. 오히려 주목해야 할 것은, **첫 구절**의 구조가 전통적 그리스 송가의 일반적 형태(호메로스의 송가들, 알카이오스나 칼리마코스가 쓴 송가들의 형태)를 연상시킨다는 것이다. 이 송가들 역시 신의 이름[27]과 그의 계보를 장중하게 언급하면서 시작한다(청원^{epiklēsis}). 그 다음, 불러낸 그 신의 몇몇 행적들과 덕들을 노래한다(경이롭고, 초자연적인 것들에 대한 이야기^{aretalogia}). 마지막으로 송가는 기도 또는 몇몇 청원으로 마무리된다(기도^{euchē}). 루크레티우스의 기원은 또한 스토아학파의 클레안테스가 두 세기 전에 작성한 『제우스 송가』를 연상시킨다. 두 텍스트는 구조적으로 유사하며, 하나는 쾌락의 여신 비너스, 다른 하나는 '전능한' ^{pankratēs} 제우스를 가리킨다는 점에서 [그들이 불러내는 신들에 대한] 규정들이 아주 비슷하다. 이것들은 루크레티우스가 클레안테스의 송가 속에서 자신의 '비너스를 향한 기원'을 위한 구실을 발견했을 것이라고 상상하도록 자극하는 주요한 근거들이다.

곧 이어서 루크레티우스는 멤미우스(루크레티우스가 자신의 시를 헌사하는 매우 모호한 인물)에게 말한다. "나는 당신에게 하늘과 신들의 궁극적 이유[근거]에 대해 설명하겠소. 그리고 나는 당신에게 사물의 원리들을 풀어줄 것이오."[28] 왜냐하면 실재의 본질을 꿰뚫

으려는 체계가 문제가 될 것이기 때문이다. 어느 그리스인(에피쿠로스)이 당시까지 가사자들을 공포로 몰아넣었던, 누구도 감히 정면으로 응시하려 하지 않았던 흉측한 괴물인 종교를 영웅스럽게 쓰러뜨리고 나서 우리의 가장 큰 행복을 위해 세공한 체계 말이다. 어떤 점에서 에피쿠로스가 감히 종교에 맞서 내세운 대담한 학설이 불경한 것이 아니라 오히려 **종교**가 전적으로 불경스러운지를 보다 잘 보이기 위해서, 루크레티우스는 왕의 피를 이어받은 딸 이피게네이아의 희생을 환기시킨다. 사제들은 전설대로 그녀가 자신의 아버지, 그리스 군대의 수장인 아가멤논의 손에 죽을 것이라고 주장했다. 이 범죄적 예언자들은 아마도 그렇게 해야만 신들이 출항에 유리한 바람을 가져다줄 것이라고 주장했다. 이는 종교가 살육에 미쳐 있음을 보여준다. 종교는 생명을 해치고, 자연과 싸운다. "이 정도까지 종교가 범죄를 조언할 수 있었다니!"^{Tantum religio potuit suadere malorum!}29)라고 루크레티우스는 외쳤다. 나중에 돌바흐는 이 구절을 거의 단어 그대로 인용한다.30)

근대 독자들의 조급한 기대에도 불구하고, 이 로마 시인은 종교가 "인간들을 열광에 취하게 만들고, **그들을 지배하는 자들**이 그 인간들을 여기 지상에서 짓누르고 있는 악에 관심을 쏟지 못하도록 방해하는 기술"31)이라고 말하는 것 같지는 않다. 달리 말하면 루크레티우스에게서 사제들의 기만이라는 주제는 종교를 인민의 **아편**이라고 비판하는 식으로 끝나지 않는다. 우리는 그의 글에서 로베스피에르가 한참 뒤에 **왕홀**王笏과 **향로**香爐**의 결탁**32)이라고 부르는 것에 대한 이론—루크레티우스가 16세기(마키아벨리의 『군주론』 21장)와 17세기(스피노자의 『신학-정치학 논고』)의 전조들을 예감할 수 있었다는 이론—을 발견하려고 해서는 안 된다.

이 주제와 관련하여 고대 그리스에 적어도 두 텍스트가 존재한다는 것을 지적하자. 거기서 성스러운 것이 인간 영혼에 미치는 영향력은 가장 세속적인 관점에 이끌린 조작의 결과로 분명하게 제시된다. 이 두 텍스트의 저자들은 거리낌 없이 사제들을 정치적 책략가들로 묘사했다. 그들의 권력은 그들이 〔대중에게〕 불어넣을 수 있는 두려움에 전적으로 기초한다. 십중팔구 기원전 5세기말에 작성되었을 히포크라테스의 논고 『신성병에 관하여』가 그 텍스트 중 하나다. 그것은 "마법사들, 정화자들, 사기꾼들, 협잡꾼들"magoi te kai kathartai kai agyrtai kai alazontes33)을 격렬히 비난한다. 문제의 논고를 작성한 자는 위에 나열한 자들이 간질을 성스러운 것으로도 신적인 것으로도 간주하지 않으며, 정화 및 여타의 마술을 통해 감정을 쫓아낼 수 있다고 주장하면서 "경건"eusebeia보다는 "불경"dyssebeia을 보여준다고 주장한다.34) 그리고 다른 한 텍스트는 크리티아스의 『시쉬포스』에 나오는 유명한 구절이다. 이 책에는 보이는 외적인 행위들뿐 아니라 보이지 않는 행위들의 내적 원리를 명령하기 위해 "기민하고 지혜로운 인식을 가진 한 인간이 신들에 대한 공포를 발명했다"35)고 적혀 있다. 그 뒤로 신들은 몰래 행동할 수 있으므로, 불행한 가사자들은 그들의 이웃에게 해를 끼칠까봐 계속해서 두려워한다는 것이다. 루크레티우스는 거기까지 가진 않는다. 왜냐하면 그는 그의 스승 에피쿠로스를 본받아 불사의 존재들은 분명 원자들로 구성되어 있고, 인간사에 무관심하며, 간세계에 거주한다고 믿었기 때문에, 지복석인 신들의 존재에 대한 거의 보편적인 믿음 **그 자체를** 비판하거나 비난할 수는 없었다.

1. 에피쿠로스 자연학의 일반 원리들

자연에 대한 인식을 통해 두려움을 물리치고, 종교를 참된 학설로 대체하는 것이 중요하다. 사실 "만일 공포가 모든 가사자들을 사로잡는다면, 이는 그들이 지상과 하늘에서 일어나는 많은 현상들(가사자들은 그 원인들을 전혀 볼 수 없으며, 신의 의지대로 그것들이 행해졌다고 생각한다)을 관찰하기 때문이다."[36]

루크레티우스는 "신에 의해서조차도 무에서는 아무것도 생겨나지 않는다"[37]를 첫 번째 원리로 든다. (1) 그렇지 않았다면 모든 것은 한정된 씨앗에서가 아니라 모든 것에서 생겨났을 것이다. 만일 무에서 무언가가 형성될 수 있다면, 특정한 씨앗이 필요가 없을 것이다. 어떤 것도 **한정되지**^{certus} (이 형용사는 루크레티우스의 시 전체에서 100번 가량 나온다!) 않을 것이다. 모든 나무가 아무거나 생산해낼 것이다. "크고 작은 가축들, 온갖 종류의 야생 동물들이 우연적으로〔한정되지 않은 채〕^{incerto} 생겨나서 경작지나 버려진 땅을 차지할 것이다."[38] 사실 어떤 복합체도 그것에 고유한 제1물체들〔원자들〕이 있는 시간과 장소와 다르게 생겨날 수 없다. (2) 또한 우리는 각각의 사물이 제때에 맞춰, 5월에는 장미가 피고, 더운 시기에는 수확을 하며, 가을에는 포도가 열리는 것을 보지 않는가? 그렇듯이 자연 안의 모든 것에는 저마다 리듬이 있다. 모든 것은 조금도 지체하지 않고 조금씩 성장하는 법인데, 만일 무언가가 무에서 나올 수 있다면, 모든 것은 하루아침에 성숙기에 접어들 수 있을 것이다. (3) 마지막으로 루크레티우스는 세 번째 논증을 통해서 자연은 바다를 개울 건너듯 하고, 손의 힘만으로 높은 산을 쪼갤 정도로 커다란 인간을 만들어낼 수는 없었다고 말한다.[39] 필로데모스 역시 그의 『징표에 관하여』, 21단에서 주장하기를, 비록 에피쿠로스주의자들이 한 개체에서 다른 개체로의 변이^{parallagē} 가능성을 완전히 배제하진 않지만, 인간의 본성에 비추어보았을 때, 철의 본성을 가졌거나 대기를 통과하듯 벽을 통과할 수 있는 사람이 존재한다거나, 표피기관들, 즉 손톱이나 머리가 자라는 것처럼 자랄 수 있는 눈이나 머리를 가진 사람이 존재한다는 것을 인정해서는 안 된다.[40]

이는 데모크리토스의 **필연**과 에피쿠로스주의자들의 우주를 지배한다고 여겨지는 **우연**을 지나치게 대립시키는 것이 아주 분별없다는 뜻이다. 우리가 이미 언급한 바 있듯이, 확실히 데모크리토스에게 '우연'은 보편적 필연을 가리키는 다른 이름들 중 하나일 뿐이다.[41] 그로부터 에피쿠로스주의자들이 순수한 우연의 철학자들, 우발성에 미친 사람들, 필연이라는 개념에 맞서 한 치도 물러서지 않는 적들이었다고 추론하는 것은 완전히 부조리한 일이다. 루크레티우스는 모든 가능한 것들의 범위와 생겨날 수 있는 것들의 계열을 한정하는 자연의 '계약'$^{foedera\ naturae}$ 또는 **법칙**에 대해 쉬지 않고 언급한다. 더욱이 『메노이케우스에게 보내는 편지』에서 에피쿠로스 역시 "어떤 것은 필연에 따라$^{kat'\ anankēn}$ 생겨나며, 어떤 것은 우연에 의해서$^{apo\ tychēs}$, 또 다른 것은 우리 자신에 의해$^{par\ hēmas}$ 생겨난다"고 주장했었다.[42] 따라서 단테처럼 **데모크리토스**가 세계를 우연에 두었다고 간주하는 것이 틀렸듯이,[43] 에피쿠로스와 루크레티우스를 '우연의 체계'의 사도들로 묘사하는 것도 그만큼 틀린 것이다.[44] 그렇지 않으면 우리가 이미 언급했듯이, 미리 세워진 의도에 따라 사물들의 본성을 규제한 최고의 지성이 있음을 받아들이지 않는 모든 철학을 우연의 체계라고 불러야 할 것이다.

역으로 어떤 것도 무無로 되돌아갈 수 없다. 물체들은 분해되면서 물질원소들로 다시 돌아간다. 그러나 결코 완전히 사라지는 법은 없다. 그렇지 않았다면 "가멸적인 신체에 속하는 모든 것을 무한한 시간과 지나간 날들이 소모해버렸을 것이다."[45] 비는 사라지지만, 그 자리에 식물이 돋아나는 것을 볼 수 있다. 또 그 대신 황금빛 수확물들이 열리고, 나뭇가지들이 푸르러지며, 나무들은 그 자체로 인간과 야생동물들에게 먹을거리를 제공하는 과일로 뒤덮인다. 그러므로 소멸하는 듯이 보이는 어떤 것도 완전히 파괴되지는 않는다. "왜냐하면 자연은 한 물체를 다른 물체로부터 다시 만들며, 다른 물체의 죽음의 도움 없이는 어떤 것도 생겨나도록 놔두지 않기 때문이다."[46] 모파상도 어느 젊은 청년을 향한 주체할 수 없고 이루어질 수 없는 사랑의 정념에 괴로워하던 한 영국인 노처녀가 결국 죽음을 선택하는 이야기를 하면서, 마찬가지로 "그녀는 그녀가 생겨나게 할 다른 삶으로 그의 삶을 바꾸었다"라고 썼다.[47]

감각되지 않는 원소들의 존재를 주장하는 것에 대해 제기될 수 있는 반론을 미리 피하려고 루크레티우스는 맹렬한 바람의 힘을 끌어들인다. 바람은 보이지는 않아도 아주 재앙스런 효과를 만들어낸다. 그는 향기 나는 물체들의 유출 역시 눈에 보이지 않는다는 사실을 강조한다. 강가에 두면 축축해지지만 햇볕에 두면 마르는 세탁물은, 비록 우리가 그것을 세밀하게 식별할 수는 없다 하더라도 물질의 이동이 분명 우리 눈앞에서 벌어지고 있음을 확증해준다. 마지막으로 도로에 깔린 포석들의 마모, 또는 행인들이 수없이 입맞추는 바람에 손이 닳아버린 청동상의 마모, 바다에 부분적으로 잠겨 있어서 소금기 있는 파도에 침식되는 바위의 마모. 이 모든 침식과 축소는 자연이 보이지 않는 물체들을 통해 자신의 일을 한다는 것을 우리에게 꾸준히 보여주고, 또 외친다.

하지만 물질이 전체를 채우고 차지하는 것은 아니다. 원자론의 주요한 혁신 중 하나는 우리가 보았듯이 물리적인 **허공**의 존재를 주장했다는 점이다.

엠페도클레스와 아낙사고라스는 "[원소들의] 작은 조각들이 서로 나란히 놓여서"[48] 발생이 이루어진다고 생각했으면서도 허공이 존재한다는 사실은 극구 부인했다. 엠페도클레스는 발생을 반드시 "벽돌이나 돌들로 벽을 쌓는 것과 같은 결합"으로 파악했다고 아리스토텔레스는 말한다.[49] 아낙사고라스에게 전체는 "금이 서로 촘촘하게 엮여 있는 사금들로 이루어진 것과 같이", 같은 부분으로 된 입자들로 구성되어 있다.[50] 반면 그의 스승 에피쿠로스와 압데라의 고대 원자론자들과 마찬가지로 루크레티우스의 관점에서는, 존재자 전체를 "마치 각각이 분리된 금 조각이었던 것처럼"[51] 표상해야 한다. 왜냐하면 허공이란 본질적으로 "분리하는"[52] 것이기 때문이다.

루크레티우스는 허공이 실재함을 증명하기 위해 네 가지 논증(앞의 두 논증은 레우키포스와 데모크리토스의 것을 다시 취한 것이다[53])을 사용한다. 그는 연달아 다음의 것들을 주장한다.

(1) **운동** : 허공이 없으면, 운동은 불가능할 것이다.[54]

(2) **침투, 투과, 영양분을 흡수하는 현상들** : 물이 가장 단단한 바위에 스며들고, 음식물이 유기체에 퍼지는 현상 등은 모든 가시적인 물체들 안에 미세구멍, 관, 허공이 존재하기 때문이다.[55]

(3) **비슷한 부피를 가진 두 물체들 사이의 밀도 차이** : 만일 납 조각이 부피가 같은 실뭉치보다 더 무겁다면, 이는 실이 납보다 더 많은 허공을 포함하고 있기 때문이다.[56]

(4) 새로운 공간에 공기가 반드시 약간의 시간이 지난 뒤에 들어오는

특성 : 두 평평한 물체는 서로 충돌한 후 되튕기면서, 갑자기 서로 멀어진다. 이 두 물체 사이에 공기가 끼어드는 데 반드시 얼마의 시간이 걸린다. 이 사유의 경험은 우리에게 허공이 우주에 존재한다는 것을 또 다시 확증해준다.[57]

    이러면서 시인은 아주 오래된 옛 논쟁을 되살려낸다. 왜냐하면 그는 정확히 이 지점에서 아리스토텔레스의 안티페리스타시스 이론, 즉 꽉 찬 공간에서 한 물체가 다른 물체에게 자신의 자리를 내어줌으로써 자리를 대체한다는 운동이론을 건드리기 때문이다. 이 학설은 아리스토텔레스가 『자연학』에서 허공의 실재 여부와 관련하여 레우키포스와 데모크리토스에 맞서 전개한 논쟁[58]에서 이미 나타난 바 있다. 루크레티우스 역시 아리스토텔레스의 두 번째 계승자로서 뤼케이온을 이끌었던 람프사코스의 스트라톤이 끌어들인 유명한 물고기의 예(물고기가 [물속에서] 앞으로 나아가는 것은 운동체가 꽉 찬 환경 속에서 전진할 수 있는 가능성을 사실상 예증한다)를 지나가면서 반박한다.[59]

2. 제1원소들의 단단함, 영원성, 불가분성

우리는 제1물체들이 허공 없이 꽉 찬 물질임을 받아들여야 한다. 이 제1물체들은 단순하면서 단단해야만 한다. 왜냐하면 그렇지 않은 모든 것은 소멸할 것이기 때문이다. 존재자가 나눠질 수 있는 것에도 끝이 있어야 한다. 그렇지 않으면 모든 것은 불안정하고, 흐를 것이다. 그리고 어떤 것도 일관적이지 않을 것이며, 우리가 존재를 확인할 수 있는 집적체들이 분명히 일시적이고 아주 상대적이게 될 것이다. 게다가 공기, 물 그리고 다른 무른 실체들의 무름은 원자들과 허공 이론으로 설명될 수 있다. 반면 만일 우리가 무른 원소들만 갖고 있다면, 바위나 철의 단단함은 이해할 수 없을 것이다. 각각의 살아 있는 종 내에 종별적인 특성들이 유전될 수 있다는 사실, 여러 세대에 걸쳐 새들은 그들의 신체에 자기 종의 구별되는 표식들을 보인다는 사실, 보다 일반적으로 말해 자연의 엄격한 법칙들에 일관성이 있다는 사실, 이 모든 것은 복합체가 불변한 채 남아 있는 물질로 이뤄져 있어야 한다는 사실을 확증해준다.

루크레티우스는 이어서 원자의 '미세 부분들'에 대해 말한다. 이 부분들은 우리가 앞에서 보았듯이 결코 그 자체로 혼자 분리되어 존재할 수 없다.[60] 그리고 이 부분들은 크기에 있어서 가장 작은 단계이기 때문에(두께 없는 무한히 작은 수학적 점들이 아니다), 결코 한 원자는 **무한** 수의 부분들을 포함하지 않는다. 루크레티우스는 여기서 라이프니츠의 대척점에 있다.[61] 원자론은 학설상 물질의 분할 가능성이 무한하게 나아갈 수 있다는 생각과 멀든 가깝든 비슷한 모든 것에 적대적이기 때문이다.

3. 헤라클레이토스, 엠페도클레스, 아낙사고라스 비판

그 다음 루크레티우스는 불이 사물들의 제1원리라고 주장한 헤라클레이토스(기원전 6세기)의 일원론적 학설과 엠페도클레스와 아낙사고라스(둘 모두 기원전 5세기)의 다원론적 학설을 연속해서 비판한다. 헤라클레이토스는 그의 스토아학파 계승자들과 마찬가지로 불에 특권을 부여하면서, 다른 원소들(공기, 물, 흙)에 대해서는 자의적으로 그렇게 하지 않는다. 하지만 불은 우리 눈앞에서 꺼진다. 감각되는 모든 것과 마찬가지로, 불은 변질될 수 있으며, 따라서 영원할 수 없다. 게다가 헤라클레이토스가 했던 것처럼 이 하나의 원소의 희박과 농축에 대해 말하는 것은 허공의 실재성을 인정하지 않을 경우 아무 뜻도 없게 된다. 왜냐하면 (헤라클레이토스는 전혀 원하지 않았지만) 오직 허공만이 희박과 농축 현상을 설명할 수 있기 때문이다. 또한 모든 물체들을 형성하고, 모든 존재들로 변형되는 것이 물(탈레스, 아낙시만드로스), 공기(아낙시메네스, 아폴로니아의 디오게네스), 흙(페레퀴데스), **두** 원소들[흙과 물](크세노파네스), 네 가지 원소 모두(엠페도클레스)—왜 안 되겠는가—라고 정식화해도 마찬가지다! 반대로 모든 경우에 그런 감각적인 원소들의 근원은 눈에 보이지 않는 입자들이라고 생각해야 한다. 무한분할을 주장한 아낙사고라스의 경우, 각각의 사물에는 모든 종류의 미립자들이 있고, 어떤 종의 미립자가 **우세**한가에 따라서 한 물체가 우리에게 피나 뼈 또는 신경 등으로 보인다고 가르쳤다. 루크레티우스는 이를 신랄하게 조롱하면서 다룬다. 특히 그는 이와 같은 경우라면, 우리는 절구로 빻은 밀알 속에서, 또는 폿자국이 짓이겨져 다 사라져버린 잔디에서, 온갖 종류의 곡물들이 잘게 부서져 있는 흙덩어리 속에서 [어떤 종의 미립자가 우세한지를] 찾아내야만 할 것이라고 단언한다.

4. 우주, 물질, 텅 빈 공간의 무한성

허공에 한계가 없듯 물질원소들의 수도 무한하다. "우리 눈앞에서 한 사물은 다른 사물을 한정하는 것으로 보인다. 공기는 언덕을 나누고, 산은 공기를 나눈다. 육지는 바다를 한정하며, 반대로 바다는 모든 육지들을 한정한다. 그러나 전체 너머에는 그것을 한정할 어떤 것도 없다."⁶²⁾ 왜냐하면 무한한 우주는 그와 같은 한계를 갖지 않기 때문이다. 우리가 그것의 맨 끝 가장자리를 설정하는 어느 곳에도 한계^{finis}를 세울 수 없다. 그리고 바로 위 동일한 구절에서 시인은 타렌툼의 아르퀴타스를 따라, 상상할 수 있는 한계 지점에서 궁수가 화살을 [그 한계 바깥으로] 날리면 무슨 일이 벌어질지 숙고해보라고 묻는다.⁶³⁾

또한 이 무한한 우주 내에서 온갖 종류의 결합과 배치 덕분에 원자들은 여러 다른 것들 중에서 바로 이 세계를 조성하기에 이르렀다. 이 세계와 더불어 하늘의 반짝이는 공간들, 바다, 육지, 강, 이 세계가 포함하고 있는 생명체들의 증식까지. 확실히 원자들이 저마다 자기 자리에 맞게 정렬되는 것은 결정된 계획이나, 혜안을 가진 정신 혹은 섭리 때문이 아니다. "그러나 전체[우주]에 걸쳐 많은 양의 무수한 변화들을 겪고, 부딪히고, 끝없는 충돌들에 의해 움직여지면서, [온갖 종류의 운동들과 조합들을 실험함으로써] 그것들은 결국 우리의 세계를 창조하고 구성하는 그러한 배열들에 이르게 된다."⁶⁴⁾

| 2 | **원자들의 운동과 조합 : 제2편**

시 제2편에서, 루크레티우스는 자연에 대한 인식이 인간 행복의 본질 조건임을 환기시킨 후에 다음의 주제들을 연이어 다룬다. (1) 원자들의 운동에 관하여(62~332행). (2) 원자들의 형태의 다양성과 이 다양한 형태들이 우리의 감각에 미칠 수 있는 효과들에 관하여 (333~729행). (3) 원자들은 로크 이후에 우리가 흔히 말하는 '제2

차 성질', 다시 말해 색, 열기, 맛, 냄새, 소리 등을 전혀 갖지 않는다는 사실에 관하여(730~1022행). (4) 마지막으로 세계들의 수의 무한함에 관하여. 세계들은 무한한 우주 안에서 영원히 형성되고, 성장하고, 분해된다(1023~1174행).

머리말

사전들의 장밋빛 페이지[65]에서, 유명한 "Suave, mari magno…"〔달콤하도다, 망망대해…〕구절은 전통적으로 에피쿠로스주의자들이 인간사에 대해 권고한 화려한 이탈을 ('퀴니코스적〔냉소적〕'이라기보다는) 가장 꾸밈없이 정식화한 것으로 간주된다. "망망대해 위에 바람이 파도를 일으킬 때, 뭍에서 다른 사람의 크나큰 고생을 지켜보는 것은 달콤하도다. 누군가의 혼란이 유쾌한 쾌락이기 때문이 아니라, 우리 자신이 어떤 악에서 벗어났는지를 보는 것이 달콤한 것이다"라고 루크레티우스는 주장했다.[66] 사람들은 아주 정당하게도 이 독특한 머리말에 대해, "비참한 무지한 자들을 보는 것"이 아니라 "무지한 자들의 비참함을 보는 것"이 시인을 기쁘게 한다고 적었다.[67] 시인은 실수를 책망하는 것일 뿐이며, 오히려 실수한 자를 불쌍히 여긴다. 이 머리말은 의심할 여지없이 데모크리토스 윤리학의 유산에서 따온 것임을 지적할 필요가 있다. 압데라의 철학자는 현자에게 결코 부유하거나 영광스런 자들에 탄복하지 말고 오히려 불행 속에 있는 자들과 **스스로를 비교하라고**^{paraballein} 조언하곤 했다.[68]

보다 확실한 것은 에피쿠로스주의자가 근본적으로 **평화주의자**라는 사실이다. 루크레티우스는 에피쿠로스보다 더 분명하게 그것을 알려준다. "우연으로라도 네가 너의 열기 가득한 군단이 마르스 들판에서 전개되는 것을 볼 때, 〔…〕 이 광경 속에서, 섬뜩한 미신들이 떨고 있는 너의 정신으로부터 달아나는가? 죽음의 공포들이 너의 가슴을 자유롭게, 근심으로부터 해방되게 놔두는가?"[69] 전쟁, 특히 현대 전쟁은 강탈과 병적인 욕망과 다르지 않다고 루크레티우스의 시는 우리에게 말하고 있는 듯하다. 클라우제비츠의 유명한 정식을 모방해서 표현하자면, 전쟁이란 다른 수단을 통한 헛된 욕망의 연장이라 하겠다. 더욱이 이러한 사실은 필로데모스의 『호메로스가 바라보는 선왕에 관하여』를 힘겹게 독해하면서 재구성한 몇몇 내용들을 통해 널리 확인되는 듯이 보인다.[70] 그리고 (피에르 그리말 Pierre Grimal 이 아주 정당하게 규정했듯이 "평화주의자이자 에피쿠로스주의자인") 필로데모스와 마찬가지로, 루크레티우스에게도 전쟁, 희생, 고통에 대한 전적인 혐오가 존재한다.

1. 원자들의 운동

이어서 루크레티우스는 물질원소들의 쉼 없는 동요를 묘사한다. 그가 주장하듯, 심원한 허공에서 제1물체들에는 어떤 정지도 허락되지 않는다.[71] 덧문 틈으로 새어드는 햇살 속에서 수천 가지 방식으로 뒤섞이는 무수한 물체들을 볼 때, 그리고 그 물체들 사이에 셀 수 없이 많은 전투가 벌어지는 것을 볼 때, 우리는 그로부터 광대한 허공 안에서 제1물체들이 영원히 동요하는 이미지를 끌어낸다.[72] 절대적으로 단순한 원자들의 빠르기는 같을 수밖에 없다. 물론 그 빠름이란, 허공에서 원자들이 이동하면서 어떤 장애물도 만나지 않을 경우, 어떤 것과도 견줄 수 없는 빠르기이다.[73]

제2편, 216~293행에서 루크레티우스는 원자들의 편위를 옹호하는 두 가지 논증을 편다. 먼저 시인은 (216~250행에서) 만일 편위가 없었다면 자연은 결코 어떤 것도 만들지 못했을 것이라고 주장한다. 이어서 (251~293행의) 두 번째 논증에서는 제1물체들에 편위라는 신기한 특성이 있는 이유를 생명체가 지닌 의지에서 비롯된 현상들에 대한 관찰에서 끌어온다.

(1) 자신의 무게 때문에 계속해서 수직 낙하하는 가운데, 원자들은 자신의 운동이 변경될 수 있을 정도로 수직 궤도에서 아주 약간 이탈한다.[74] 이런 편위 능력이 없다면, 이 경미하고 미세하며 감각되지 않는 편위가 없다면, 원자들은 한결같이 위에서 아래로 마치 빗방울처럼 떨어질 것이다.[75] 물질의 특성은 위에서 아래로 압력을 행사한다고, 즉 "모든 무거운 물체는 예외 없이 자연적으로 아래로 향한다"고 에피쿠로스주의자들은 주장한다.[76] 분명히 우리가 그 운동을 관찰할 수 있는 물체들은 무게의 비율에 따라 낙하에 가속도가 붙는다.[77] 그러나 이것은 물속이나 공기 중에서는 참이지만, **허공**에서는 그렇지 않다. 허공에서는 가장 무거운 원자들도 가장 가벼운 것들을 결코 따라잡을 수 없으며, 따라서 그것들끼리 서로 충돌하지도 못하고, 집적체, 회오리, 세계의 탄생에 전혀 기여할 수 없다.[78] 자주 인용되는 귀요의 표현을 빌리자면, 편위가 없었다면 필연은 언제까지나 "메말랐을〔아무것도 생산해내지 못했을〕" 것이다.[79]

(2) 게다가 "만일 모든 운동이 항상 연결되어 있고, 하나의 새로운 운동이 고정된 질서 속에서 이전의 운동으로부터 야기된다면, 그리고 만일 편위를 통해 원자들이 운명의 법칙을 깨고, 한 원인이 다른 원인으로 무한하게 이어지지 않도록 하는 운동의 시작을

만들어내지 못한다면, 이 지상의 생명체들이 가지고 있는 자유는 어디에서 오겠는가? 운명에서 벗어난 이 의지(그 때문에 우리는 우리의 쾌락이 이끄는 데로 가고, 마찬가지로 우리는 결정된 때와 장소에서가 아니라, 우리의 정신 자체가 이끄는 데로 방향을 바꿀 수 있다)는 어디에서 오겠는가?"[80] 왜냐하면 의지가 바로 그런 행위의 시작에 있기 때문이다. "이 의지로부터 운동이 사지로 퍼진다."[81]

에피쿠로스주의자들에 따르면 인간 영혼에서 **클리나멘**[편위]은 [뭔가를] 숙고하는 첫 국면, 달리 말해 결정을 만들어내는 국면[82]이 아니라, 이미 취한 결정을 실행하는 국면에서만 개입한다. **클리나멘**의 기능은 아마도 정신이 힘들고 예상치 못한 어떤 상황에 부딪혔을 때, 그 정신이 새로운 행동 도식을 만들 수 있게 하는 데 있을 것이다.[83] 그래야 루크레티우스가 [클리나멘을 증명하기 위해] 끌어오는 신기한 예들이 해명될 것이다. 오랫동안 갇혀 있던 출발 구획칸 바깥으로 뛰쳐나가고 싶어 하는 말이 그러하며, 대중으로부터 느닷없이 받는 기계적 압력에 저항하는 인간이 그러하다. 또한 그래야 보통사람이 걸음을 내딛는 방식에 대해 아주 흔한 묘사를 하고 있는 제4편의 구절[84]에서 왜 시인이 편위를 전혀 참조하지 않는지가 설명될 것이다.

2. 원자들의 형태의 다양성, 감각적 인상들의 다양성

루크레티우스는 이어서 원자들의 형태가 다양하다고 말한다. 바로 이 다양성 덕분에 우리는 복합체가 우리의 감각에 만들어내는 다양한 효과들을 설명할 수 있다.[85] 매끈하고 둥근 원자들은 우리의 감정을 유쾌하게 만들 수 있는 물체들을 형성한다. 반대로 우리의 감각에 불쾌하고 거슬리는 듯한 모든 실체들은 갈고리 모양이나 우둘투둘한 모양의 원소들로 이루어져 있다.[86] 마찬가지로 디이아몬드의 묵직함, 견고한 철의 단단함, 물의 유동성은 다소 조이는 조직 그리고 그것들을 구성하는 원자들의 다소 각지고, 세분화되며, 꾸밈 많은 형태로 설명된다.[87] 그러나 비록 무한한 크기의 우주에 무한한 수의 원자들이 존재할지라도, 원자들의 형태가 무한히 다양한 것은 아니라고 이 로마 시인은 (에피쿠로스를 좇아) 거듭 말한다.[88] 또한 루크레티우스는 후각, 청각, 시각, 미각에 넘어설 수 없는 쾌락들이 존재하는 것과 마찬가지로 아름다움의 정점이 존재한다고 말한다.[89] 에피쿠로스의 가르침은 가사자들에게 고통의 **최대치**와 쾌락의 **최대치**가 있음을 알려준 것이다. 우리의 감정은 우리에게 경험하도록 주어지는 감각들에 수반되는 것이며, 이 감각들의 수가 유한하므로 쾌락과 고통에 각각의 정점이 존재하는 것이다. 이를 가르치면서 해방자 에피쿠로스는 "공포와 마찬가지로 욕망에도 한계를 정했다."[90]

따라서 감각되는 물체는 상이한 형태를 지닌 원자들의 혼합이다. 그리고 그것이 이 다양한 형태들을 더 많이 포함하면 할수록 더 많은 특성들을 갖게 된다.[91] 퀴벨레 신화, 대중종교가 대지의 어머니에게 바치는 숭배는 대지가 상이한 원자 형태들을 많이 포함하고 있다는 사실에서 기인한다.[92] 이토록 많은 그 상이한 원자 형태들로부터 다양한 동식물들이 자연적으로 생겨날 수 있었던 것이다. 그로부터 사람들은 진리에서 너무나 멀어진 전설들을 꾸며내기도 했다.

3. 원자들은 '2차 성질'이 없다

원자들은 색이 없다.[93] 그것들은 따뜻하지도 않고, 차갑지도 않으며, 소리가 나지도 않는다. 그것들은 맛도 냄새도 없다.[94] 흰 물체들이라고 흰 원자들로 구성되는 것도 아니고, 검은 물체들이라고 검은 원자들로 구성되는 것도 아니다. 백조가 항상 희고, 까마귀가 항상 검은 까닭은 그것들 각각의 신체를 구성하는 원자들의 배치나 배열 때문이다. 사실 빛이 없으면 색도 있을 수 없고, 사물들의 원리는 빛에 드러나지 않는다. 데모크리토스가 이미 가르쳤던 것처럼, 〔어떤 물체가〕 희게 감각되는 까닭은 〔그 물체를 구성하는〕 매끈한 원자들 때문이다. 희면서 단단한 물체들은 〔조개 안쪽 면 모양의 원자들로 구성되어 있고, 그래서 그런 물체들은〕 어둡지 않고, 빛나며, 곧은 구멍이 나있다. 흰 물체가 무른 듯이 보인다면, 그것을 구성하는 둥근 원자들이 균일한 방식으로 병렬되어 있고, 그것들 사이에 접촉면이 조금밖에 없기 때문이다.[95] 검은 것은 미세한 그림자를 드리우는 거칠고 울퉁불퉁한 형태의 원자들과 빛이 쉽게 투과될 수 없는 곧지 않은 구멍들 때문이다.[96]

생물들을 구성하는 제1원소들은 '2차 성질들'이 없을 뿐 아니라, 감각능력도 없다.[97] 왜냐하면 감각능력은 전적으로 내장, 신경, 정맥, 기관과 같이 모두 물렁하고 소멸하기 마련인 실체로 형성된 것들과 관련 있기 때문이다. 원자들이 쾌락도 고통도 경험할 수 없다는 것은 명백하다. 왜냐하면 그런 것들은 유한한 생명의 본성에 속하는 것이고, 반대로 원자들은 영원하기 때문이다. 따라서 모조품에 주의해야 한다. 현대 독자는 여기에서 동의어가 치는 진짜 덫에 걸려들지 않도록 조심해야 한다. 18세기 내내 사람들은 계속해서 소립자들을 끌어들였는데(여러 저자들이 기꺼이 '원자들'보다는 '**분자들**'에 대해 말했다는 것을 언급하자), 그것은 자세히 보면 고대 원자론자들이 말했던 '감정을 갖지 않는'^{apathique} 입자들인 경우가 별로 없다. 왜냐하면 이 소립자들은 일반적으로 정자적 이성들로 가득 차 있거나, 생기 또는 적어도 감각능력을 품고 있어서, 복합체는 이것들의 가장 완수된 형태들일 뿐이다. 가령 우리는 디드로에게서 이런 식의 원리 주장을 읽을 수 있다. "코끼리에서 진디까지, [...] 진디에서 감각적이고 살아 있는 분자까지, 모든 것의 기원은 고통과 즐거움이 결여된 본성과는 무관하다."[98] 이렇다면 느낌과 생명은 영원하다고 생각해야 할 것이다. 디드로는 고대 원자론자들과 달리 근본적으로 감각능력이 없는 어떤 입자들이 어떤 질서에 따라 결합하자마자 감각능력, 자생적 운동, 느낌을 만들어낼 수 있다는 생각을 비난했다.[99]

4. 세계들의 수의 무한성

모든 것은 차츰 쇠약해져서 관으로 들어가게 마련이므로, 우리의 세계 역시 소멸하게 되어 있다. 왜냐하면 우리 세계는 무한한 다른 세계들 중 특수한 **하나의** 세계일뿐이기 때문이다.[100] 그런데 과연 누가 모든 시간과 장소에 현존하는 모든 천체들을 일치 협력하여 순회하게 만들고, 청천벽력을 내리며, 사막에, 때로는 무고한 사람들에게, 나아가…… 가사자들이 신들에게 바치는 사원에 벼락을 내릴 수 있겠는가? 신들은 우주를 지배하지 않는다. 그들은 세계에 개입하지 않는다.[101] 모든 것은 성장하다가, 끝없는 유출 때문에 쇠약해지고, 결국 노화에 굴복하여 끝을 맞이한다. 더욱이 루크레티우스에 따르면 우리의 대지는 실로 쇠퇴 단계에 있다. 옛날에는 비옥한 땅이 넘쳐났건만 이제는 힘들게 농사를 지어야만 한다. 거대한 크기의 야수들을 만들어냈던 대지가 이제는 보잘 것 없이 작은 것들밖에 만들어내지 못한다. 그리고 머지않아 우리의 광대한 세계를 둘러싸고 있는 벽들이 시간의 공격에 굴복하여 먼지가 되어 떨어지는 잔해와 폐허가 될 것이다.[102]

|3| 영혼과 죽음 : 제3편

머리말

루크레티우스는 제3편 37행에서 사후의 처벌들에 대한 공포를 이겨내야 한다고 강조한다. 이 편 전체는 시인이 독자로 하여금 지옥에 대한 공포의 부질없음, 그리고 보다 일반적으로 죽음에 대한 공포의 부질없음을 받아들도록 짜놓은 증거들로 이루어져 있다. 제3편의 구조는 특이하며, 그 순서는 다음과 같다. (1) 루크레티우스에 따르면, 우리 영혼의 물질성(94~416행)은 (2) 영혼이 가사적인 성격을 갖고 있다고 결론짓게 하고(417~829행), (3) 동시에 죽음에 대한 공포의 부질없음을 깨닫도록 만든다(830~1094행).

이 제3편 서두에서 루크레티우스는 삶을 "그 심연까지 흔들리게 만들면서" 아타락시아를 금지하고, "어떤 맑고 순수한 쾌락도 남겨두지 않는", "아케론〔그리스 신화 속 저승의 강〕에 대한 공포를 쫓아내고 물리치기" 위해 애쓴다.[103] 이어서 그는 주요한 사회적 정념들의 계보를 간략히 개관한다. 그것들의 공통된 뿌리는 영원에 대한 헛된 욕망, 즉 죽음에 대한 공포다. 그는 마지막으로 우리의 구원은 드러나는 현상들과 오로지 그 현상들을 해명할 수 있는 원자들의 우발적 운동을 에피쿠로스의 학설에 부합하게 고려하느냐 마느냐에 달려 있다고 단언한다.[104]

1. 영혼의 물질성

루크레티우스는 정신이 "손, 발, 눈 못지않게"[105] 신체의 일부라고 적고 있다. 정신이 원자들로 이루어져 있다고 해도 틀린 말이 아니다. 넓은 의미에서 영혼은 한편으로 사유하는 원리인 정신^{animus}과 다른 한편으로 감각능력의 원리인 좁은 의미의 영혼^{anima}으로 되어 있다. 이는 에피쿠로스가 영혼의 이성적 부분과 비이성적 부분 사이에 세운 구분에 상응한다.[106] 정신과 영혼은 함께 하나의 유일한 실체, 하나의 본성$^{una\ natura\ 107}$을 형성하며, 이 실체는 물질적이다. 정신의 위치는 가슴에 고정되어 있지만(반면, 데모크리토스는 정신이 뇌에 있다고 여긴 듯 보인다), 제한적 의미의 영혼은 유기체 전체에 두루 퍼져 있다.

영혼 전체가 아주 작은 원소들로 이루어져 있음을 증명하기 위해서, 루크레티우스는 임종을 맞이하는 사람이 그의 인생에 마지막 숨을 내뱉은 이후에도 그의 신체의 무게는 거의 변하지 않은 채 남아 있다는 사실을 지적한다.[108] 그는 정신과 영혼의 구성에 관하여 자세히 설명하는데, 그것들은 우리가 보았듯이 숨(바람), 열기, 공기, 유명한 '이름 없는 원소'[109]로 이루어져 있다. 열기, 바람, 또는 공기 중에 어느 것이 한 인간 개체에서 지배적인가에 따라 각각 화, 두려움, 차분함이 그의 본질적인 기질이 된다. 가령 열기는 사자의 불같은 가슴을 지배하고, 싸늘한 바람은 사슴의 겁 많은 영혼을 지배하며, 평온한 공기는 소의 온화함을 지배한다. 그럼에도 불구하고 시인은 교육^{doctrina}, 특히 에피쿠로스의 철학적 가르침이 각자의 성격의 첫 자국[각자가 타고난 성격의 특징]을 존속하도록 놔두면서도 모두를 신들에게 어울리는 삶으로 이끌 수 있다고 결론 내린다.[110]

2. 영혼의 가멸성

루크레티우스는 제3편의 두 번째 부분에서, 영혼은 물질적이라서 분해되고 죽게 마련임을 증명하려고 세 가지 논증을 제시한다.

(1) 무엇보다 먼저(425~669행), 신체가 죽고 나서도 영혼이 살아남을 수 있다는 생각을 논박하는 논증들이 있다. 우리는 영혼과 신체의 내밀한 결속을 경험하지 않는가? 신체는 영혼의 그릇과 같아서 신체가 나이 들어 피로해지고 병에 걸려 손상되면, 영혼도 공간에 흩어진다.[111] 신체의 성장, 발달, 쇠퇴와 정신의 그것 사이에는 정확한 평행 관계가 있지 않는가? 아이의 걸음걸이가 시원찮으면, 그의 생각도 그리 맑지 않다. 아이의 힘이 커지기 시작하자마자, 그의 정신의 능력 역시 증가한다. 그밖에 정신은 신체를 따라 그것의 병을 경험하지 않는가? 근심, 슬픔, 공포, 이것들은 영혼에 고유한 고통이자 병들이다. 고통과 병은 죽음을 만들어내는 것들이다.[112] 그리고 병이 신체를 뒤흔드는 만큼 정신 역시 뒤흔들게 되는 것을 우리는 보지 않는가? 술에 취하거나 간질이 발작했을 때 정신이 **신체와 함께** 비틀거리는 것을 우리는 보지 않는가? 기절하거나 실신했을 때도 마찬가지다!

영혼과 신체는 내밀하게 구조적으로 연결되어 있다. 정신은 신체의 부분이기 때문에, 신체에서 분리되자마자 죽는다. 신체의 임종은 또한 정신의 임종이기도 하다. 생명 운동과 감각 운동은 그것들에게 덮개를 제공하는 울타리나 응집이 없이는 불가능하다. 이 덮개는 영혼이 연기처럼 떠나가고 흩어지자마자 황폐화된다.[113] 사망 후에 신체가 분해되는 것은 신체와 영혼이 함께 흔들린다는 것을 보여준다. 정신은 신체에 그것의 고정된 자리가 있다. 어떤 이들이 불멸한다고 주장하는 실체[영혼]는 왜 발이나 손에서 생겨날 수 없는 것일까? 그의 스승 에피쿠로스를 따라 루크레티우스가 반복하듯이, 영혼은 나뉠 수 있다.[114] 여러 부분들로 나뉘고 쪼개지는 것은 불멸한다고 주장할 수 없다.[115]

(2) 그리고 특히 영혼이 앞서 존재한다는 학설들을 반박하기 위해 마련한 10여개의 작은 논증들이 이어진다(670~783행). 윤회[영혼이 한 신체에서 다른 신체로 이동하는 것]^{metempsychōsis}(오히려, metemsōmatosis[물체가 한 신체에서 다른 신체로 이동하는 것]이 정확할 텐데)는 인도에서 기원하여 퓌타고라스학파로 그리고 플라톤의 가르침[116]까지 이어진 학설로서, 여러 가지 방식으로 가장 명백한 증거들과 충돌한다. 우선 영혼은 자신이 이전에 어떤 존재였는지에 대해서 최소한의 기억도 갖고 있지 않다. 영혼과 신체는 극히 밀접하게 결합되어 있기 때문에 영혼은 신체 바깥으로 빠져나갈 수 없다. 그밖에 윤회로는 유전이나 종별적인 특성의 항구성을 해명할 수 없다. 만일 영혼이 한 신체에서 다른 신체로 이동할 수 있었다면, 인간들은 때로 이성을 갖지 않을 것이고, 반대로 동물들이 이성을 갖게 될 것이다. 매는 비둘기가 다가오는 것을 보고 떨면서 날아가 버릴 것이다. 그리고 같은 혈통에 속하는 동물들이 그것에 들어온 영혼에 따라 완전히 다른 기질들을 구현하는 것을 보게 될

것이다. 신체와 동시에 태어나지 않는 영혼은 신체와 일치 협력하여 자랄 수도 없을 것이다. 마지막으로 이건 정말 우스꽝스러움의 극치인데, 우리는 불멸하는 영혼들이 비너스 여신이 아끼는 짝짓기나 암놈의 분만을 엿보고 있다가 떼로 몰려들어서는 다른 경쟁자들의 자리를 가로챔으로써 가멸적인 신체의 몸으로 태어나기 위해 서로 속도 경쟁을 하는 것을 과연 상상할 수 있을까?[117]

(3) 마지막으로 세 번째 계열의 논증들(784~829행)이 제시된다. 거기서 루크레티우스는 정신이 자기의 자리와 존재 조건을 신체 안에 두고 있다고 적고 있다. 또한 정신은 신체 없이 혼자 생겨날 수 없다. 그밖에 불멸하는 것과 가멸적인 것은 서로 결합할 수 없다. 가멸적인 것에 영원한 것을 결합하는 것은 "완전히 미친 짓이다."[118] 불멸성의 조건을 충족시키는 것은 오로지 원자들, 허공, 우주 그리고 신들뿐이다.

3. 죽음에 대한 공포의 부질없음

좀더 나아가기에 앞서, 우리는 키케로가 주장하듯 루크레티우스가 특히 지옥 신화들에 대한 믿음을 무화시키려고 노력할 때 이미 낡아버린 망상과 싸우고 있는 것은 아닌지 물을 수 있다.[119] 즉 체계를 세우는 일에만 빠져서 그 당시에 이미 쓸모없어져버린 증명을 억지로 다시 하려고 애쓰는 것은 아닌지 말이다.

그러나 현대의 연구들(특히 마르셀 르 그레의 작업[120])을 참조하면, 루크레티우스가 어떤 의미에서 우리와 아주 비슷한 시대에 살았음을, 그리고 에피쿠로스가 살던 시대와 가까운 근심과 동요의 시기에 살았음을 알 수 있다. 로마인들의 전통적 종교성이 부활하고, 새로운 구원 종교들이 우후죽순처럼 생겨났다는 사실이 그것을 증언해준다.[121] 루크레티우스가 살았던 시대는 위기의 시대를 나타내는 모든 징후들을 보여준다. 세계의 붕괴, 정치적 불안정, 동방 종교들의 로마 유입, 자주 무시되곤 하는 원초적인 옛 신앙과 의식들의 재출현. 우리의 세기말에 관하여, 우리가 겪는 위기와 붕괴에 관하여 다음 세기의 역사가들은 뭐라고 말할까? 무관심과 회의주의가 사회의 식자층에 지배적이었다고 주장할까? 그렇다면 그들은 전적으로 옳게 말하는 것이다. 반대로 그들은 2000년이 되기 얼마 전에 교황이 열광하는 8만 젊은이들 앞에서 부부 사이의 이혼 원칙을 비난할 수 있었다는 사실을 지적할까? 그들은 망해가는 모든 사회에서와 마찬가지로, 별의별 종교 분파들이 의혹에 시달리는 유럽에 창궐했다고 말할까? 그렇다면 그들은 여전히 그리고 항상 옳게 말하는 셈이다……

루크레티우스가 했던 비판은 로마 사회의 상태에 비추어 볼 때 확실히 타당하다. 비록 당대의 지식계는 틀림없이(오늘날의 경우와 마찬가지로) 사회의 덜 교양 있는 층들보다 종말론적 질서에 대한 근심으로부터 영향을 훨씬 덜 받았을 테지만 말이다.

제3편의 마지막에 등장하는, 죽음에 대한 불안과 싸우고 그것의 부질없음을 증명하기 위해 마련한 열 가지 주제를 모아보았다.[122]

(1) **과거는 미래의 거울과 같다.** 우리가 태어나기 이전의 시간은 죽은 다음에 올 시간을 자연이 우리에게 비춰주는 '거울' speculum이다.[123] 거기에서 어떤 불안거리도 발견하지 말 것이며, 우리는 마찬가지로 우리가 죽은 뒤에 올 거대한 시간을 조용히 생각해야 한

다. 그리고 우리가 '거울 너머' 뒤집어진 상들을 보는 것과 마찬가지로,[124] 불멸의 죽음[125]도 역대칭에 따라 완벽한 무로부터 파악되어야 한다. 우리가 태어나기 이전의 거대한 시간은 우리에게 완벽한 무이니까 말이다.

이 루크레티우스의 주장에 반대하는 주요한 반박이 제시될 수 있다. 피에르 베일이 적었듯이, 내가 현재 존재하고 있다는 사실로부터 파생된 단순한 보존 본능 때문에 **이후 부분**[a parte post]의 무한과 **이전 부분**[a parte ante]의 무한을 **등가적인** 것으로 생각하기 어렵다.[126]

(2) **우리가 아무리 윤회를 꿈꾸더라도 개인적 자아가 사후에도 존속하도록 보장할 수는 없다.** "세월이 우리가 죽고 난 뒤에 우리를 구성하던 물질을 모아서, 그것을 현재 놓여 있던 대로 되돌리고, 그리고 다시 한 번 우리에게 생명의 빛을 준다고 해도, 그러한 사건 역시 전혀 우리에게 이르지 못한다. 왜냐하면 우리의 추억들이 일단 끊어졌기 때문이다."[127] 사실 살다보면 나의 신체와 영혼을 구성했던 동일한 원자들이 거대한 전체[우주]를 떠돌며 천변만화를 겪은 후에[128] 다시 모일 수 있을지도 모른다. 그렇게 우리의 자아가 재구성될 수도 있을 것이다. 하지만 윤회의 꿈은 원자들의 무질서한 운동들에 의한 것일 뿐이다. 요컨대 군데군데 무의 영원성을 끼워 넣는 이 **스트로보스코프적인**[129] 불멸에 대한 환상은, **확실한 지식을 통해** 내세의 삶이란 없음을 알고 있는 자가 보기엔 참으로 생존하고 싶다는 의지의 마지막 피난처들 중 하나에 불과하다.

더욱이 개인의 영혼이 서로 구별되는 시간의 두 순간에 **수적으로만**[solo numero] 차이나는 두 가사적 신체에 혼을 불어넣었다는 이유만으로 그것이 주체적으로 영속할 수 있다는 생각은, 의심할 바 없이 루크레티우스가 이미 길게 비판한 바 있는 전생轉生이론만큼이나 실체론적인 허구를 도입한다. 그런 생각은 모든 존재의 씨실들을 구성하는 중단 없는 갱신을 벗어난 채, 영혼이 단 한 번에 전부 주어진다는 정태적인 허구다. 그것은 엄밀히 말해 **자아**가 그것과 전혀 동시대적이지 않은 유동적인 신체 껍질 안에 가끔씩 구현된다는 허구인 것이다.

(3) **묘지 박탈**[130]**과 시체가 겪을 수 있는 폭력에 대한 공포에는 근거 없는 동시에 기만이 깃들어 있다.** 루크레티우스가 제3편, 879~881행에서 적듯이, "죽은 뒤 새들과 짐승들이$^{\text{volucres}\cdots\text{feraeque}}$ 자신의 신체를 찢어버릴 것이라고 예견하는 생명체는 [⋯] 자기 자신을 연민한다."[131] 파쿠비우스의 시구들, 시노페의 디오게네스에 대한 키케로의 증언(디오게네스는 "만일 내가 아무것도 느끼지 않는다면 짐승들에 의해 뜯어 먹힌다 한들 뭐가 고통스럽겠는가?"라고 주장했다고 한다),[132] 그리고 『일리아스』의 한 구절(아킬레우스에게 패한 헥토르는 자신의 시체를 새와 개에게 던져두지 말아달라고 간청한다)[133]은 마찬가지로 이러한 공포를 보여준다. 그러나 각 지역의 장례 풍속들에 따른 온갖 의례들(인도식 화장, 이집트식 방부보존, 로마식 매장) 중 어느 것도 지지하지 않으면서 루크레티우스는 퀴니코스적인 독설을 따른다. 특히 퀴니코스-스토아학파로부터 끌어온 이런 류의 **독설**에서는 이민족들에게 저마다 다양한 풍속들이 있다는 주제가 아주 폭넓게 이용되곤 했다. 이 다양성이 "의견에 의해 비난받는 행위들이 [사실은] 자연스러운 것으로 간주되어야 한다는 표지"[134]라고 주장하는 것이다. 사회 구성원 대다수가 미신 때문에 유지하는 장례 의식들의 부재, 그리고 시체가 매번 거기에서 겪어야 하는 폭력은 마침내 시체가 언젠가 바람에 노출되었을 때 겪을 수 있는 능욕에 대한 걱정을 터무니없는 것으로 만들어준다. 우리

가 살기를 멈추자마자, 우리는 더 이상 아무것도 느끼지 못하기에 〔시체가 겪을 일에〕 최소한의 관심도 가질 수 없기 때문이다.[135]

게다가 시체의 사지가 절단되리라는 두려움에 시달리는 사람은 저도 모르게 "그의 뭔가가 존속하리라는 것을 전제한다."[136] 루크레티우스는 이 사실을 위와 같은 자가 필시 채택하는 가엾은 실존적 태도와 즉각 연결한다. 어리석은 탄식과 알 수 없는 두려움은 무지한 자의 추론에 어떤 **결함**이 있음을 표현하는 것이며, 결국 그 사람 안에 어떤 비도덕성이 있다는 것을 드러낸다. 무지한 자는 자신도 모르게 Inscius ipse (**무의식적으로**라고 말할 수도 있을 텐데) 죽어도 그 자신의 무언가가 남을 것이라고 전제하는 것이다.[137] 그러나 "그의 목소리는 거짓 같은 인상을 준다."[138] 무지한 자는 **기만**적이다. 바로 이 **도착적인** 사유는 그가 죽음을 두려워하고 행복을 붙잡을 수 없음을 보여줄 뿐이다.

(4) **현재의 삶의 좋은 것들을 두고 미리 후회하는 일은 더 근거 없는 짓이다.** 위에 언급한 것들과 유사한 '기만' 때문에 우리는 현재의 삶의 좋은 것들을 잃을 것에 대해 미리 슬퍼하는 것이다. 롱사르는 "집과 과수원과 정원을 내버려두고, 백조의 방식으로 그것의 장례를 노래해야 한다"[139]고 적었다. 이런 것이 눈물을 흘리는 자들, 여타의 추도하는 자들의 담론이 뜻하는 바다. 루크레티우스는 그것을 제3편, 894~899행에서 흉내냈다. 추도하는 자들은 고인에게 말한다. "아, 아, 이제 더는 당신을 맞이할 기쁜 집도, 훌륭한 아내도, 먼저 입 맞추겠다고 다투며 뛰어오는, 당신의 고요한 가슴을 달콤하게 어루만지는 어여쁜 아이들도 없구려!"[140]

무지한 자의 거짓됨이 여기에서 또 한 번 드러난다. 왜냐하면 무지한 자는 우리가 현재의 삶에서 누리는 좋은 것들에 대한 후회가 죽고 나면 전혀 우리를 따르지 않는다고 조심스레 덧붙이기 때문이다.[141] "모든 것은 잠과 평안한 휴식으로 되돌아가기" 때문이다.[142] 다른 이들은 또 그들 나름대로 절망스런 열광과 함께 카르페디엠을 실천한다. 그들의 표어는 호라티우스적인 유명한 다음의 격언일 것이다. "먹어라, 마셔라, 죽고 나면 어떠한 쾌락도 없나니."[143] 무지한 자가 신중하지 않게 고통의 무제한성을 믿게 만든다고 한다면, 카르페디엠을 실천하는 자는 그가 무제한적이며 서둘러 축적해야 한다고 주장하는 쾌락의 불행한 추구로 우리를 몰아넣는다.

(5) **잠은 우리에게 죽음에 대해 안심시키는 이미지를 준다.** 우리는 죽음의 이미지와 같은 잠을 매일 밤 경험하고 있기에, 죽음에 대한 공포는 그만큼 더 근거가 빈약하다. 정신과 영혼의 실체가 유기체에서 빠져나가면, 인간은 "평온한 죽음의 잠"[144]에 사로잡힌다고 루크레티우스는 제3편 서두에서 적고 있다. 이 편의 마지막 부분에도 위와 동일한 주제가 여러 번 등장한다. 시인은 죽음이란 결국 "어떤 잠보다도 더 평온한 상태"[145]라고 주장하면서 불안에 맞서 싸우는 데 열중한다. 루크레티우스에게서 자주 그러한바, 이러한 비교도 역시 옳은 것으로 드러난다. 잠이 죽음의 이미지인 까닭은, 그것이 **물리적으로 말해서** 잠든 후에 이어지는 생체 회복 단계를 통해 매일같이 맞서 싸워야 하는 작은 죽음(즉, 원자들의 감소)의 효과이기 때문이다.

(6) **자연은 지혜와 포만의 학교다.** 자연은 무지한 자에게 말한다. 너는 왜 "포식한 회식자처럼"[146] 삶으로부터 물러나지 않느냐? 철학은 우리가 경쟁을 끝마칠 수 있도록 "충족되고 포식한satur ac plenus 마음"[147]을 가르친다. 철학만이 메마른 영혼을 변형시킬 수 있다.

철학만이 영혼에게 포만 상태를 깨우쳐줄 수 있다. 문자 그대로 철학은 충족의 학교이다. 음식과 음료가 공복(그로 인한 고통은 우리에게 허기를 알린다)을 메우듯이, 지혜와 우정이 결합된 실천은 현자(그의 욕망은 조절되어 있다, 즉 본디 **제한되어** 있다)를 채워준다. 그리고 에피쿠로스의 말마따나 그의 유기체가 약간의 빵과 물만으로도 "쾌락으로 가득 차 있었던" 것과 마찬가지로,[148] 우리는 삶의 즐거운 향연이 주는 만족들로부터 스스로 물러서는 식으로 우리의 신체와 영혼을 만족시켜야 한다.

    게다가 "삶은 어느 누구에게도 소유권으로서 주어지는 것이 아니라, 모두에게 용익권用益權으로서 주어진다."[149] 이것은 분명 지극히 상투적인 표현이다. 우리는 이것을 비온이나 에우리피데스뿐 아니라 루킬리우스, 악키우스, 호라티우스, 아르노비우스 같은 로마 작가들에서도 어렵지 않게 발견할 수 있기 때문이다. 그러나 100편의 다른 **위안문들**에 허다하게 사용된 논거topos가, 루크레티우스에게서는 아주 특별한 의미를 갖게 된다. 왜냐하면 그 구절은 원자들의 자연학이 가르치는 진리를 윤리학에서 재활성화시키는 효과가 있기 때문이다. 아주 폭넓게 말해서, 새로운 세대는 재료들, 즉 이전 세대들이 해체되면서 제공한 **쪼갤 수 없는 제1의 원소들**로 이루어지는 것이다.[150]

    (7) **셀 수 없이 많은 지옥 신화에 등장하는 고통받는 자들은 인간의 정념을 상징한다.** 제3편, 978~1023행의 "에우에메로스주의적인"[151] 구절 전체는 고통이 무한할 수 있다는 것을 논박하려 한다. 쾌락의 한계가 있듯 고통의 한계도 있다.[152] 신화는 끊임없이 머리 위에 매달린 거대한 돌을 두려워하는 탄탈로스를 그린다.[153] 티튀오스는 아케론에서 결박당한 채, "영원히"[154] 새들에게 [간을] 쪼아 먹

힌다. 티튀오스는 질투다. 시쉬포스는 끊임없이 권력을 얻으려 애쓰는 자, 즉 권력을 추구하면서 항상 고된 피로를 감내하지만, 늘 패배한 채 후퇴하여 비탄에 빠져 있는 자를 상징한다. 마지막으로 타르타로스와 지옥불의 표상(지상의 벌에 대한 공포의 환상적 산물)은, 자신의 범죄를 떠올리며 괴로워 하지만 그 고통의 끝도 그 형벌의 끝도 보이지 않는 상상, 그리고 반대로 "고통과 형벌이 죽음 속에서 가중되지나 않을까" 두려워하는 상상에서 비롯된 것이다.[155] 이 몇몇 행들에서 끌어내야 할 중요한 교훈은 죄인들의 슬픈 삶을 이승에서부터 만들어내는 지옥이 끊임없이 반복된다는 사실이다. "우리는 바로 우리의 삶에서 최고의 처벌을 발견한다"고 시인은 가르쳤다.[156] 바로 우리의 삶에 형벌을 위치시켜야 하는 것이다. "결국, 무지한 자들의 삶은 이승에서 지옥이 된다."[157]

이렇듯 지옥 신화들에 대한 알레고리적 해설은 이 신화들이 부적합하고 불경한 방식으로 보여주거나 왜곡하는 현실을 우리가 보다 잘 깨닫도록 돕는다. 거짓으로 꾸며졌을 뿐인 소름끼치는 타르타로스의 허구는 난폭한 이미지를 통해 정념의 지옥이 무엇인지를 우리에게 보여준다.

(8) **모든 이는 죽는다. 위인들도 역시 죽는다.** 우리가 종종 '유명한 고인들의 명단'이라고 부르는 것은 고대 문학의 새로운 공통 장소〔상투적 표현〕를 구성한다(호메로스, 플루타르코스 또는 마르쿠스 아우렐리우스를 보라). 조사弔詞를 쓰는 작가들이 생각하기엔, 죽음이 공통의 운명이고, 가장 위대한 사람들도 모두 무덤에서 그들의 활동을 마감했을진대, **하물며** 보통 사람은 마땅히 그 자신의 죽음의 불가피함을 받아들여야 한다는 것을 환기시키는 것이 중요했다. 루크레티우스는 운명한 위인들의 목록을 두 범주의 유명인들로 나

누었다. 한편에 활동가들, 왕들, 장군들(안쿠스 마르티우스, 크세르크세스, 스키피오)이 있고, 다른 한편에 사상가들, 시인들, 철학자들(호메로스, 데모크리토스—엠페도클레스와 더불어 성인saint 158)의 타이틀을 받아 마땅한 유일한 인간—와 신과 같은 에피쿠로스까지!)이 있다. 루크레티우스는 인간의 모든 위대함이 죽음 때문에 사라짐을 증명하려 애쓰기보다는, 우리가 공통된 운명을 **피할 수 없음**을 다시 한 번 말하려는 것이다. 가장 유명한 고인들의 위대함을 언급하면서, 루크레티우스는 그들의 수가 많다는 암시를 끈질기게 덧붙인다.159) 이렇게 함으로써 그는 그저 만사의 공허함에 대한 성찰에 지나지 않을 수도 있던 것(그리고 퀴니코스-스토아 전통에서는 사실 그러했던 것)에 독창적인 의미를 부여하고, 에피쿠로스의 진정한 지혜에 부합하는 보다 덜 우울한 억양을 부여한다.

 (9) **죽음에 대한 공포는 무지한 자들을 쉴 줄 모르게 만든다**. 제3편, 1053~1075행에서 시인은 에피쿠로스학파에서 권고되던 아타락시아의 완전한 반테제를 구성하는 동요에 대해 묘사한다. 참된 것에 대한 무지가 낳는 이 상태에 대한, 그리고 자신의 운명에 대해 속인들이 느끼는 강한 불안과 불만족에 대한 유일한 처방은 철학을 공부하는 것이라고 이 시인은 결론 내린다. 루크레티우스는 여기에서 죽음에 대한 공포를 명명하지는 않고, 다만 가슴에 머무는 비참함의 '무게', '무거운 짐'이 바로 그것에 있다고 우리가 생각하게 만든다.160) 바로 그것이 대부분의 사람들로 하여금 끊임없이 자리를 옮겨 다니게 만든다. 마치 그들이 그렇게 하면 고통에서 치유될 수 있고, "그들의 짐을 내려놓을"161) 수 있는 양 말이다. 집에 있는 것에 대한 혐오, 바깥으로 뛰어나가고자 하는 격렬한 욕망, 떠났던 보금자리로의 느닷없는 귀환, 그리고는 또다시 마을 바깥의 매력

적인 체류를 향한 미친 듯한 질주, 이것들은 권태가 낳은 효과들이다. 속인들(아리스토텔레스처럼 말하자면, 이미 지나치게 자기 자신인 사람[162])을 쉼 없이 억압하고 옥죄며, 끊임없이 확산되는 권태 말이다. "이렇게 각자는 자기 자신으로부터 도망치려 한다. 그러나 알다시피 거기에서 결코 벗어날 수 없다. 각자는 원하지 않은 채 〔자기 자신에게〕 고정되어 있으며, 스스로를 증오한다. 왜냐하면 아픈 자는 병의 원인을 알지 못하기 때문이다."[163]

호라티우스, 그리고 그 이후 세네카는 각각 이 부분을 각색했다.[164] 만일 이들이 써내려간 시구들과 오락에 대한 파스칼의 주장들의 어조가 아주 가까운 듯 보인다면, 이는 반복해서 말하거니와, 루크레티우스의 이 구절을 열 차례에 걸쳐 세네카가 모방한 것을 파스칼이 읽었을 것이기 때문이다.

(10) 죽어가는 자는 삶을 즐길 줄 알았는가, 혹시 삶이 그에게 짐은 아니었던가, 그렇다면 오래 살아봤자 무슨 소용인가? "우리는 같은 자리를 맴돌고 항상 그 자리에 있다. 더 산다고 해도 어떤 새로운 쾌락도 만들어낼 수 없다."[165] 이미 III, 944~945행에서, 자연은 자신의 운명에 만족하지 못한 가사자에게 더 이상 새로운 발명을 제안할 수 없다는 것을 고백한 바 있다. "왜냐하면 모든 것은 항상 같기 때문이다."[166] 에피쿠로스도 "만약 우리가 이성으로 쾌락의 한계를 잰다면, 무한한 시간이 유한한 시간과 동일한 쾌락을 가진다"며 비슷하게 주장한 바 있다.[167] 훌륭한 삶을 영위한 사람은 시간이 더해진다고 해서 더 많은 쾌락을 갖게 되지는 않는다. 그리스인들은 늘 훌륭한 인물이 실천하는 제한과 완벽성을 결합했었다. 그리고 고대 철학은 삶의 유한성이 우리로 하여금 권태로운 불멸성을 피할 수 있게 해주며, 결과적으로 그것이 행복의 본질적인 구성물이라

고 주장하면서, 오늘날의 철학보다 역설을 덜 두려워하였다.
 투퀴디데스, 스토아학파, 또한 구약성서의『전도서』도 동일한 지혜를 가르쳤다.[168] 그러나 에피쿠로스, 루크레티우스 자신과 마찬가지로, 토르쿠아투스(키케로의『최고선악론』에서 연출된 에피쿠로스주의자)는 항상 지속하는 존재에게 금세 밀려드는 '단조로움'에 대해 말하기보다는, 제한된 시간과 무제한적 시간에 얻어낼 수 있는 쾌락의 총량이 동등함에 대해 말한다. 신들(행복의 영원한 모델들)의 조건이 최고의 기쁨과 완벽하게 일치하는 것은 아니라는 식으로 이해되지 않도록 극히 조심해야 한다. 신들이 모종의 방식으로 그들의 불멸성에도 불구하고 행복하다고 주장하는 것처럼 비쳐서는 안 된다.

| 4 | **지각, 상상, 환영 : 제4편**

우리는 제4편의 난해한 진행을 식별할 수 있어야 한다. 시인은 에피쿠로스의 지각이론에서 출발해서 꿈 형성에 대한 연구를 거쳐 사랑-정념에 대한 비판, 즉 일종의 백일몽에 대한 면밀한 검토로 나아간다. (1) 첫 번째 부분에서 루크레티우스는 대상에서 끊임없이 유출되는 시뮬라크르들의 존재를 인정하고, 그것의 본성에 대해 묘사한다(26~215행). (2) 그 다음 감각적 시각과 정신적 시각에 관해 꽤 길게 논한다(216~822행). (3) 그리고 반목적론적인 여담이 이어진다(823~1057행). (4) 마지막으로, 루크레티우스 사랑 정념의 광기를 비난하는 유명한 구절이 나온다(1057~1287행).

1. 시뮬라크르들의 존재와 속성

물체들의 표면에서 떨어져 나오는 일종의 얇은 막들이 공기 중에서 사방으로 흩날린다. 이것들이 바로 시뮬라크르들이다. 그것 때문에 우리는 자나 깨나 대상을 볼 수 있다.[169] 늘 그렇듯 에피쿠로스의 가르침을 반복하면서, 시인은 복합체의 표면에 있는 여러 미세한 원소들이 복합체의 질서와 전체적인 형태를 변경하지 않은 채 그 표면에서 떨어져 나간다고 주장한다. 가장 위 표면에 있는 원소들은 그만큼 더 빨리 떨어져 나갈 수 있다. 대신 냄새, 연기, 열기 등은 대상들의 내부에서 흘러나와야 하고, 또 바깥으로 직접 빠져나갈 수 있는 통로를 가지고 있지 않기 때문에 더 늦게 흩어진다. 모든 집적체의 정확하고 미세한 모사물이 존재한다. 그리고 이 모사물 **전체**가 우리 눈에 나타날 수 있는 것이다. 마찬가지로 바람이 우리를 더 세게 때리거나 매서운 추위가 우리의 뼛속까지 스며들 때, 우리는 바람과 추위를 구성하는 각각의 고립된 미립자를 지각하는 것이 아니라, 감각 불가능한 수천 개의 분해물들의 **전체적인** 효과를 지각하는 것이다.[170] 그러나 저절로 형성되는 이미지들, 그리고 서로 다른 대상들에서 유출된 이미지들이 만나서 공기 중에 형성되는 복합적인 시뮬라크르들도 있다.[171] 그래서 우리는 구름 위에 거인들의 얼굴이나 움직이는 형태들이 나타나는 것을 보는 것이다.[172] 에피쿠로스처럼[173] 루크레티우스는 시뮬라크르들이 한 순간에 말로 표현할 수 없는 거리를 주파할 수 있다고 가르친다. 같은 시간에 시뮬라크르들은 햇빛이나 태양열이 하늘을 주파하는 것보다 훨씬 더 많은 공간을 주파한다. 그리고 그는 이 사실에 대한 아주 시적인 '증거'를 제시한다. "밤중에 빛나는 하늘 아래 물거울을 놓아보라. 그러자마자 하늘을 환하게 비추는 빛나는 별들이 거

기에 반사될 것이니." 한 순간에 이미지는 하늘 저 높은 곳에서 지
상에까지 내려오는 것이다.[174]

2. 감각적 시각과 정신적 시각

"이미지는 대상이 우리로부터 얼마나 떨어져 있는지를 우리가 보
고 식별할 수 있게 해준다. 왜냐하면 이미지는 유출되자마자 즉시
그것과 우리 눈 사이에 가로놓인 공기를 밀어내고 쫓아내기 때문이
다. 그리하여 이 [밀려난] 모든 공기가 우리 눈을 통과해 흐른다. 마
치 우리의 눈동자를 씻고 사라져버리듯이. [⋯] 밀려난 공기가 더
많으면 많을수록, 우리의 눈을 씻는 공기가 더 오래 지속되면 될수
록, 대상은 더 멀리 떨어져 보인다."[175] 즉 우리는 밀려난 공기의
양을 지표삼아 우리에게 나타나는 대상들의 거리를 측정할 수 있
다. 우리 눈앞으로 밀려난 공기의 양이 더 많으면 많을수록, 우리
눈을 적시는 바람이 더 멀리서 온 것일수록, 대상은 우리에게 더 멀
리 떨어져 보이는 것이다.

거울에 비친 상과 관련된 문제들(왜 대상은 거울의 **이편에** 나타
나는가? 왜 우리의 거울 이미지는 좌우가 바뀌는가? 등)을 다루고 나
서, 루크레티우스는 감각의 **환영들**이라고 불러 마땅한 것을 검토하
려고 서서히 넘어간다. 그리고 우리가 역시 이미 언급했듯이, 시각
에는 어떤 오류도 없으며, 단지 판단의 오류만 있을 뿐임을 증명하
려고 애쓴다.[176] 확실히 "눈이 사물의 본성을 알 수는 없다."[177] 오
로지 정신의 추론만이 그것을 할 수 있다. 그럼에도 불구하고, 루크
레티우스에 따르면 "눈은 어떤 것에도 속지 않는다."[178] 정지한 듯
보이지만 실제로는 끊임없이 움직이는 별들, 자기가 계속 빙글빙

글 돌면서 모든 것이 자기 주위로 비틀거리며 돌아가고 있다고 생각하는 아이, 우리와 아주 멀리 떨어져 있는 태양이 가깝다는 인상, 우리를 물 위에서 실어 나르는 배가 움직이지 않는다고 보이는 것, 또는 정반대로 강 한가운데에 멈춰 있는 [배 위에서] 혈기왕성한 말이 움직인다고 상상하는 것. "이런 오류들 대부분은 정신이 그 자체에 덧붙이는 의견들에서 비롯된다. 이 모든 경우에, 우리는 감각이 실제로 보지 않은 것을 보았다고 가정하는 것이다!"[179] 따라서 감각을 확실한 것으로 간주하고(이 점에 대해서 에피쿠로스주의자들은 데모크리토스와 플라톤 모두를 비판한다), 감각에 대한 모든 회의주의를 한 치의 양보 없이 비판해야 한다.

　루크레티우스는 이제 시각 이외의 감각들에 대해 말하면서도 에피쿠로스를 따라, 소리나고, 냄새나고, 맛나는 대상들로부터 유출된 물체적 입자들이 우리가 청각, 후각, 미각을 통해 느끼는 이것저것의 원인이라고 반복해서 말한다. 특히 미각과 관련하여, 루크레티우스는 사람들이 왜 같은 것을 두고 달거나 쓰고, 유쾌하거나 불쾌하다고 판단하는지 설명해야 하는 상황에 처한다. 방금 감각되는 것에 객관성을 부여했는데도, 왜 미각의 경우 그것들은 계속 서로 모순되는 듯이 보이는가?[180] 루크레티우스는 감각수용자의 기관이 다양함을 내세움으로써 이 난국에서 빠져나오려 한다. 즉 각자의 입과 입천장을 구성하는 원자들 사이의 허공, 미세구멍, 틈들이 사람마다 균일하게 배열되어 있지 않다는 이유로, 맛 문제와 관련하여 나타나는 이 당황스런 다양성이 설명된다.

　사유의 (특히 꿈속의) 상상은 정신적 시각과 다르지 않다고 루크레티우스는 덧붙였다. 만일 내가 눈의 시각으로 사자를 본다면, 이 사자에서 유출된 시뮬라크르들이 나의 눈을 두드렸기 때문이다. 만일 내가 정신 속으로 사자를 본다면, 이는 "같은 이유로", 더 정확하게 말하자면 "신체의 미세구멍들"[181]을 통과해 정신에 도달하는 훨씬 더 미세한 이미지들이 나의 정신을 움직였기 때문이다.[182] 그러므로 영상을 떠올리는 상상과 눈의 시각의 본성은 동일하다. 주사니(1896)처럼 우리는 시각이 축적된 시뮬라크르들을 지각하는 반면, 사유가 시뮬라크르들을 **개별적인 것으로** 지각한다고 간주할 수 있다.[183] 정신은 **주의**를 기울이려 노력함으로써 지나가면서 사라지는 시뮬라크르들 중에서 특히 어떤 시뮬라크르에 주목한다고 루크레티우스는 우리에게 말했다. 우리가 멍하니 바라보는 무수한 대상들 가운데서 미세한 사물들을 보다 잘 구별하기 위해서 우리의 눈을 그 사물에 고정하듯이 말이다.[184]

3. 반목적론적인 여담

제4편 823~857행을 주의해서 읽지 않으면 우리는 시인이 자연의 질서와 인간 기술의 질서를 대립시킨다고 생각하기 쉽다. 하지만 사실 루크레티우스는 기술을 자연적 과정의 특수한 경우로 묘사하고 있다. 이 구절(그것의 끝은 **자연과 기술의 목적론적인 유비에 반대하는 데** 맞춰져 있다)에서 시인은 모든 신체기관이 그것의 사용방식에 **선행하는 성격**(825~842행)과 기술적 대상들이 그것의 사용방식에 대한 표상에 **후행하는 성격**(843~857행)을 분명하게 대립시킨다.

    우리는 보기 **위해서** 눈을 가지고 있는 것이 아니다. 우리의 다리와 발 역시 걸을 수 있기 **위해서** 지금의 그 모습대로 형성된 것이 아니다. 팔, 어깨, 손은 비록 대칭적으로 배열되어 있지만, 우리가 그 덕에 쉽게 살아남을 수 있도록 그렇게 되어 있는 것이 아니다. 여전히 불충분한 과학을 가지고는 자연 현상들의 원인을 꿰뚫을 수 없었기에, 인간들은 세계의 소란에 신들을 개입시켜야겠다고 상상했다.[185] 그리고 인간들은 순수한 상태의 **선先개념**이 우리에게 애초에 알려준 무위의 신들을, 복수심 강하고 변덕스러우며 항상 분주한 권능(루크레티우스는 [IV, 1239행에서] 누멘^{numen}이라는 단어를 사용한다)을 갖는 허구적 대상으로 대체해버렸다. 플라톤은 『티마이오스』에서 눈은 천체 현상들을 보기 위해 인간에게 주어졌고, 인간과 동물의 근본적인 차이는 전자만이 그들의 신체의 직립 자세와 그들의 영혼의 지성을 결합함으로써 하늘을 이성적으로 바라볼 수 있다는 데 있다고 주장했다.[186] 사실 루크레티우스가 적고 있듯이, "신체 안의 어떤 것[기관]도 우리가 그것을 사용하기 위해 생겨나지 않았다. 반대로 생겨난 것[기관]이 사용을 만든다. 눈이 생겨나기 이전에 어떤 영상도 존재하지 않았으며, 혀가 만들어지기 이전에 어떤 단어의 말도 존재하지 않았다. 반대로 혀의 기원이 말의 그것보다 훨씬 앞에 오고, 귀는 소리를 듣기 이전에 만들어졌다. 요컨대 모든 사지들[기관들]은 우리가 그것을 가지고 할 수 있을 사용보다 먼저 존재했다. 그것들은 우리의 사용을 위하여 만들어졌던 것이 아니다."[187]

달리 말하자면, 아리스토텔레스처럼 자연이나 기술에 항상 목적이 있으며, "이 목적을 위해서 수단들의 연결이 만들어진다"[188]고 생각하는 것은 "사물들의 관계를 뒤집는 추론"[189]을 하는 것이다. 더욱이 이 잘못된 원리로부터 뤼케이온의 철학자는 "제1원인은 **무언가를 위한 것**[목적인]$^{\text{to ou heneka}}$이라고 우리가 부르는 것"[190]이라고 간주할 수 있었다. 그래서 아리스토텔레스는 시각은 동물이 보기 위해 쓰이며, 동물은 먹이의 성질을 지각하기 위해서 미각을 갖는다고 결론지었다.[191] 『동물들의 부분에 관하여』의 모든 설명들은 이 정도로 **정당화**된다. 인간의 혀는 그것의 두 기능, 즉 맛을 보고 소리를 분절하는 기능을 채우기 위해서 가장 잘 움직이고, 가장 부드러우며, 가장 넓은 것이다.[192] 팔 관절은 우리가 쉽게 음식물을 먹을 수 있도록 획득된 방식으로 접히는 것이다![193]

이런 식으로 사태를 해석하는 것은, "도처에서 결과를 원인 앞에 두는 것"[194]이며, 결과의 시간적 순서를 뒤집어서 추론의 전제의 자리에 우리가 그 전제로부터 끌어내고자 하는 결론들을 대신 집어넣는 것이다. 게다가 명백히 루크레티우스는 여기에서 스토아학파가 발전시켰던 인간중심주의적인 과도한 목적론을 공격하고 있다. 그러나 논쟁의 폭은 훨씬 더 넓지 않을까 싶다. 그것은 유물론과 사변철학의 논쟁이기도 하다. 또한 우리가 지금 다루고 있는 텍스트에서 루크레티우스가 썼던 용어들을 그대로 스피노자의 글에서 발견한다는 것은 놀라운 일이다. 『윤리학』 1부 부록에는 다음과 같은 구절이 나온다. 목적론적인 학설은 "자연을 전적으로 뒤집는다. 왜냐하면 그것은 사실 원인인 것을 결과로 간주하고, 그 역도 마찬가지이기 때문이다."

반대로 기술적 대상의 경우에, 사용은 똑같이 도구^{organon}에 뒤이어 오는 것은 아닌 듯 보인다. "인간들은 불화살들이 날기 훨씬 전에 전투에서 손으로 싸웠고, 사지를 절단하고, 그것을 피로 물들였다. 기술에 의해 왼팔에 방패가 주어지기 전에, 자연은 인간들에게 상처를 피하는 법을 가르쳤다. 확실히 지친 신체를 쉬게 놔두는 것은 부드러운 침대보다 훨씬 오래된 것이다. 그리고 갈증을 해소하는 것은 물컵의 발명보다 더 오래된 것이다."[195] 여기에서 필요

(욕구)는 그것 자체를 충족시키기 위한 수단들을 발생시키는 직접적인 원인이다. 그러므로 우리는 기술이란 영혼과 표상에 먼저 존재하고 **그 다음에야** 비로소 비유기적 자연에 등록되는 어떤 기획, 어떤 예견적 생각의 현실화라고 정의할 수 있을 것 같다. 그러나 우리가 방금 주장한 것은 **첫 검토에서만** 참일 뿐이다. 자연적 기관들의 형성 과정과 기술적 대상들의 제작 과정 사이의 대립은 보이는 것만큼 딱 잘라지는 것이 아니다. 기술 발명은 자연적 과정 중에 생산되는 것과 완전히 **정반대되는** 방식으로 결코 전개되지 않는다. 왜냐하면 '나는 발견했다!'eurēka라는 관념의 원리, 다시 말해 우리에게 어떤 유용함을 가져다줄 수 있는 대상을 미리 우리에게 표상해주는 정신적 시뮬라크르의 원리에는 예나 지금이나 자연이라는 보편적 교육자가 있기 때문이다. 자연의 스펙터클, 즉 감각경험들의 축적만이 새로운 생각들을 우리 안에 싹틔울 수 있다. 예를 들어 인간들이 우연하게 불을 피우는 방법을 발견해낼 수 있게 한 것은 어떻게 하면 부싯돌을 잘 쓸 수 있을지에 대한 사전숙고가 아니라 바로 자연이다. 갑작스레 어느 사물에 불을 붙이는 벼락, 또는 나뭇가지의 마찰과 적절한 바람의 작용에 의해 마침내 일어난 화재, 이런 것들이 우리의 먼 조상들에게 불의 효과를 증명해주고, 그것을 얻을 수 있는 수단들을 주었을 것이다.[196]

루크레티우스는 이어서 다양한 자연적 기능들에 대한 반목적론적 설명에 몰두한다. 굶주림과 목마름은 계속되는 원자들의 손실(생기 없는 신체들보다 더 생명체들을 특징짓는 것)에 의해 패인 허공들을 메울 것을 요청한다. 걸음의 경우, 운동의 시뮬라크르들simulacra meandi이 먼저 우리의 정신을 두드린다. 그로부터 움직이고자 하는 의지$^{\text{inde voluntas fit}}$가 생겨난다. 정신^{animus}이 곧 영혼^{anima}과 부딪치고, 영혼은 또다시 신체와 부딪치고, 그리하여 신체가 점차 움직이기 시작한다. 잠은 "유기체가 점차 황폐해질 때" 온다.[197] 꿈, 특히 청년들이 꾸는 에로틱한 꿈들은, 그들이 꿈꾸는 대상이나 사람들에서 유래한 시뮬라크르들 때문에 일어난다. 그리고 만일 각자에게 특히 좋아하는 꿈, 가령 (변호사에게는 변호하는 꿈, 뱃사람에게는 항해하는 꿈처럼) '직업적인' 꿈들이 있다면, 이는 각자가 끊임없이 자신과 관련된 이미지들을 수용하고, 또 그런 이미지들에 특히 열려 있기 때문이다. 다시 말해 원자들의 집적체인 우리 안의 미세구멍들, 허공들이 어떤 이미지들보다는 다른 어떤 이미지들을 특권적인 방식으로 받아들이도록 배열되어 있기 때문이다. 이 '낮의 잔재들' (프로이트는 훨씬 뒤에 그것들이 모든 꿈 가공의 기원에 있음을 강조했다)을 보다 구체적인 방식으로 이해하기는 어렵다.

4. 사랑이라는 정념의 광기

사랑에 대해 다룰 때, 루크레티우스는 뷔퐁 후작[198]이 말하게 되는 것과 거의 비슷한 것을 주장했다. [사랑에서] 쓸모 있는 것이라고는 사랑의 정념에 대한 자연학뿐이라는 것이다. 단순한 에로틱한 욕망(이는 이론의 여지없이 **자연적**이다)과는 반대로 사랑이라는 정념은 현자가 보기에 무절제다. 마음에 드는 사람을 보면, 정액이 어떤 신경부위에 집중되며, 무엇보다 특히 생식기가 각성된다. 그래서 우리의 욕망이 원인이 되는 대상에 이 체액을 퍼뜨리고자 하는 의식적인 의지가 생긴다. 욕구불만을 해소하고 쾌락을 가져올 수 있도록 말이다. 그러나 거기에 결국 더 격하고 딱딱해질 수 있는 종기 같은 정념이 덧붙게 된다. 이 독특한 구절에서 루크레티우스는 애정관계와 성관계의 투쟁적인 성격을 강조한다. 사랑하는 사람들은 흥분 상태에서 서로의 격정의 대상을 아프게 한다. 그러니 미트리다트^{Mithridate}를 좇아서 사랑의 정념이라는 이 치명적인 독의 분노를 예방하는 것이 더 낫다. 달리 말해 마주침의 비너스를 계발하는 것이 더 낫다.

우리는 애인에게 우리의 자유를 양도한다. 그리고 우리는 애인과 교제하면서 질투와 초조한 불안만을 끌어낼 뿐이다. [사랑의] 정념은 적어도 세 가지 구분되는 의미에서 소외라고 할 수 있다. 첫째, 루크레티우스에 따르면 순전한 정신착란, 정신적 형성은 환각과 마찬가지로 시뮬라크르들에 기초하며 우리로 하여금 공상하게 만든다. 둘째, 애인은 자신이 처한 절대 종속의 상황 때문에 그의 애인에게 자신의 자유를 양도한다. 마지막으로, 사랑은 그런 올가미가 우리의 능동적인 공모를 요구한다는 의미에서 소외다. 왜냐하면 "정념에 눈멀기"[199] 위해서는, 일단 눈을 감아야 하기 때문이다. "정념에 눈먼 모든 남자들에게 가장 흔한 결점은, 그들이 사랑하는 그녀들에게 그녀들이 갖지 않은 장점들을 부과한다는 것이다."[200] 즉, 그들은 사랑하는 그녀들의 모든 도덕적, 신체적 결점들에 **눈을 감는** 것이다. 애인들의 이야기에서는 짜리몽땅한 여인이 [미의 3여신 중 하나이자] 순수한 소금 알갱이가 되고, 거구의 여인이 영예로 충만한 여신이 되며, 가슴 큰 여인은 케레스[201]가 되고, 삐쩍 마른 여인은 날씬한 애인이 된다.[202]

사랑은 무제한적인 정념의 유형 자체다. "그것은 우리가 더 많이 가지면 가질수록, 격한 욕망으로 우리의 가슴이 더 불타게 되는 유일한 경우다."²⁰³⁾ 음료와 음식은 유기체 안에서 고정된^{certas} 자리를 차지할 수 있기 때문에,²⁰⁴⁾ 목마름과 배고픔은 쉽게 채울 수 있다.²⁰⁵⁾ 반면에 사랑은 본질적으로 방황, 달랠 수 없음, 하나의 유일한 대상 때문에 일어난 치유할 수 없는 빈혈 상태이다. 사랑을 소유한 순간조차, 사랑하는 이들의 병적인 격정은 전혀 고정되지 않는다. 그들은 먼저 눈으로 즐기는 것일까? 손으로 즐기는 것일까? 한번 **사랑에 빠진** 이에게 행복한 포옹이란 존재하지 않는다. 사랑이란 어느 것도 그것을 한정할 수 없고, 어떤 것도 그것을 제한할 수 없는, 한마디도 자제하기 힘든 무수한 욕망들의 완벽한 사례이다. 왜냐하면 사랑의 대상은 무한하고$^{in\text{-}certus}$, 정념은 실패하기 마련이기 때문이다. 〔사랑의〕 가혹함의 근원이 바로 거기에 있다.

루크레티우스의 사랑 비판은 우리가 말했던 꿈의 형성을 상술한 뒤에 바로 이어진다.²⁰⁶⁾ 두 논의가 이처럼 거의 병렬되어 있는 이유는, 분명히 이 두 현상이 엄격하게 유비적인 관계 하에서 발생하기 때문이다. 사랑은 한 밤의 꿈처럼 정신에 인상을 남긴 시뮬라크르들에 대한 정신의 주의 부족 때문에 생겨난다. 사랑의 우연적 원인은 꿈의 그것과 마찬가지로 기원이 같은 시뮬라크르들의 축적에 있다. 그렇다면 어째서 사람들은 보통 사랑할 때 자유보다는 종속을 더 선호하게 되는가? 프로이트처럼 말하자면, 루크레티우스는 환상의 부분적인 비실재성이 정신적 인격 자체에 대한 **경제적** 이해의 양상을 띤다는 사실을 분명하게 지적했다. 그리고 이것이 아마도 우리가 방금 던진 질문에 대한 그 자신의 답변일 것이다. "일단 잠에 포박되면"²⁰⁷⁾ 아무리 정숙한^{puri} 사람들이라 하더라도 소변기 앞에서 옷을 걷어 올리는 꿈을 꾸고, 괄약근에 이미 힘이 풀려 이부자리를 흥건히 적시기 시작한다고 루크레티우스는 위 구절[IV, 1027행] 직전에 적었다.208) 이러한 묘사는 우리에게 시인이 밤중의 꿈을 **잠의 수호자** 노릇을 할 수 있는 것으로 간주하고 있음을 확인해준다. 스탕달이 훨씬 뒤에 "결정작용"cristallisation 209)이라고 부르는 것도 역시 비참한 가사자들이 유사한 환영 속에 머물게 만든다. 그들은 서로에게 말한다. 철학에로 과감히 전향하는 것이 아니라, 평범하게 어떤 여성을 손에 쥐는 것이 우리의 욕망을 메우기에 충분할 것이라고. 서커스 공연을 꾸준히 본 몽상가들의 정신 속에는 계속 "길이 열려 있다."210) 그 길을 통해 비슷한 사물의 시뮬라크르들이 흘러들 수 있을 뿐 아니라, 그들은 "깨어 있는 순간에도"211) 똑같은 것을 계속 보게 된다. [이런 몽상가와 다름없는] 사랑에 빠진 자들은 매일 조금씩 더 그들의 정부情婦의 시뮬라크르들에 사로잡힌다. 왜냐하면 그들의 정신은 결국 이 특수한 종류의 모사물들이 다른 어떤 것보다 더 쉽사리 정신에 투과될 수 있게 하는 데 부합하는 통로들을 열어두기 때문이다. 이 모든 사실로부터 우리는 다음과 같이 추론해야 한다. 사랑은 에로스eros의 프로스독사조메논, 즉 의견이 욕망에, 나아가 성적 쾌락에 덧붙여지는 것으로 나타난다고 말이다. 현자는 "사랑을 피하는 자"212)이자 건강한 사람213)이다. 결국 이것들은 동일한 인간, 곧 에피쿠로스적인 철학자를 지칭하는 세 가지 방식이다. 왜냐하면 베일리가 적고 있듯이, 사랑을 공격하는 격렬한 태도는 아마도 루크레티우스 본인의 것이었을 테지만, 시인이 여기에서 확인된 바와 같이 잘 정립된 에피쿠로스 전통을 따랐으리라는 것은 틀림없기 때문이다.214) 에피쿠로스가 명시적으로 선언했듯이, 현자는 사랑에 빠지지 않으며, 신들이 사랑을 보냈다는 말은 참이 아니다.215)

| 5 | 세계의 형성과 지상의 생명의 진화 : 제5편

에피쿠로스를 신격화(루크레티우스는 "그는 신이었다"고 주장했다)[216]하면서 시작하는 제5편은 차례대로 이 세계의 역사와 이 땅에 사는 인류의 역사에 대해 말한다. 보다 정확히 말해 그것은 길이가 일정치 않은 세 부분들로 이뤄져 있으며, 다음의 것들을 다룬다. (1) 세계의 형성과 파괴(91~508행). (2) 우리가 세계에서 관찰할 수 있는 별들(509~770행). (3) 생명의 진화, 지구상에서 인간 문명의 진화(771~1457행).

머리말

루크레티우스는 자연 환경이 인류에게 주는 시련들에 대해 (종으로서의) 인류가 내놓은 답변이 집단적일 수밖에 없음을 꾸준히 보여준다. 그러면서도 그는 총 여섯 편의 노래 가운데 네 편을 여는 네 번의 찬양[217]에서 에피쿠로스의 도래를 근본적인 시작처럼 언급한다. 더욱이 오로지 한 사람에게서 기인한 시작 말이다. "처음으로"^{primum}(I, 66) 그는 종교에 맞서 눈을 치켜떴으며, "처음으로" 자연의 단단히 닫힌 문을 부수고 들어갔다.[218] "처음으로"^{primus}(III, 2) 그는 삶의 진정한 선善들을 우리에게 보여주었다. "처음으로"^{princeps}(V, 9) 지혜의 규칙들을 정식화했다. 그의 도시는 "처음으로"$^{[Athenae\cdots]\ primae}$(VI, 4) 인류의 은인을 세상에 나오게 함으로써, 삶의 달콤한 위안들을 가사자들에게 보장해주었다. 니체가 자신에 대해 노골적으로 말한 것처럼, 그런 인간은 "인류의 역사를 두 토막으로 쪼갠다. 사람들은 그 사람 **이전**과 그 사람 **이후**를 본다."[219]

그래서 루크레티우스는 다음과 같이 적고 있다. "그는 신이었노라, 고귀한 멤미우스여, 그는 지금은 지혜라 불리는 삶의 규칙ratio을 최초로 발견한 신. 자신의 기예를 통해 삶을 그토록 [커다란] 폭풍우와 그토록 [깊은] 어둠에서 구해내어, 그러한 고요와 그리 밝은 빛 속에 위치시켰으니."[220] 시인은 결국 에피쿠로스라는 신이 있고, 루크레티우스 자신이 그 신의 예언자라고 주장하는 것 같다.

1. 우리 세계의 역사

루크레티우스는 세계가 소멸할 것이라고 가르쳤다. 세계는 무시무시한 지진이나 다른 대재앙의 결과로 이르든 늦든 멸망할 것이다.

시인은 무엇보다 세계에서 어떤 호의적이거나 섭리적인 의도의 징표들을 찾아내려는 모든 인간중심주의적인 개념, 모든 목적론의 허망함을 보이려 시도했다. 세계의 어떤 부분도 신적인 본성에 속하지 않으며, 영원히 존속할 수 없다. 대지도, 바다도, 하늘도, 천체도 그것들이 영혼을 가질 수 있게 해줄만한 조건을 채우지 못한다. 이 때문에 신들은 세계에 그들의 거처를 갖고 있지 않다. 또 다른 증거. 신들이 창조하거나 조직한 것이 아니기에 세계는 결코 불멸할 수 없다. "그들[신들]이 인간들을 위해서 세계의 찬란한 본성을 준비하길 원했다고, 따라서 그것을 두고 신들의 경탄할만한 작업이라고 찬양해야 하고, 또 그것이 영원불멸하다고 생각해야 한다고 말하는 것, 그리고 신들에 대한 고대의 지혜가 인류를 위해 영원히 세웠던 것은 어떤 힘에 의해서도 그것의 토대가 흔들려서는 안 되고, 담론에 의해 비난을 받아서도 안 되며, 아래부터 위까지 [완전히] 뒤집혀져서도 안 된다고 말하는 것. 이 모든 주장 그리고 이런 종류의 모든 상상은 완전히 미친 짓이다. 멤미우스여. 영원한 지복을 누리는 존재가 우리의 감사에서 무언가 얻어 보겠다고, 우리를 위해서 무엇이든 하려 하겠는가? 수 년 간의 휴식 이후 그들이 이전의 삶을 바꾸려 할 때, 어떤 새로운 것이 주어질 수 있겠는가?"[221] 이전까지 존재하지 않았던 세계의 모델이나 인간 개념, 이것들은 어디에서 그들에게 올 수 있었겠는가?[222]

경작 가능한 땅의 희소함. 유일하게 우리의 존속을 보장할 수 있는 고된 일. 우리에게 닥칠 수 있는 병과 사고들. 막 세상에 태어났을 때 동물 새끼보다 더 취약한 인간 아기의 무력함. 우리의 존재 조건에서 모든 것은 우리의 안녕이나 인간종의 안락에 특별히 신경을 쓰는 어떤 섭리도 존재하지 않음을 가르쳐준다.

소멸할 수 있는 부분들로만 이루어졌기에, 세계는(다른 모든 것들과 마찬가지로, **우리의** 세계도) 통째로 소멸할 수 있다. "내가 이 세계의 커다란 부분들과 구성원들이 소모되고 다시 태어나는 것을 볼 때, 하늘과 땅 역시 최초의 시간을 가졌으며 언젠가 궤멸해야 한다는 사실을 나는 확신할 수 있다."[223] 모든 것은 영속적인 흐름 속에 있다. 땅은 먼지가 되고, 비는 땅에 골짜기를 내고, 강줄기는 땅을 침식한다. 바람은 물을 쓸어가고, 태양은 햇빛으로 물을 퍼올려 그것의 부피를 줄인다. 공기는 모든 것에 그것이 계속해서 겪는 손실들을 보충하고, 아주 짧은 시간 내에 붕괴되지 않을 수 있도록 하는 요소들을 쉼 없이 제공한다.[224] 또한 간단한 구름에도 차단되는 태양의 빛나는 불은 매캐한 연기를 내뿜는 횃불의 반짝이는 불과 마찬가지로 쉼 없이 갱신되는 유출을 통해서 빛을 우리에게 보낸다. 즉, 불꽃은 다른 불꽃들이 점차 형성되면서 쉼 없이 사그라진다. 이 새로운 불꽃들이 우리를 계속해서 비춰주는 것이다.[225] 우리 눈앞에 주어지는 어떤 다른 원소들과 마찬가지로 불 역시 불멸성을 주장할 수는 없다 해도 과언이 아니다.

일부 신화들에서 다뤄지는 불과 물의 거대한 투쟁은 이 세계의 소멸이 예고된 파국임을 확증해주며, 이 세계의 붕괴가 불가피하다고 예견한다. 대중종교가 퍼뜨리는 가장 기괴한 신화들에 대한 알레고리적인 해석을 이어나가면서,[226] 루크레티우스는 파에톤 전설을 언급한다. 아폴론과 클뤼메네의 아들, 즉 반은 신이고 반은 인간인 파에톤은 자신의 신적 혈통을 주장하기로 마음먹는다. 그래서 그는 아폴론에게 이를 확인받기를 간청하러 간다. 아폴론 신은 맹세코 그의 아들이 비는 첫 번째 소원을 들어주겠노라고 곧바로 약속한다. 파에톤은 그의 아버지에게 하루 동안 태양마차를 끌도록 허락해달라고 요구한다. 아폴론은 버럭 소리를 지르며 파에톤더러 그 소원을 거두어들이라고 종용한다. 결국 자신이 내뱉은 말 때문에 하는 수 없이 아폴론은 아들의 정신 나간 고집에 굴하고 만다. 아주 빠른 속도로 태양마차는 위험하게 땅을 향해 접근해갔다. 그리하여 아프리카는 사막이 되고, 아프리카인들의 얼굴색은 검게 그을린다. 결국 제우스는 파에톤에게 벼락을 내리쳤다. 파에톤의 무절제한 행위를 벌함으로써, 제우스는 동시에 이 정신 나간 야심가가 온통 불바다로 만들지 못한 지구를 구한다.[227] "이것이 옛 그리스 시인들이 노래했던 것이다. 허나 이는 참된 추론에서 얼마나 멀리 떨어져 있는 것이냐"고 루크레티우스는 경고한다.[228] 헤시오도스는 파에톤에 대해 말했고, 아이스퀼로스와 에우리피데스 역시 이 전설을 다루었다.[229] 신들의 마그나 마테르〔퀴벨레〕 신화에서처럼 옛 시인들의 언급은 독자의 정신에 필수적인 거리두기를 도입하며,230) 결국 그 이야기에 꽤 아이러니한 손질을 가한다. 이어서 시인은 보편적인 대홍수 신화를 암시하면서 말한다. 물은 예전에 한데 모였다가 온 도시국가의 인간과 재산들을 쓸어버렸다.231) 그래도 우리는 그럴듯해 보이지 않는 이 우화들을 진짜 대재앙에 대한 몽환적인 울림으로 간주해야 한다. 옛날에 실제로 일어났고, 내일 세계의 진정한 종말의 원인이 될 수도 있을 그런 대재앙 말이다.

이제 루크레티우스의 우주발생론에 대한 설명이 시작된다. "확실히 어떤 구상이나, 기민한 정신 때문에 사물의 근원들이 각자 제자리로 정렬되는 것이 아니다. […] 그러나 수천 가지 방식으로, 무한한 시간 이래 무수한 외부의 충격에 의해 부딪히고 자기 자신의 무게에 의해 휩쓸리는 셀 수 없이 많은 사물의 근원들은, 쉼 없이 움직이고, 온갖 방식으로 결합하며, 그들의 다양한 결합이 가능케 하는 온갖 창조들을 시도한다. 따라서 영원히 떠돌고, 모든 결합, 모든 가능한 운동을 시도해본 덕분에, 그것들은 결국 갑자기 모여서 이 커다란 사물들, 육지, 바다, 하늘, 생명체들의 기원이 되는 이 결합물들을 형성하기에 이른다."232) 압데라학파와 마찬가지로 루크레티우스의 경우에도, 비슷한 원자들이 서로를 향해 수렴됨에 따라 최초의 혼돈이 점차 걷히기 시작한다. 흙 원소들이 무게 때문에 가장 먼저 회오리 안에서 중심을 향해 모이려는 경향을 보인다. 그것들은 그것들의 물질 바깥으로 바다, 별, 태양, 달, 그리고 모에니아 문디^{moenia mundi}(가볍고, 특히 휘발성 있는 에테르로 이루어진 세계의 불타는 벽)를 형성하게 될 원자들을 쫓아낸다. 이어서 대지의 융기가 일어난다. 에피쿠로스주의자들이 평평하다고 믿었던233) 이 대지의 융기가 차츰 이루어진다. 그리고 바다, 평원, 산이 점차 그 윤곽을 획득하게 된다.

2. 천문학

항성들의 겉보기 운동과 지구의 (사실, 역시 겉보기인) 부동성을 다루면서 루크레티우스는 두 가지 설명이 가능하다고 제안했다. 지구는 움직이지 않고 세계의 중심에 위치해 있기 때문에, 우리는 하늘이 전체적으로 돌고 있으며 하늘이 그렇게 돌면서 별들도 함께 이끈다고 인정해야 한다. 아니면 하늘은 움직이지 않고 별들이 운동하고 있다고 인정해야 한다. 그리고 시인은 곧바로 이 별들의 운동에 관해 **세 가지** 가능한 원인들을 열거한다. 하늘에 가두어진 별들이 무한정하게 출구를 찾으면서 회전한다. 아니면 어떤 기류가 하늘 바깥에서 그 안으로 통과해 들어와서는 별들을 회전하게 만든다. 아니면 **불**로 이루어진 별들은 그것들에게 타오를 수 있는 양분을 제공할 수 있는 것이 있는 쪽으로 움직인다.[234] "이 원인들 중 어떤 것이 우리 세계에 놓여 있는지 확실하게 말하기는 어렵다. 그러나 전체[우주]에 있는 다양한 방식으로 만들어진 다양한 세계 안에서 무엇이 만들어질 수 있고 또 만들어지는지, 나는 그것을 가르친다. 전체에 걸쳐 무엇이 별들의 움직임을 설명할 수 있는지, 나는 그 여러 원인들을 제시하는 것이다. 그 원인들 중 우리 세계에서 별들을 움직이게 만드는 것은 하나뿐이다. 하지만 그것은 무엇일까? 한 걸음씩 나아가는 누구도/무엇도 그것을 알려줄 수 없다."[235] 우리는 여기에서 다양한 설명들에 대한 (에피쿠로스의) 방법[236]을 처음으로 적용한 사례를 보는 동시에, 현재의 과학 상태로 우리가 정식화할 수 있는 가설들의 수를 '한 걸음씩' ^{pedetemptim} 줄여나가는 가능성에 대한, 즉 과학에서의 어렴풋한 신앙고백을 엿볼 수 있을 것이다.

태양, 달, 별의 크기와 관련하여, 루크레티우스는 차마 들어줄 수 없는 몇 가지 발언들을 서슴지 않고 써내려간다. 예를 들어 "태양륜太陽輪과 그것이 발산하는 열기는 우리 감각에 보이는 것보다는 더 크지도 더 작지도 않을 수 있다!"[237] 그리고 루크레티우스는 이제 우리가 이해하게 된 방식을 따라 하루 밤낮(1주야)이 교대로 바뀌는 원인에 대한 여러 설명들을 제안한다. 만일 밤이 그것의 거대한 어둠으로 대지를 뒤덮는다면, 이는 [낮 동안] 태양이 횡단하면서 공기와 반복적으로 부딪치며 충격을 받아 매일 밤 [그 열기가] 사그라지기 때문이거나, 태양이 [밤에는] 자신의 경로를 바꾸어 대지 아래로 움직이기 때문이다.[238] 그리고 그는 달빛과 달의 상像(데모크리토스가 주장했듯이, 달은 태양에서 그것의 빛을 받거나, 아니면 달 자체가 빛을 내거나, 아니면 **하나**의 달이 있는 것이 아니라 **여러** 달이 있는 것, 즉 날마다 새로운 달이 있는 것이다!), 그리고 식蝕 등의 원인들에 대해서도 설명한다.

3. 대지의 역사. 문명의 시작

시인은 제5편, 771행에서부터 대지 위의 생명의 시작에 관하여 묘사한다. 나무, 새, 지상의 동물들은 땅과 하늘의 충만한 새로움 속에서 성장하기 시작한다. 루크레티우스에 따르면 이 최초의 생명체들이 형성되도록 만드는 것은 주로 열기와 습기이다. 이는 데모크리토스가 주장했던 것과 완전히 맞아떨어진다. 데모크리토스의 주장에 따르면 열기가 지표면에서 발효를 유발하게 되면, 도처에서 촉촉한 부분들이 부풀기 시작하고, 그 부분들 주위에 미세한 막들로 둘러싸인 일종의 화농들이 생겨나게 된다.[239] [그리하여] "대지에 뿌리박은 모체들이 돋아난다"고 루크레티우스는 적었다.[240] 그리고 머지않아 새로 생겨난 것들이 이 모체들을 깨고 나와 [물과] 공기를 빨아들이려 노력할 때, "자연은 그것들의 구멍을 통해 젖과 같은 액을 부을 수 있도록 대지의 수로를 그들로 향하게 만든다."[241] 에피쿠로스가 이 문제에 대해 말했던 것을 보고하는 한 텍스트에서 우리가 읽을 수 있듯이, 최초의 젖먹이들은 "그렇게 길러졌고", "그것들이 성인의 단계에 도달하면, 그것들은 인간종을 번식시키게 된다."[242]

루크레티우스는 이어서 다음과 같이 말했다. 확실히 자연은 이제 소진해가는 과정 중에 있다. 그러나 우리는 여전히 오늘날에도 비와 태양의 열기 때문에 발생하는 여러 동물들의 탄생을 관찰할 수 있다.[243] 달리 말해 시인은 독자가 머릿속으로 생명체가 무생명체에서 어느 날 자연스럽고 자생적으로 태어났다는 생각을 보다 잘 '받아들이도록 만들기' 위해서, 애벌레들이 저절로 발생하는 모습을 기초로 설명하고 있다.

대지는 괴물들, 손발이 없거나 앞을 보지 못하는 존재들, [다른 존재를] 포획하는 기관이 신체에 붙어 있는 존재들, 그리고 꾀도, 빠름도, 힘도 갖지 못한 온갖 종류의 존재들을 만들기도 한다. 그러나 자연은 이 모든 것들이 영속하지 못하게 막는다. 그것들은 비너스의 행위[교미]를 통한 성적 결합을 하지 못하거나, 그것들의 구성에 문제가 있어 포식자로부터 달아나지 못하거나 한다.[244] 그래서 수차례의 시행착오를 거쳐 대지는 결국 갖가지 종들을 개화하게 만든다. 살아남기 위한 일반적 투쟁 속에서 가장 적합한 것들은 자신들의 장점을 충분히 이용한다. 오로지 이 자연선택으로 오늘날까지 동물들이 존속해 있는 까닭―(아리스토텔레스적이고, 스토아적인) 목적론자들은 이를 두고 어리석게도 〔자연의〕 조화를 찬양하느라 시시덕거리지만—을 설명할 수 있는 것이다.

시인이 묘사하는 최초의 인간들은 "짐승과 다름없는 부랑자" 생활을 했다.[245] 최초의 인간들은 더 크고 단단한 뼈를 가지고 있었다. 그 단계에는 농경이 없었다. 각자는 도토리나 소귀나무 열매 같은 나무 열매를 채집해서 먹었다. 불을 모르던 그들은 벌거벗은 채 살았고, 나뭇가지 덤불 속에 몸을 피했다. 이 최초의 인간들 간에는 어떤 유대도 지속되지 않았다. 각자 자신이 모은 것으로 살아갔다. 그들의 관계를 규제할 관습도 법도 없었다. "그리고 비너스는 숲속에서 연인들의 신체를 결합시켜주었다. 여성은 자신의 욕망에 이끌리거나, 남성의 격렬한 폭력이나 과도한 성욕에 사로잡히거나, 이득(도토리, 소귀나무 열매, 추려놓은 배) 때문에 그렇게 한다."[246] 조제프-앙리 로니가 『불의 전쟁』에서 이야기한 원시인들 같은 우리의 먼 선조들은 때때로 나뭇잎을 펼쳐 만든 자신들의 잠자리를 성난 멧돼지나 힘센 사자에게 겁에 질려 내놓곤 했다고 루크레티우스는 덧붙인다.[247] 지나가는 김에 지적해보자면, 이것은 에피쿠로스가 이 주제에 대해 당시에 작업했던 **기원전 5세기로 되돌아가는** 방식이다. 플라톤과 4세기 작가들은 분명히 황금시대를 찬양했다. 하지만 그들보다 앞선 데모크리토스와 기원전 5세기 작가들은 대개 최초의 인간들을 동물들보다 더 취약한 존재들, 뿔뿔이 흩어져서 살고 셀 수 없는 위험에 노출된 존재들로 묘사했다. 루크레티우스는 그의 시 제5편에서, 본질적으로 데모크리토스에서 기원하는 이러한 가르침, 그리고 기원전 5세기에 유행했던 인간학적 관점들로의 회귀를 되풀이한다.[248]

이 최초의 인간들 중 일부는 우연히 맹수들에게 산 채로 잡아먹히고, 살아 있는 무덤에 매장당한(맹수에게 물린) 자신의 생살들을 보면서 울부짖곤 했다. "난도질된 신체를 이끌고 도망쳐서 목숨을 건진 다른 이들은 이후 그 흉측한 상처를 떨리는 손으로 붙잡고, 공포에 질린 비명을 지르며 오르쿠스(저승의 신)를 부르곤 했다. 잔인한 고통이 그들의 생명을 앗아갈 때까지. 아무런 도움도, 그들의 상처에 필요했던 아무런 치료도 받지 못한 채. 그러나 우리는 깃발 아래 징집된 수천 명의 사람들이 단 하루 만에 전멸하는 것을 보지 않았더냐. 풍랑이 이는 바다의 물결이 배와 그 선원들을 암초 위에 산산조각내지 않더냐. 바다는 아무런 목적도 없이, 헛되이, 순수한 손실로 불어나고 격노하며, 헛된 위협을 아무런 이유 없이 내버려둔다. 누구도 잔잔해진 바다 물결의 음험한 유혹의 미소가 친 함정에 빠지지 않는다. 터무니없는 항해술은 여전히 어둠 속에 있었다."[249] 로그르가 예전에 언급했던 것처럼, 루크레티우스는 진보에 대해서 "그래, 하지만……"이라고 말하기를 멈추지 않았다.[250] 마찬가지로 이런 뜻에서 제5편의 기이한 구절을 보라. 그 구절은 인간이 일부 가축이나 야생동물을 공격술과 살육술에 투입하면서 보여주었던 항상 보다 교묘한 도착倒錯을 다룬다.[251] 자연 질서의 도착은 결코 인간에 대한 맹수들의 공격성에 있는 것이 아니라, 인간이 자연적으로 힘세고(코끼리), 빠르며(말), 그 체액 구성 때문에 극히 사나운(사자) 존재들을 이용하기로 계획하고, 그 동물들의 신체를 개량한 다음, 자신들이 구상한대로 그들의 특성을 몇몇 야만적 행위에 써먹는다는 사실에 있다. 따라서 원시인들의 경우, "그들의 기운 빠진 사지들을 죽음으로 이끈 것은 식량 부족이었지만, 이제는 반대로 넘쳐나는 식량이 인간들을 삼켜버린다. 옛날에 인간들은 자주 무지해서 스스로 독약을 먹곤 했지만, 오늘날은 [독약에 대해] 더 잘 알게 되었기에 다른 이들에게 그것을 준다."252)

이 긴 인용문을 검토하고 보니, 우리는 초기 문명의 진보를 다루는 이 제5편에 어떤 이중성이 있음을 간파할 수 있다고 사람들이 믿었던 이유를 이해할 수 있을 것 같다. 루크레티우스는 거기에서 진보의 미덕들을 노래하는 듯이 보이지만, 동시에 그 진보의 실질적 효과들 대부분을 유감스럽게 생각했다. 아주 도식적으로 말해서 시인은 루소의 옛 선구자일까, 콩도르세의 선구자일까? 하지만 우리에게 아주 친숙한 이런 진보 관념이 루크레티우스의 주 관심사는 아니었음을 지적해야 한다. 사실 제5편은 **우선** 세계의 발생 및 문명의 탄생과 발전에서 모든 성스러운 것에 대한 관념, 즉 모든 신적인 개입을 제거하려고 쓴 것이다.253) 또한 인간 역사의 **세속화**, 달리 말해 신학적 설명들을 시간이 흐르면서 인간 본성이 천천히 성숙해 갔다는 것으로 대체할 필요성, 바로 이것만이 루크레티우스가 왜 잠시나마 역사철학으로 우회했는지를 충분히 설명할 수 있다. 그러므로 오히려 역사의 **양가성**이라고 부를 수 있는 것이 이 문화적 사건들―언어의 탄생, 불의 발견, 강제적 제도의 형성, 종교의 탄생, 여러 기술들(제련술, 직조술, 농기술, 음악 등)의 탄생―각각의 타고난 통일성을 이루는 듯이 보인다. 시인은 제5편 말미에서 이 모든 사건들을 질서정연하게 검토했다. 이처럼 루크레티우스에 따르면 **모든** 생성 단계에서, 인류는 비록 불균등하게 발전할 때도 있지만, 늘 선의 길과 악의 길로 동시에 나아간다.

| 6 | 하늘과 땅 사이 : 제6편

마지막 여섯 번째 노래는 다음의 것들을 설명한다. (1) 여러 대기 현상들. 예컨대 천둥, 번개, 벼락, 소용돌이, 구름 그리고 비 (96~534행). (2) '지상에서 빚어지는' 현상들. 지진, 화산 폭발, 나일 강의 범람 등과 같이 특히 걱정과 미신적 두려움을 불러일으키는 것들(535~1137행). 루크레티우스는 이 현상들 각각을 위해 여러 가능한 설명들의 **목록**을 제안한다. 이 목록은 이 현상들이 불러일으키는 불안과 헛된 공포를 해소시키기에 충분하다. (3) 이어서 병과 전염병에 대해 몇 마디하고 나서, 그는 현재 남아 있는 상태와 같은 시의 에필로그 부분으로 넘어간다. 시인은 투퀴디데스에게 영감을 받아 페리클레스가 살던 '세기' 말에 아테네에 들이닥쳤던 끔찍한 흑사병을 묘사한다(1138~1286행).

1. 대기 현상들

"가사자들이 땅과 하늘에서 보는 것[모든 현상들]은, 자주 그들의 정신을 두려움으로 붙들어 매고, 그들을 신들에 대한 공포에 굴복시키며, 땅에 눕히고 짓누른다. 왜냐하면 원인에 대한 무지는 그들로 하여금 모든 것을 신들의 지배로 돌리고, 신들에게 왕의 자리를 내어주게 만들기 때문이다. 그들은 이 일들의 원인을 결코 발견할 수 없으며, 그리고 그것들이 신의 권능에 의해 이루어진다고 생각한다."[254] 신들은 세계에 대해 아무런 걱정 없이 살고 있으며, 무지한 자들이 전능하다고 생각하는 "잔혹한 지배자"가 전혀 아니다.[255] 그러나 신들에게 마땅하지 않은 [세계에 대한] 관심을 신들에게 귀속시키는 자는 곧 근심과 걱정스런 공포로 인해 괴로워하게 될 것이다. 신들은 그를 계속해서 해할 것이다. 신들은 불경을 벌할 힘도 의도도 없다! 그런데도 신들이 그들의 가슴 속에 일렁이는 분노의 파도에 휩쓸린다고 상상하는 것은, 인간들이 제 발로 저승에 대한 두려움과 사후에 받게 될 벌들에 대한 공포로 끊임없이 고통받으려는 것이다.[256)]

이런 관점에서 천둥에 대해 말할 수 있는 일곱 가지 원인들(서로 반대 방향의 바람에 실려 온 구름의 충돌, 관통했던 구름을 터뜨리는 질풍, 우박 섞인 구름의 쪼개짐 등), 번개의 형성을 설명할 수 있는 네 가지 원인들, 벼락의 네 가지 다른 원인들(고대인들은 번개와 벼락 현상을 구별하고, 각각에 다른 설명을 제시하곤 했다)이 연이어 검토된다. 벼락은 신이 만든 것(범죄자는 전능한 신의 왕국에서 의기양양할 수 없지 않은가? 그리고 신화 속에서 유피테르는 무고한 자보다는 악인에게 벼락을 더 자주 치지 않는가?)이 아니라고 강력하게 환기시킨 뒤에, 루크레티우스는 우리가 때때로 바다에서 보는 물기둥의 일종인 소용돌이에 관해 여러 설명 목록을 제안한다. 소용돌이는 구름 속에 갇힌 돌풍의 일종으로서, 구름떼를 쪼개는 것이 아니라 길게 늘인다. 또는 그것은 구름 떼를 찢은 후에 바다로 격렬하게 흘러든 바람일 수도 있다. 등등. 마찬가지로 그는 구름, 비, 무지개 등의 형성을 설명하기 위해 다른 목록들을 제공한다.

〔에피쿠로스와 루크레티우스를 신격화하는〕 성인전 작가들에겐 실례지만, 위의 방법은 근본적으로 반과학적이다. 유심론적 사상가들조차 기꺼이 형상과 수에 관심을 기울였던 시기에, 그 방법은 관찰 학문의 모든 수학화를 배제했으니 말이다. 〔그 방법에서〕 현상들은 모두 한꺼번에 주어진다. 현상의 재고在庫는 고정되어 있다.

에피쿠로스도 루크레티우스도 응용과학(가령 실험 계획이나, 보다 간단하게는 세부 설명과 관련된 '좋은' 상황과 '나쁜' 상황을 판별할 수 있는 현상들에 대한 우연적 발견)의 어떤 진보를 희망했던 것으로 보이진 않는다. 왜냐하면 에피쿠로스주의자에게는 우리가 언젠가 '기상학적' 현상들 또는 독특한 현상들에 대해 제안할 수 있는 다양한 설명들의 실타래를 풀 수 있는가 없는가를 아는 것,[257] 그리고 각각의 특수한 결과와 관련하여 위의 가능한 원인 목록 중 어떤 것이 진짜 원인인지 아는 것이 중요한 것이 아니기 때문이다. 특히 그러한 목록을 제시할 수 있는 것이 우리의 걱정〔을 누그러뜨리기〕에 충분함을 설명하는 것이 관건이다.

2. 지상 현상들

이어서 루크레티우스는 지진에 대한 '다수의' 설명으로 넘어간다. 지진은 땅 밑에 위치한 커다란 동굴들 중 몇몇이 무너져서 일어나거나, 지하의 호수에 떨어지는 눈사태 때문에 일어나거나, 역시 지하의 질풍 때문에 일어나거나, 지하의 바람 때문에 땅 사이에 생기는 일종의 구멍들 때문에 일어난다.[258] 그는 마찬가지로 왜 거대한 유량이 바다로 흘러드는데도 바다가 불어나지 않는 듯이 보이는지에 대해 관심을 가진다. 이어서 그는 화산 폭발, 특히 사람들이 종종 그 근처에 지옥의 입구가 있다고 말하곤 했던 아이트나의 화산 폭발에 집중한다. 또한 그는 나일 강의 범람에 대하여, 신기한 악취를 풍기는 '아베르노 호수의' 유출들에 대하여, 우물과 샘에 관한 몇몇 이상한 점들에 대하여, 그리고 마지막으로 자석의 인력 현상에 대하여 검토한다. 자석 현상과 관련해 루크레티우스는 〔원자론의] 학설에 기초한 하나의 설명을 제안한다. 자석에서 빠져나온 유출물들, 즉 원자의 흐름들은 [자석 앞의] 공기를 밀쳐내고 그 앞에 허공을 만든다. 곧바로 철 표면의 원자들은 그것 앞에 위치한 이 허공에 이끌려 빨려나간다. 그리하여 이 철 원자들로 이루어진 철 덩어리 전체가 움직이게 된다는 것이다.[259]

3. 아테네의 흑사병

이어서 제6편, 곧 시 전체는 기원전 430년 아티카 지방을 초토화시켰던 흑사병에 대한 묵시록적 서술로 마무리된다. 그것은 사실 그리스 역사가 투퀴디데스(기원전 5세기)의 『펠로폰네소스 전쟁사』를 원본으로 하는 이야기를 약간 각색한 것이다. 우리는 이 몹시 이상한 루크레티우스의 결말에서 세 가지 계기들이 있음을 구분할 수 있다. 그것은 **몹시** 이상한데, 왜냐하면 우리를 가장 완벽한 행복으로 이끌어야 했을 시가 결국 아주 음울한 그림으로 마무리되었을 뿐 아니라, 더욱 유감스럽게도 인간의 무능함을 끔찍하게 예증하면서 끝났기 때문이다.

(1) 시인은 무엇보다 먼저 흑사병의 원인들에 대해 언급하고, 그것의 가장 공통된 증상들을 임상적으로 서술한다. 불덩이 같은 머리, 충혈된 눈, 검게 더러워진 목, 피가 뚝뚝 떨어지는 혓바닥, 메마른 해소되지 않는 갈증. 모든 감각(시각, 미각, 청각, 촉각, 후각) 그리고 환자의 모든 기능들이 하나하나 유해한 원리들의 공격을 받는다. 마지막으로 가슴과 심장의 차례가 되면, "생명의 모든 방어물이 한꺼번에 무너져 내렸다."[260] 이 견딜 수 없는 신체적 고통에

"그것들과 뗄 수 없는 동반자인 근심으로 인한 불안, 비명 섞인 탄식이 더해진다."[261]

특히 히포크라테스의 『예진에 관하여』에서 착안하여, 루크레티우스는 흑사병에 걸린 자들의 임종을 예견하는 징후들을 아주 세밀하게 묘사한다. "비탄과 공포 속에서 혼란에 빠진 정신", 거친 눈썹, 침울하고 격앙된 시선, 땀 흘리고, 침을 뱉으며, 기침을 할 뿐 아니라, 병자의 온 사지가 떨리기까지 한다.[262] 이어서 이때까지 내부의 열기 때문에 괴로워했던 병자의 얼굴엔 냉기가 들고, 점차 몸 전체가 차가워진다.[263] 어떤 경우, 병은 신경, 관절, "그리고 특히 생식기"에 영향을 미친다. 해서 어떤 이들은 이 자상刺傷에 의한 감염원을 박멸하기 위해 불안한 마음으로 몸을 피한다.[264] "발이나 손을 잃고 목숨을 부지한 사람들, 또 눈을 잃은 사람들. 그리하여 죽음에 대한 공포가 그들에게 아주 깊숙이 파고들었다."[265]

(2) 1230~1251행은 병의 심리적 효과와 관련하여 독자의 관심을 더욱 집중시킨다. 심지어 묘지에 묻히지 못한 시체들이 넘쳐나도, 새나 짐승들은 그것들을 쪼아 먹기는커녕 본능적으로 끔찍한 감염을 피한다. 도처에서 행렬 없는 장례식이 진행되었다.[266] "그러나 여기에서 무엇보다 가장 불쌍하고 가장 가엾은 것은, 병자가 전염에 휩쓸리자마자, 이미 스스로 죽음을 선고 받은 양, 모든 용기를 잃고, 가슴엔 슬픔을 가득히 안은 채 꼼짝 않고 누워 있다는 것이다."[267] 병은 "만족을 모르기에", 병자들이 마치 "털 많은 양들 또는 소 떼"라도 되는 양 그들을 차례차례 덮친다.[268]

(3) 마지막으로, 1252~1286행은 전염병의 이른바 사회학적인 원인과 결과들, 그리고 전염병이 초래하는 고독한 사회적 행동들에 대해 주장한다. 이미 전염된 마을 주민들이 도시로 쇄도하고, 모

든 신뢰와 법을 상실한 시민들이 신체적으로나 도덕적으로 타락하는 등, "갑작스런 필요와 가난이 무수한 공포를 권고했다[불러일으켰다]."269) 사람들은 다른 이들을 위해 마련된 화장대火葬臺 위에 자기 혈육들을 내려놓으려고 피 튀기는 싸움을 이어갔다.

이 마지막 부분이 짐짓 신이 전염병을 내려보냈다는 그 어떤 관념에 대해서도 의미심장하게 철저히 침묵함으로써 그것을 멀리하고 있음을 잊지 말고 지적해야 할 것이다. 루크레티우스에 따르면 자연 법칙만으로도 흑사병의 창궐을 설명하기에 충분하다. 반면 나이든 헤시오도스, [호메로스의] 『일리아스』 또는 소포클레스의 『오이디푸스 왕』에서는 단지 한 사람만 잘못해도, 도시 전체에 "저 하늘 높은 곳에서, 크로니데스가 대재앙, 흑사병과 기아를 동시에 가져온다."270) "공기 중에 날아다니는 무수한 병과 죽음의 씨앗들"이 어느 한 장소에 모여들어 대기를 오염시키는 순간,271) 인간들과 여타의 생명체들은 이 오염된 공기를 들이마시고 그것들을 통과시키지 않을 수 없기에, 동시에 생명의 평형에 반대되고 유독한 원리들을 흡수하게 된다.272) 곧 병자 자신도 이 [병과 죽음의] 씨앗을 지니고 다니는 위험한 존재가 되는데, 죽어가는 자가 뿜어내는 역한 숨이 그것을 가장 명확하게 보여준다.273)

이제 루크레티우스가 자신이 가지고 있던 [에피쿠로스의] 그리스어 원전에 대하여 수행했을 삭제, 첨삭, 수정 등을 좀더 면밀히 살펴보자. 그러면 우리는 그가 죽어가는 자들의 심리를 묘사하면서 독자적으로 여러 세부 사항을 덧붙였을 뿐만 아니라, 재난의 희생자들이 겪는 불쌍한 모습, 절망스런 조건 그리고 견딜 수 없는 고통

속에서 나타나는 모든 것을 체계적으로 드러내보였음을 깨닫게 된다. 이처럼 시인은 자신이 묘사하려 했던 절대적 비탄의 광경을 독자가 머릿속에서 떼놓지 못하도록, **투퀴디데스의 텍스트에서 발견되고 경우에 따라서는 상대적인 낙관주의를 불러일으킬 수도 있을 모든 것**을 무시했다. 예컨대 역사가가 일부 병자들(다행히 흑사병에서 완치되어, 미래의 모든 병에서 벗어날 수 있다는 한 가닥 희망을 갖게 된 사람들)에 대해 말했던 것[274]을 시인이 전혀 언급하지 않고 있다는 것은 아주 주목할 만한 일이다. 그림을 보다 더 검은 빛으로 **가득 채우고자** 하는 이 의지를 명백히 보여주는 또 다른 예가 있다. 루크레티우스는 일부 병자들이 겪게 되는 기억상실을 죽음을 향해 걸어가는 증상들(발, 눈, 손을 잃는 것 등) 중 하나로 본다.[275] 반면 투퀴디데스는 몇몇 **생존자들**이 더 이상 아무것도 기억하지 못하는 것이라고 말했다.[276]

이 다소 놀라운 결말은 결국 세 가지 상이한 해석을 낳았다.

    (1) 비뇨네나 부와양세 등 여러 주석가들은 결말이 마치 한참 문장이 진행되는 듯하다가 너무 비약적으로 끝나고 있다는 사실을 논거로 대면서, 우리가 모르는 사건, 아마 단순히 시인이 (자의로든 아니든) 죽는 바람에 작업이 갑작스럽게 중단되었을 것이라고 본다. 그 때문에 나중에 시를 읽는 다수의 독자들은 그 시가 완결되지 않았다는 인상을 받게 된다는 것이다. 우리도 이렇게 생각하고 있다. 부와양세가 "시는 이렇게 끝날 수 없었다"[277]라고 한 것은 틀린 말이 아니다. 왜냐하면 그 시는 묵시록이 아니라 행복에 대한 논고를 예고하는 **기원문**으로 시작했으니 말이다!

    (2) 다른 무리의 해석가들은 이 결말에서 죽음과 고통에 직면

한, [에피쿠로스 철학에] 발을 들여놓지 않은 자들의 비이성적인 행동을 향해 던지는 장문의 교훈적인 은유를 발견하려고 한다. 가령, P. H. 슈리이버에 따르면 이 흑사병은 "인간 실존 일반이 아니라 비-에피쿠로스주의자들의 삶을 상징화하는" 데 쓰이는 "인간 삶의 이미지 그리고 도덕적이고 심리적인 병의 상징처럼" 생각해야 한다.[278] 확실히 오비디우스(기원전 43~서기 18년)에게는 전염병에 대한 루크레티우스의 그림을 상징적으로 해석하는 토대를 제공해줄만한 것이 있다.[279] 왜냐하면 『변신이야기』의 작가는 아이기나의 흑사병을 묘사할 때, 어떤 의미에서 간접적으로 루크레티우스의 묘사를 따르는 듯이 보이기 때문이다. 사실 거기에서 오비디우스는 아주 분명하게 루크레티우스로부터 영감을 받았다. 아테네의 역병을 묘사하는 루크레티우스 뿐 아니라, 제3편 끝에서 **일 많은 자들**occupati과 무지한 자들의 오락을 조롱하는 루크레티우스로부터도! 어쨌든 이는 꽤 '과잉해석'으로 보인다. 왜냐하면 반복해서 말하거니와 문제되는 구절에서 루크레티우스는 시의 주재료를 자신이 번역하고 번안했을 뿐, 정말로 작성하지는 않은 텍스트[에피쿠로스의 텍스트]에서 끌어오고 있기 때문이다.

(3) 마지막으로 다른 해석가들(주사니, 로그르, 페렐리)은 『사물의 본성에 관하여』가 작가 자신이 예상했던 대로 끝난 것이라고 간주하면서, 특히 아테네의 역병 묘사에서 시인 자신의 정신 상태의 상징을 본다. 시인 루크레티우스는 이치를 따르는 루크레티우스와 계속해서 모순되는 경향이 있다는 것이다. '불안의 시인' 루크레티우스는 끊임없이 에피쿠로스의 철학과 충돌했다는 것이다!

여러 사람들 중에 특히 자살할 위험이 있고, 걱정이 많으며, 우울증에 빠진 루크레티우스를 추종하는 위대한 빅토르 위고는 『윌

리엄 셰익스피어』에서 이 [루크레티우스] 신화에 아찔한 몇몇 페이지를 할애했다. "어느 날 이 여행객은 자살한다. 바로 그것이 그의 마지막 출발이다. 그는 죽음을 향한 길을 떠나는 것이다. [⋯] 그는 음침한 지방에 대해 알고 싶어 한다. 그는 관으로 가는 행로를 택한다. 스스로 밧줄을 풀고서, 그는 알지 못하는 물결에 흔들리는 허름한 작은 배를 발로 밀면서 어둠 속으로 나아간다."[280] 그러나 루크레티우스를 부당하게 그의 뜻과 반대로 어둡고 두려운 모든 것에 매혹된, 슬프고 절망적인 인간으로 만드는 이런 스타일의 낭만주의적 해석중에, 영예의 대상은 이론의 여지없이 J. M. 조네펠트에게 돌아간다. 이 해석가는 시인이 **해피엔드**로 시를 끝맺을 수 있었으리라고는 결코 상상할 수 없다고 말하고는, 심지어 루크레티우스가 자기 자신의 창작물, 특히 제6편 말미의 음울한 그림이 초래한(또는 적어도 시인 자신에게서 깨어난) 감정들로 인해 스스로 목숨을 끊었다고까지 주장한다![281]

| 결론 | **루크레티우스, 에피쿠로스의 모방자**

틀림없이 인간에게는 몇 가지 야만적인 측면이 있다. 그리고 루크레티우스는 마지막 남은 힘으로 이 잔혹함에 대해 언급했다. 이는 인간들 사이에 자연적 사회성이란 있을 수 없다는 에피쿠로스의 학설에 어떤 형태로든 반하는 것이 아닌가? 확실히 루크레티우스는 여러 차례 반복해서 인간들의 헛된 노력의 무용함으로 돌아갔다.[282] 그러나 이 부인할 수 없는 주장 속에서, 자연적 욕망과 헛된 욕망을 나누는 에피쿠로스의 구분에 대한 [루크레티우스의] 의견차

를 보여주는 지표를 찾아낼 수 있을까? 여기저기에 나타나는 루크레티우스의 불안 섞인 감수성 때문에 그의 비장한 어조가 희석된다고 하더라도, 부와양세가 아주 옳게 적은 바 있듯이, "그것은 결코 그의 신념에 학설적으로 반하기 위한 것이 아니라, 그러한 신념이 필수적임을 보다 더 잘 드러내 보여주기 위한 것이다."[283] 어떤 해석은 루크레티우스의 가르침이 에피쿠로스가 그랬던 것보다 분명히 덜 평안했던 인간의 모습을 보여준다는 사실을 주장하려 했다. 또 어떤 해석은 시인이 지닌 우울함이나 근본적으로 가장 어두운 비관주의적 성향이 그의 철학, 시 또는 저작을 설명해준다고 생각하고 싶어 했다. 이러한 해석들은 시인이 그의 시의 구도를 잡고 세계에 대해 개념화하는 바로 그 순간에, 이미 자신의 에피쿠로스주의에 절대적으로 모순되는 주제를 위해 한 자리를 마련해두었다고 전제한다. 그러나 이는 결코 사실이 아니다.

    루크레티우스가 걱정 많은 사람이었는가 아닌가하는 것은 결국 심리학의 문제다. 그러나 그가 불안의 시인이 되기로 선택했고, 즉 이 불안이라는 감정을 그의 작품의 주된 주제로 만들기로 했으며, 그리하여 자신이 작품 서두에 게시했던 밑그림에 공공연히 등을 돌렸다고 주장하는 것. 이러한 해석은 『사물의 본성에 관하여』를 따라가며 연구해보면 단호하게 배제될 수밖에 없는 듯 보인다.

루크레티우스는 그 자신이 적고 있듯이 에피쿠로스의 발자국을 그대로 쫓아갔다.[284] 시 첫머리에서부터 쾌락의 단일성(인간의 쾌락과 짐승의 쾌락 그리고 신의 쾌락의 단일성)을 노래하면서, 성직자의 위선을 노골적으로 비판한 것은 아니지만 여하튼 종교를 비판하면서, 초창기 인간을 거의 동물 같은 존재로 그리면서, 마지막으로 삶을 기쁘게 받아들이는 것을 몇몇 만질 수 없는 확실성의 소유[285] 하에 두면서, 이 로마 시인은 결코 에피쿠로스에게서 멀어지는 것이 아니라 반대로 그의 작업을 연장하고 확대한다. 그리고 우리는 즐겁게 상상할 수 있다. 자기 눈앞에 놓인 스승의 책 그리고 그 스승의 통찰력 있는 상상을 토대로 자신의 시를 작성하고 있는 루크레티우스의 모습을.

전체 결론

●

서구에서는 중세 및 그 이후까지도, 데모크리토스(그의 기계론적 원자론 학설에도 불구하고)가 아니라 에피쿠로스가 유물론의 진정한 대표로 간주되었다. 게다가 정원 철학자가 그렇게 인정될만한 이유가 없었던 것도 아닌 것이, 모든 고대인들 중에 에피쿠로스가 기독교의 최악의 적이었기 때문이다. 사실 에피쿠로스는 최고선과 쾌락을 동일시하면서, 즉 비도덕주의의 코뤼페[고대 비극의 합창부 지휘자] 역할을 일부러 자처하면서 그 **상황을 더 악화시키지** 않았는가? 또한 단테(1265~1321년)에 따르면 하느님은 데모크리토스라는 원자론자에게 '은총'을 베풀었고, 그가 지상에 사는 동안 당대의 다른 철학자들의 발길을 좇은 것을 너그러이 봐주었다. 반면 에피쿠로스는 천상의 분노가 모든 이교주의자들에게 마련해둔 무덤들 중 한 곳에서 영원히 천 번의 죽음이라는 고통을 겪는다.[1] 성 아우구스티누스(354~430년) 시대부터, 교부들은 에피쿠로스가 데모크리토스의 거대한 이론적 유산을 탕진했다고 비난했다.[2] 그리고 우리는 이러한 비난이 일부 현대의 주석가들에게서도 나타남을 보았다.[3]

아마 12세기부터 신학자들이 보기에, 원자론 **일반**이 섭리를 부정하는 자들의 발판이 될 수 있는 듯이 보였다는 것은 변함없는 사실이다. 성 토마스 아퀴나스(1225~1274) 역시 여러 번 이 점을 언급했다. 그는 서슴없이 데모크리토스의 이름과 에피쿠로스의 이름을 합쳐 불렀다.[4] 그래서 14세기에 살았던 오트르쿠르의 니콜라는 이러한 정황과 연계되어 파리 대학 앞에서 그의 책 『보편논고』가 불태워지는 것을 보아야 했다. 왜냐하면 그 책에서 그는 **데모크리토스**의 원자론에 기초하여 아리스토텔레스의 목적론을 비판했기 때문이다.

몇몇 기독교 사상가들(더욱이 물리적 원자이론에 설득당한 옹호자들)은 원자론의 생각에 저항하기보다는 물질이 어떤 외부의 개입 없이 영원히 **그 자체**로 조직될 수 있다고 주장했다. 결국 그들은 키케로가 반박했던(그리고 그의 반박은 전적으로 자연과 인간의 기술 사이의 유비에 기초한 것이다)—어떻게 문자들이 **우연히** 질서 정연하고 의미 있는 텍스트를 만들어낼 수 있겠는가?—에피쿠로스주의자들의 주장에 찬성했던 것이다. "[단단하고 쪼갤 수 없는 입자들로 조직된 세계의] 발생 가능성을 인정하는 이, 나는 왜 그가 21개의 알파벳[5] 글자가 금이든 다른 어떤 물질로 된 것이든 셀 수 없는 사본들로 반복되어, 우리가 그것들을 땅에 내던지면 엔니우스의 『연대기』 같이 잘 읽히는 텍스트를 형성하는 식으로 배열될 수 있다고 주장하지 않는지 이해가 안 된다. 나로서는 우연이 이 글자들을 가지고 단 한 줄이라도 만들어낼 수 있게 조합할 수 있는지 아주 의심스럽다."[6] 좀더 우리 시대와 가까운 곳으로 와보자. 다윈의 상대들은 다윈을 공격하기 위해서 위와 완전히 유사한 논증을 사용했다. 에밀 보렐은 우연의 문제를 다루는 자신의 책에서, 키케로처럼 '타

자기 기호들'이 **맹목적으로** 국립도서관 서고에 보관된 텍스트 전체를 재구축하게 되는 '기적'을 상상한다.[7]

데모크리토스, 에피쿠로스, 루크레티우스는 존재를 유물론적으로 개념화하는 본질적 원리들을 고안했다. (1) 물질의 원자적 구성 원리, 그들은 이것이 영속적으로 움직이며 자기조직의 힘을 가진 것으로 보았다. (2) 가장 약한 것들을 제거하고, 가장 적합한 것들은 살아남게 하는 동물종의 자연선택 원리. (3) 영혼의 물질성 원리 그리고 영혼과 그것이 움직이는 집적체 사이의 한결같은 통일성. 결과적으로 데모크리토스, 에피쿠로스, 루크레티우스는 우리에게 파블로 네루다가 "속 빈, 뼈 없는 철학"[8](공허한 말, 설교, 헛바람에 만족하는 철학)이라고 불렀던 것에 도전하는 법을 가르쳐준다. 죽고 나서도 영혼이 존속할 수 있다는 사실을 부정하면서, 그들은 저승에 대한 공포로부터 해방된 존재, 즉 우리의 조건(단순히 동물적인 것은 아니지만, 그래도 동물 못지않게 자연적이고 육체적인 조건)에 부합하는 지혜의 희소식을 세기 내내 설파했다.

오늘날 우리 과학의 준거가 되는 학설들을 그저 운 좋게 예견한 것으로 치부해서는 안 되는 어느 자연학이 겪은 기이한 운명.[9] 이것이야말로 우리가 이 작은 책에서 보여주려 했던 것이다. 고대 원자론자들의 논제들, 우리는 그것들을 "**선험적인**ª priori 형이상학적 직관들", 게으른 직관들[10]로 결코 환원해서는 안 된다. 원자론의 논제들은 어김없이 가장 직접적인 경험의 지반 위에 서 있다. 운동의 경험. 침투 및 상호 투과의 경험. 만물의 마모와 침식, 그리고 우리가 사랑하는 모든 존재들이 어쩔 수 없이 흙과 먼지로 되돌아가는 경험. 에피쿠로스, 이어서 루크레티우스가 사유하고 살았던 시대와 아주 유사한 우리의 시대에도 분명히 시사하는 바가 큰 어느 윤리학이 겪은 기이한 운명.

레고랜드. 덴마크의 유틀란트 반도 한가운데에 위치한 빌운트라는 도시에 가면, 재잘거리는 아이들의 소리 그리고 플라스틱 조각들이 부딪히면서 나는 떠들썩한 소리를 들을 수 있다. 바비에르의 루이 2세의 성, 스웨덴의 고타 운하, 노르웨이의 베르겐 항구, 암스테르담의 옛 도시, 그리고 물론 니반 구역의 아주 멋들어진 색색의 건물 정면들로 채워진 코펜하겐. 이 모든 것과 북유럽의 여러 다른 장소들이 그곳에 아주 정교하게 복원되어 있다. 그 공원은 4천4백만 개의 레고 조각을 조립해서 만들었다고 한다. 레고라는 단어는 덴마크어 leg('놀다')과 godt('좋은, 잘')를 축약한 것이다. 또한 lego는 라틴어로 '잇다', '선별하다', 그리고 '읽다'를 의미한다. 데모크리토스, 에피쿠로스 그리고 루크레티우스에 따르면, 우리가 지각하는 물체들 사이의 차이는 그것들을 구성하는 원소들의 형태, 배열, 위치의 차이로 귀결된다. A는 N과 형태에서 구별되며, AN과 NA는 배열에서 구별되며 등등.[11] 요슈타인 가아더가 옳게 가르쳤듯이, 고대 원자론자들의 관점에서 우주는 거대한 일종의 레고인 것이다!

옮긴이 후기

고대 원자론: 쾌락의 유물론

이 책은 장 살렘의 『고대 원자론: 데모크리토스, 에피쿠로스, 루크레티우스』(1997)를 우리말로 옮긴 것이다. 이 책은 프랑스에서 '포켓북' Le Livre de Poche 시리즈의 '참고서' références 총서로 출간됐다. 다시 말해 고대 원자론을 공부해야 하는 철학과 학부생이나 그에 관심 있는 일반인들을 위한 교양서라는 말이다. 이 책을 우리말로 옮기는 일차적인 목적 역시 거기에 있다. 1998년 에피쿠로스의 『쾌락』(문학과지성사)이, 2005년 『소크라테스 이전 철학자들의 단편 선집』(아카넷)이 국역되어 출간된 만큼, 이제 우리나라에서도 고대 원자론을 좀더 깊이 있게 공부할 수 있는 기초들이 마련됐다. 이 책은 그런 원전 자료들을 읽기 위한 보충 도구로 보면 되겠다.

 살렘은 에피쿠로스와 루크레티우스의 윤리학을 다루는 박사학위논문을 썼고, 1994년 '고대 원자론'에 관한 연구로 교수자격심사를 통과했다. 그때 살렘은 자신의 연구에 관한 '종합보고서'를 작성했는데, 그것이 바로 이 책의 모태가 된다. 따라서 이 책은 단순 개론서가 아니라 살렘의 연구와 입장의 '요약'이기도 하다. 이제 우리가 살펴볼 것은 고대 원자론을 바라보는 살렘의 철학적 입장이다.

1. 고대 원자론이라는 하나의 전통

원제에서도 알 수 있듯이 살렘은 데모크리토스, 에피쿠로스, 루크레티우스를 '따로 또 같이' 고대 원자론이라는 하나의 이름으로 묶고 있다. 왜 고대 원자론자들이라고 하지 않았을까? 맑스의 박사논문이 웅변하듯이 데모크리토스와 에피쿠로스의 자연철학은 서로 다르지 않은가? 그리고 편위 개념은 에피쿠로스의 것이 아니라 루크레티우스의 것이라는 주장도 있지 않은가? 오히려 우리는 각 철학자에게 각자의 몫을 배분해줘야 마땅하지 않은가?

하지만 살렘은 세 명의 원자론자들을 하나의 고대 원자론이라는 전통에 집어넣으며 그들 사이에 일종의 연속성을 주장하고 있다. 먼저 살렘은 에피쿠로스와 루크레티우스를 구분하려는 모든 시도에 맞선다. 에피쿠로스적인 로마 시인은 에피쿠로스가 남긴 발자국 위에만 발을 디딜 정도로 그를 '모방하는' 일에 착수했다고 말하면서 말이다. 살렘은 데모크리토스와 에피쿠로스의 차이를 축소하는 데 더 매달린다.

처음에서부터 시작해보자. 데모크리토스와 에피쿠로스를 구분하고 후자에게 더 많은 시민권을 주었던 젊은 프로메테우스의 텍스트에서 말이다. 칼 맑스는 데모크리토스와 에피쿠로스의 차이를 다음과 같이 정리했다. "감각적 자연을 주관적 가상으로 보는 회의주의자이자 경험주의자는 그것을 필연의 관점에서 파악해 사물의 실재적인 실존을 이해하고 설명하고자 한다. 다른 한편, 현상을 실재적인 것으로 여기는 철학자이자 정설가는 모든 곳에서 우연만을 보며, 그의 설명 방식은 오히려 자연의 모든 객관적 실재성을 지양하는 경향을 띤다."[1] 여기서 데모크리토스와 에피쿠로스의 차이는 필연과 우연의 대립, 회의주의와 독단론의 대립에 있다. 이것은 고대 학설사가들부터 현대 주석가들에 이르기까지 끊임없이 회자되는 구분이다.

데모크리토스의 스승 레우키포스가 필연에 대해 언급한 다음의 단편에 주목하자. "어떤 것도 아무렇게나 생겨나지 않는다. 오히려 모든 것은 이치에 따라서, 그리고 필연에 의해 생겨난다."[2) 이 단편은 만물이 '무에서 나오지 않으며', 원인을 갖는다는 고대 그리스의 근본 관념을 함축하고 있다. 원인론^{aitiologia}에 천착한 압데라 철학자, 즉 데모크리토스가 현상의 원인을 찾기 위해 얼마나 노력했는지는 그의 저작 목록을 참고하는 것으로 충분하다. 심지어 "(필연의 본성에 관해서) 데모크리토스는 [필연이란] 질료의 저항과 이동과 충돌[을 뜻한다고 말했다.]"[3) 디오게네스 라에르티오스는 원자론자들이 '회오리'를 필연이라고 불렀다고 증언하기도 하고,[4) 심플리키오스는 그들에게 필연이란 복합체를 해체시키는 외부의 힘이나 충격을 뜻하는 것이었다고 보고하고 있다.[5) 요컨대 원자론자들이 필연을 논하는 것은 허공 속에서 운동하는 원자들이 서로 관계 맺는 양상을 표현하기 위함이며, 이때 필연이란 모든 것이 결정되어 있음을 뜻하는 것이 아니라 '외부의 강제'를 뜻하는 것이다. 여기서 원자들의 충돌을 예견하거나 결정하는 어떤 초월적 시선이나 힘도 없고, 그것을 가정하는 어떤 이론도 있을 수 없다. 전체[우주]에서 벌어지는 생성과 소멸을 비롯한 모든 운동은 '영원히', '전부터 늘'[항상 이미] 있었고, 있으며, 있을 것이다. 요컨대 데모크리토스의 필연 개념은 기원과 최후의 목적을 가정하는 모든 관점을 거부하는 효과가 있다.

고대인들은 이미 이런 효과에 대해 우려했다. 아리스토텔레스를 비롯한 모든 학설사가들은 한편으로 데모크리토스가 '운동인'

만으로 세계를 설명하려 하면서 '목적인'에 대해 설명하지 않는데, 이는 곧 '원인 설명에 대한 부재'나 다름없다고 봤다. 또한 '전부터 늘' 운동하는 원자들이라는 관념은 결국 원자들의 운동을 '이유 없는', '우연적'인 것으로 만든다고 비판했다. 데모크리토스의 필연 개념은 그만큼 형이상학자들의 중핵을 건드리면서 스캔들을 일으켰던 것이다.

살렘은 최초의 기원과 최후의 목적을 가정하는 모든 관점에 대한 에피쿠로스의 비판을 부각시키면서 데모크리토스와 정원 철학자를 잇기 위해 노력한다. 간(間)세계에 거주하며 아무것도 하지 않는 신이라는 에피쿠로스의 독특한 신 관념 역시 여기에 덧붙는다. 이를 통해 살렘은 유물론과 목적론적 형이상학 사이의 대립에서 에피쿠로스를 마땅히 유물론의 전통에 위치시킨다. 또한 살렘은 에피쿠로스, 특히 루크레티우스가 우연뿐인 세계가 아니라 '자연의 계약 또는 법칙'$^{foedera\ naturae}$에 의해 지배되는 세계를 그렸음을 강조한다. 물론 목적론자들은 이 자연 법칙조차 '우연'으로 돌리지만 말이다.[6]

에피쿠로스는 이렇게 말하기도 했다. 현자는 "어떤 이들이 만물의 주인이라고 소개하는 운명을 비웃는다. 어떤 것은 필연에 따라 생겨나며, 어떤 것은 우연[운]에 의해서, 또 다른 것은 우리 자신에 의해 생겨난다고 말하면서 말이다. 왜냐하면 그는 필연은 책임이 없고, 우연[운]은 불안정하며, 우리의 의지[우리 자신에 의해 생겨나는 것]는 주인을 갖지 않는다는 것을 보기 때문이다."[7] 여기서 정원 철학자는 필연, 우연[운], 우리에게 달린 것을 동시에 말하고 있다. 다시 말해, 그것들은 서로 배타적인 것이 아니다.[8] 에피쿠로스의 세계는 대개 필연에 의해 지배되며, 우연[운]이나 우리에게 달린 것은 비결정적 '가장자리'marge로 봐야 한다. 고대 원자론에서 필연과 우연은 근대인의 통념과 달리 대립되는 것이 아니었다.

살렘은 데모크리토스를 회의주의자로 보는 견해를 반박하면서, 압데라인의 합리론을 부각시키기 위해 애쓴다. 비록 감각적인 앎을 서출적 인식으로 보긴 했지만, 데모크리토스는 적법한 인식에 도달하기 위해 끊임없이 감각자료로부터 출발했다는 것이다. 에피쿠로스는 감각되는 것이 곧 참이라고 주장하면서 일종의 소박실재론으로 나아가는 듯이 보인다. 그러나 살렘은 에피쿠로스 역시 데모크리토스와 마찬가지로 감각적 소여가 주는 지식에만 만족한 것이 아니라 '추론'을 통한 비가시적인 것에 대한 인식에 주목했음을 강조한다. 이런 식으로 살렘은 데모크리토스와 에피쿠로스의 '지식론'의 차이를 줄이기 위해 노력한다. 이처럼 살렘은 의도했던 하지 않았던 간에 맑스와는 다른 길을 가고 있다.[9]

2. 유물론이라는 하나의 입장

혹자는 이렇게 물을 수 있다. 데모크리토스, 에피쿠로스, 루크레티우스를 '고대 원자론'이라는 하나의 전통으로 묶기는 어렵지 않은가? '원자론'(쪼갤 수 없는 것에 대한 이론)이라는 이름은 지나치게 포괄적이지 않은가? 예를 들어 플라톤은 『티마이오스』에서 만물을 구성하는 원리로 '요소' 삼각형을 제안하기도 했고, 다른 대화편들에서 이데아를 '분할 불가능한' 것으로 보기도 했다. 그의 제자인 크세노크라테스도 선이 불가분한 선들로 이뤄져 있다고 주장했다. 즉, 넓은 의미에서 보면 플라톤주의의 기하학적 원자론도 있는 셈이다.

살렘은 본문이나 한국어판 서문에서 이런 가능한 질문에 대해 지나가듯 답하고 있다. 살렘은 데모크리토스, 에피쿠로스, 루크레티우스를 고대 '유물론의 전통'으로 보고 있다. 그러니 이 책의 숨은 제목은 '고대 유물론: 데모크리토스, 에피쿠로스, 루크레티우스'일 것이다. 그런데도 살렘이 고대 유물론 대신 고대 원자론이라는 제목을 선택한 것은 철학사에서 '유물론'이라는 이름이 억압되는 상황을 징후적으로 보여주는 것만 같다.

고대 원자론자들의 철학을 기꺼이 '유물론'이라고 명명하는 것은 하나의 '입장'이다. 물론 유물론이라는 단어 자체는 근대의 용어이며, 그것을 그리스 철학에 소급 적용할 때는 위험이 따른다. 원자론자들은 사유에 반대되는 '물질'^{materia} 개념을 갖고 있던 것도 아니고, 아리스토텔레스적인 의미의 '질료'^{hylē}라는 단어를 사용하지도 않았다. '유물론자'라는 단어가 처음 발견되는 텍스트는 기껏해야 1553년으로 거슬러 올라간다. 그것도 '약을 제조할 때 쓰는 재료를 파는 사람'의 의미로 말이다![10] 원자론자들에게 유물론자라는 이름표를 처음 달아준 사람은 라이프니츠였다. 라이프니츠는 『베일의 성찰에 대한 논박』(1702)에서 에피쿠로스를 가장 위대한 유물론자 중 하나로, 플라톤을 가장 위대한 관념론자 중 하나로 묘사했다. 이 두 노선 또는 진영의 구분은 플라톤('대지의 자식들과 형상의 친구들의 싸움')까지 거슬러 올라가고, 레닌('데모크리토스의 노선과 플라톤의 노선')까지 이어진다. 다시 말해 철학사에서 유물론 대 관념론의 대립은 플라톤의 신족과 거인족의 싸움까지 거슬러 올라가는 것으로 '표상'되어왔던 것이다. 이 표상 속에서 유물론자라는 꼬리표는 상대편이 지어준 이름(플라톤의 말마따나 "물체와 존재를 동일한 것으로 규정하는 자들")일 뿐 아니라 흔히 비난이나 욕으로 사용됐음을 잊지 말자. 따라서 '유물론'이라는 이름을 자처하는 것은 분명 관념론에 맞서는 하나의 입장일 수밖에 없다. 가령 살렘은 본문에서 원자를 하나의 추상적 원리나 이데아로 환원하려는 해석을 끈질기게 비판하는데, 이것은 철학사라는 또 하나의 전쟁터에서 그가 채택한 하나의 입장인 것이다.

3. 유물론에 덧붙일 하나의 낱말

루이 알튀세르는 새로운 유물론을 기획하기 위해 고대 원자론을 참조한 현대 철학자 중에서 가장 주목할 만하다. 알튀세르는 필연과 목적의 유물론이라는 관념론의 위장된 형태로부터 '진정한' 유물론을 구별해내기 위해서는 '낱말 하나'가 필요하다고 말했다. 알튀세르가 선택한 낱말은 '마주침' 또는 '우발성'이다. 그리고 이를 위해 알튀세르는 '편위'에 주목했다. 알튀세르는 필연성의 세계 바로 그 안에 자유가 실존하게 만드는 것으로 편위를 해석하는 것(이것은 맑스의 관점이 아니던가!)은 '자유의 관념론'에 빠지는 것이라고 비판한다.[11] 알튀세르는 오히려 편위를 강조하면서 현존에 대한 부재(공백)의 우선성과 근거에 존재하는 마주침의 계기를 강조하는 '우발성'의 유물론을 내세웠다.

그러나 알튀세르는 편위에게 주었던 왕홀王笏을 곧바로 '공백'에게 넘겨준다. 편위는 기원과 목적의 '부재'를 설명해주기 때문에 중요한 것이다. 사물의 생성과 마주침을 야기하는 편위, '비결정적'인 시간과 공간에서 발생하는 편위는 '무'에서 시작하는 운동 commencement à partir de rien 으로 간주된다. 여기에는 '시작은 없다'를 '없는 것에서 시작한다'로 미끄러뜨리는 고유한 말장난이 숨어 있다. 이처럼 알튀세르는 허공, 공백, 무, 부재, 비결정성을 무차별하게 사용한다. 이 '의도된' 용어상의 혼란은 편위를 원인 없는 운동, 또는 무로부터의$^{ex\ nihilo}$ 운동으로 만든다. 키케로를 비롯한 무수한 학설사가들이 원자론자들의 편위를 비웃을 때 사용했던 그 비판을 알튀세르는 감수할 뿐 아니라, 심지어 원자론에 대한 '헤겔' 식의 해석을 복권하는 것이다.[12]

이런 주장은 우연이 아니다. 첫째, 원인 없는 운동은 알튀세르가 '부재하는 원인', '구조적 인과성'을 말하면서 주장했던 것으로 회귀하는 것이다. 적어도 이 점에서 후기 알튀세르는 이전 사유와 완전히 단절한 것이 아니다. 둘째, '무로부터의 시작'은 알튀세르의 마키아벨리론에서 비롯된 것이다. 우리는 알튀세르가 원자론에 가하고 있는 무리한 해석이 마키아벨리(알튀세르의 페르소나)에 대한 자신의 생각에 의해 과잉결정되어 있다고 생각한다. 반목적론, 주체 없는 과정을 위해 도입된 원자론자들의 편위는 아무것도 없이 시작하는 마키아벨리에게 자리를 내어준다. 여기에서 알튀세르는 '마주침'의 유물론에서 '고독'의 유물론으로 돌아가는 듯이 보인다. 우리는 알튀세르가 위 둘 사이에서 진동한다고, 아니면 후자가 전자의 진리라고 말해야 한다.[13]

반대로 살렘이 강조하는 것은 물체들 '그리고' 허공이다. 에피쿠로스는 무로부터는 아무것도 나오지 않고, 어떤 것도 무로 돌아가지 않는다는 사실을 제1원리로 설정한 뒤에, 곧 바로 "전체는 물체와 허공으로 이뤄져 있다"고 말했다. 허공은 물체를 물체'들'로 만들어주며, 물체들이 움직이는 '공간'이 된다. 물체들과 허공은 떨어질 수 없다. 모든 복합체에는 허공이 들어 있을 정도로 말이다. 들뢰즈가 말했듯이, "자연은 충만과 공백으로 이뤄진 아를르캥의 외투와도 같다. 왜냐하면 자연은 자신들끼리 서로 제한을 가하면서 서로를 무한성으로 정립하는 그런 충만과 공백, 존재와 비존재로 이뤄져 있기 때문이다."[14] 여기에는 공백의 어떤 선차성도 없다. 물체들과 허공은 '연언적' conjonctive 이다.

전체는 물체와 허공으로 이뤄져 있다는 말은 이미 모든 물체가 허공에서 '항상 이미' 운동하고 있다는 사실로 이어진다. 엄밀히 말해 원자들이 비처럼 평행하게 떨어지는 순간은 존재하지 않는다. 이 세계의 형성 이전에 이미 무수한 세계들이 있었으며, 원자들은 항상 이미 마주치고 있었던 것이다. 한 마디로 원자들에게 절대적인 고독의 순간은 존재하지 않는다. 맑스가 헤겔적인 자기의식의 원자론에 대한 관점에서 벗어나 부르주아지의 '원자적' 환영을 비판한 것은 바로 이것을 이해했기 때문이다.[15] 원자론자들에게 있어서 기원, 원인, 목적에 대한 질문은 이 '항상 이미 주어져 있는 것'에 의해 폐기된다. 알튀세르는 마르틴 하이데거의 '[이미] 주어져 있다' es gibt 를 통해 이미 알고 있던 '항상 이미'를 끝까지 밀어붙이지 못하고, 무로부터의 생성이라는 망령에 붙들린 것이다. 하지만 살렘은 이 책에서 허공을 운동의 원인으로 보는 헤겔적 관점을 비판하며 그것이 '절대적 무'임을 여러 차례 강조했다.

'그리고'와 '항상 이미'는 (맑스의 박사학위논문과 알튀세르에게서 공히 나타나는) 원자들이 편위를 통해서만 그것의 실존을 갖는다는 관점도 논박한다. 살렘은 세계를 형성하기 이전의 원자들의 존재에 대해 말하는 것은 무의미하다고 주장한 장 볼락[16]의 견해를 비판하면서 바로 위와 같은 종류의 주장을 비판했다. 살렘에 따르면 헤겔에서 맑스, 알튀세르, 볼락으로 이어지는 관점은 공통적으로 원리로서의 원자 atomoi archai (지성으로만 파악되는 공간적 질로서의 원자)와 원소로서의 원자$^{atoma\ stoicheia}$(형태, 크기, 무게를 가지고 있으며 사물들을 구성하는 원자)를 구분함으로써 원자를 '탈물질화' 시킨다는 것이다.[17] 이처럼 살렘은 유물론을 규정하는 '존재의 물질성'이라는 테제를 고수한다. 그러나 그것은 알튀세르가 비판했던 '물질이라는 궁극적 근거'에 매달리는 고답적인 유물론은 아니다. 왜냐하면 고대 원자론자들은 항상 이미 주어져 있는 물체들과 허공을 동시에 말했기 때문이다.

4. '쾌락의 유물론'

'그리고'와 '항상 이미'라는 낱말들이 살렘의 텍스트에 암묵적으로 흐르고 있는 것이라고 한다면, '쾌락'은 그가 유물론에 명시적으로 덧붙이는 낱말이다. 고대 원자론은 곧 '쾌락의 유물론'이다. 따라서 우리는 이 책의 제목을 '고대 원자론: 쾌락의 유물론'으로 바꿔 읽을 수도 있다.

유물론은 보통 자연학적 질서에 속하는 이름이건만, 여기에 살렘은 '쾌락'이라는 윤리적인 용어를 덧붙이고 있다. 본문에서 살렘은 유물론이 자연스럽게 쾌락주의로 흐르고, 또 에피쿠로스와 루크레티우스가 최고선을 쾌락과 동일시한 점에서 현대적이라고 말하고 있다. 이에 대한 어떠한 정당화도 없이 말이다. 그러니 살렘이 서술했던 것들로부터 그 대답을 재구성할 필요가 있다.

살렘은 쾌락이 향락을 말하는 것도 아니고, 오늘날 대세를 이루는 웰빙주의를 뜻하는 것도 아니라고 지적한다. 쾌락이란 오히려 고대 원자론자들의 말대로 영혼의 평안 또는 유쾌함을 뜻한다. 그러나 쾌락이라는 단어는 그 자체로 사람들에게 불쾌감을 주었다. 에피쿠로스는 쾌락을 설파했다는 이유로 뮈틸레네에서 1년 만에 쫓겨났다. 최고선과 쾌락을 동일시하는 에피쿠로스의 학설에 대한 무수한 비판이 존재했다. 따라서 쾌락의 철학은 일종의 '스캔들로서의 철학'이다. 또한 쾌락이란 우리가 '타고나는' 것이다. 그 점에서 그것은 모두에게 공통된 성향이다. 정원 철학자들은 벗들과 철학을 논하는 것을 최고의 즐거움 중 하나로 생각했다. 여성이나 노예도 기꺼이 이 즐거움에 동참했다는 사실을 잊어서는 안 된다. 이 점에서 쾌락의 철학은 일종의 '공통적인 것에 대한 철학'이기도 하다.

쾌락의 유물론은 하나의 '비판철학'이었음에 주목하자. 국가의 쇠퇴와 전쟁의 시기, 신이 보내주는 운이라는 선물을 기다리는 것 외에는 인간이 할 수 있는 것은 아무것도 없는 시기, 사람들이 점성술이나 운명론에 의지하던 바로 그 시기에 에피쿠로스는 대중을 사로잡던 종교, 운명론 등을 비판했다. 그런 비판을 거치지 않고는 쾌락에 도달할 수 없기 때문이다. 원자들과 허공에 대한 자연학은 바로 그런 비판에 복무한다. 다시 말해 쾌락의 유물론에서 유물론은 쾌락을 위해 기존의 통념을 '비판'하는 기능을 한다. 이처럼 살렘은 고대 원자론자들을 따라 유물론에 '비판'이라는 역할을 부여하는 동시에, 쾌락의 '유물론'을 '윤리'의 문제로 만든다.

마지막으로 살렘은 에피쿠로스나 루크레티우스가 살던 시대가 오늘날의 상황과 비슷하다는 사실을 거듭 강조한다. "에피쿠로스는 출구 없는 시기에 태어났다. 자유는 사람들의 꿈속에서조차 사라져버렸다. 오로지 값비싼 사치품만이 부자들을 지루함에서 벗어나게 해줬고, 대다수가 겪고 있던 빈곤을 다음 세기로 은폐할 뿐이었다. 예술가는 작품을 복잡하게 만들고 덧칠하며, 아름다움보다는 영예를 위해 일했다. 에피쿠로스가 살았던 시기는 정확히 그런 시대였다. 그리스인들은 모든 것이 이미 말해졌다고 평가하면서 더 이상 어떤 것도 기대하지 않았다. 정복자는 늘 동방으로 전진하고자 열에 들뜬 채 초조해했다. 그의 집요한 기획은 불 보듯 뻔하게 불안정할 따름이었다." 에피쿠로스나 루크레티우스와 같은 고대 원자론자들(그리고 다른 헬레니즘 철학자들)은 우리처럼 난세 속에서 사유했던 자들이다. 헬레니즘 시기가 오늘날과 같을 수 없고, 고대의 가르침들을 우리가 그대로 추종할 필요는 없지만, '출구 없는 시기'에 선인들이 그리고자 했던 길은 그 자체로 우리에게 시사하는 바가 크다. 바로 이 점에서 고대 원자론은 '현대적'이다.

*

무작정 프랑스로 날아온 뒤 무엇을 할지 몰라 헤맸던 나는 노르망디의 어느 서점에서 이 책을 우연히 발견한 뒤로 지금까지 고대 원자론을 공부하고 있다. 그러니 이 책을 옮기는 감회가 남다를 수밖에 없다. 이 책을 번역하면서 정암학당에서 옮긴 『소크라테스 이전 철학자들의 단편 선집』과 오유석 씨가 옮긴 에피쿠로스의 『쾌락』의 도움을 많이 받았다. 선배들의 노력이 없었다면 이 책의 출간은 그만큼 '지연'됐을 것이다. 특히 역자에게 그리스어를 가르쳐줬을 뿐 아니라, 본서의 초고를 꼼꼼히 읽고 지적해준 김유석 선배에게 무한한 감사의 말을 전한다.

2009년 3월
양창렬

참고문헌

●

|1| 데모크리토스

비판본

[1] Diels, Hermann, et Walther Kranz, *Die Fragmente der Vorsokratiker*, 6e éd., 1951~1952 ; repr. : Zurich-Hildesheim, Weidman, 1989~1990.—3 vol. [김인곤 외 편역, 『소크라테스 이전 철학자들의 단편 선집』, 아카넷, 2005.]

[2] Luria, Salomo, Демокрит. Тексты. Перевод. Исследования [*Democritea*], coll., emend., interpretatus est Salomo J. Luria, Léningrad, Nauka, 1970.—664p.

프랑스어 번역본

[3] Dumont, Jean-Paul, "Les Abdéritains" [Leucippe, Démocrite, Nessas, Métrodore de Chio, Diogéne de Smyrne, Anaxarque, Hécatée d'Abdére, Apollodore de Cyzique, Nausiphane, Diotime, Bion d'Abdére, Bolos], textes, trad., prés. et annotés, d'aprés l'éd. Diels-Kranz^6, in *Les Présocratiques*, éd. établie par Jean-Paul Dumont, avec la collab. de Daniel Delattre et de Jean-Louis Poirier, Paris, Gallimard (Bibl. de la Pléiade), 1988, p. 727~978 (notes : p. 1453~1518).

[4] Morel, Pierre-Marie, *Démocrite et l'atomisme ancien* [introd. et commentaire, accompagnant la trad. de M. Solovine, révisée par Pierre-Marie, Morel], Paris, Pocket ("Agora / Les Classiques"), 1993.—202 p.

연구서

[5] *Democrito e l'atomismo antico. Atti del Convegno Internazionale (Catania, 18~21 aprile 1979)*, a cura di Francesco Romano, *Siculorum Gymnasium* (Catania, Fac. di Lettere e Filos.), XXXIII, 1, 1980.—606 p.

[6] Alfieri, Vittorio Enzo, *Atomos idea. L'origine del concetto dell'atomo nel pensiero greco*, Florence, Le Monnier, 1953.—214 p. ; 2e éd., Galatina, Congedo Editore, 1979.

[7] Cole, Thomas, *Democritus and the Sources of Greek Anthropology*, ed. by J.A. Hanson, Cleveland(Ohio), Western Reserve University Press (Amer. Philol. Assoc., Monograph XXV), 1967.—XII-225 p.

[8] Guthrie, William Keith Chambers, *A History of Greek Philosophy, t. II : The Presocratic tradition from Parmenides to Democritus*, chap. VIII : "The Atomists of the fifth century," Cambridge University Press, 1965 ; repr. 1990, p. 382~507.

[9] Morel, Pierre-Marie, *Démocrite et la recherche des causes*, Paris, Klincksieck ("Philosophies antiques"), 1996.—506 p.

[10] Nizan, Paul, *Les Matérialistes de l'Antiquité. Démocrite, Épicure, Lucréce*, Paris, Éditions Sociales Internationales, 1936 ; réimpr., Maspéro ("Les textes à l' appui"), 1965.—177 p.

[11] O'Brien, Denis, *Theories of weight in the ancient world. Four essays on Democritus, Plato and Aristotle. A study in the development of ideas. I : Democritus. Weight and size. An exercise in the reconstruction of early greek philosophy*, Leiden, Brill (Philos. antiqua, XXXVII) et Paris, Les Belles Lettres, 1981.—XXI-419 p.

[12] Salem, Jean, *Démocrite. Grains de poussière dans un rayon de soleil*, Paris, Vrin, 1996.—416 p.

[13] Salem, Jean, *La Légende de Démocrite*, Paris, Kimé, 1996.—158 p.

|2| 에피쿠로스

비판본 및 번역본

[14] Arrighetti, Graziano, *Epicuro. Opere*, Turin, Einaudi, 1960 ; 2e éd. revue, 1973.

[15] Balaudé, Jean-François, *Épicure. Lettres, maximes, sentences*, Paris, Librairie Générale Française (Le Livre de Poche), 1994.―222 p.

[16] Bollack, Jean, Mayotte Bollack, et Heinz Wismann, *La Lettre d'Épicure*, introd., texte, trad. et commentaire, Paris, Éd. de Minuit (Le sens commun), 1971.―313 p.

[17] Bollack, Jean, *La Pensée du plaisir*. Épicure : textes moraux, commentaires, Paris, Éd. de Minuit, 1975.―XLIII-673 p.

[18] Conche, Marcel, *Épicure. Lettres et Maximes*, introd., texte et trad. avec notes, Villers-sur-Mer, Éd. de Mégare, 1977 ; rééd., P.U.F. (Épiméthée), 1987.―328 p.

[19] Hamelin, Octave, Trad. des *Lettres* d'Épicure, parue dans la *Revue de métaphysique et de morale*, XVIII, 1910, p. 397~440 [이 번역은 교열 및 교정을 거쳐 다음의 책에 재수록되었다. *Épicure. Lettres*, présentation et commentaire de Jean Salem, Paris, Nathan (Les Intégrales de Philo), 1982. ―111 p.]

[20] Long, Anthony A., et David N. Sedley, *The Hellenistic philosophers*, Cambridge, Cambridge University Press, 1987.―2 vol. : 512 + 512 p.

[21] Solovine, Maurice, *Épicure. Doctrines et maximes* ; réimpr. avec une introd. de Jean-Pierre Faye, Paris, Hermann, 1965 (1re éd., 1925).― 205 p.

[22] Usener, Hermann, *Epicurea*, Leipzig, 1887 [réimpr. Rome 1963 ; Stuttgart, Teubner, 1966].―LCXXVIII-445 p.

[오유석 옮김, 『쾌락』, 문학과지성사, 1998.]

연구서 및 주석서

[23] *Actes du VIIIe Congrès de l'Association G. Budé (Paris, 5-10 avril 1968)*,

Paris, Les Belles Lettres, 1970.—813 p.

[24] Bailey, Cyril, *The Greek atomists and Epicurus*, Oxford, Clarendon Press, 1928.—IX-619 p. [p. 64~214는 레우키포스와 데모크리토스에 관해 다룬다.]

[25] Bignone, Ettore, *L'Aristotele perduto e la formazione filosofica di Epicuro*, Firenze, La Nuova Italia, 1936 ; rééd., 1973.

[26] Bloch, Olivier-René, "État présent des recherches sur l'épicurisme grec," in *Actes du VIIIe Congrès de l'Association G. Budé*, Paris, Les Belles Lettres, 1970, p. 93~138 [위 [23] 참조].

[27] Brochard, Victor, "La théorie du plaisir d'après Épicure," in *Études de philosophie ancienne et de philosophie moderne*, Paris, Vrin, 1966, p. 252~293.

[28] Brunschwig, Jacques, *Études sur les philosophies hellénistiques. Épicurisme, stoïcisme, scepticisme*, Paris, P.U.F. (Épiméthée), 1995.— 364 p.

[29] Festugière, Andreé Jean, *Épicure et ses dieux*, Paris, P.U.F. (Mythes et Religions), 1946 ; 2e éd., 1968.—132 p.

[30] Goldschmidt, Victor, *La Doctrine d'Épicure et le Droit*, Paris, Vrin (Bibl. d'Histoire de la Philosophie), 1977.—335 p.

[31] Guyau, Jean-Marie, *La Morale d'Épicure et ses rapports avec les doctrines contemporaines*, Paris, 1878.—292 p.

[32] Marx, Karl, *Différence de la philosophie de la nature chez Démocrite et Épicure* [= *Dissertation*], trad. J. Ponnier, Bordeaux, Ducros, 1970.—369 p. [고병권 옮김, 『데모크리토스와 에피쿠로스 자연철학의 차이』, 그린비, 2001.]

[33] Rist, John Michael, *Epicurus. An introduction*, Cambridge, Cambridge University Press, 1972.—XIV-185 p.

[34] Rodis-Lewis, Geneviève, *Épicure et son école*, Paris, Gallimard (Idées), 1975.—402 p.

[35] Salem, Jean, *Tel un dieu parmi les hommes. L'Éthique d'Épicure*, Paris, Vrin, 1989.—254 p.

에피쿠로스에 대한 상당한 양의 간접 증언들 중에서, 우리는 특히 다음의 저작들을 참고한다.

[36] Cicéron, *Des fins*, livres I [토르쿠아투스에 의한 에피쿠로스 윤리학 설명] et II [토르쿠아투스의 설명에 대한 키케로 자신의 비판] (texte et trad. Jules Martha), Paris, Les Belles Lettres, 1928 ; rééd., 1967.

[37] Cicéron, *Tusculanes* (textes et trad. Jules Humbert), Paris, Les Belles Lettres, 1931 ; rééd., 1970.

[38] Cicéron, *De la nature des dieux*, livre I [벨레이우스에 의한 에피쿠로스 신학 설명(§ 18~56), 이어서 이 신학에 대한 키케로의 대변인 코타의 비판(§ 57~124)] (texte et trad. Charles Appuhn), Paris, Garnier, 1937.

[39] Plutarque, *1. Contre l'épicurien Colotès ; 2. Que l'on ne saurait vivre joyeusement selon la doctrine d'Épicure ; 3. Si ce mot, Cache ta vie, est bien dit* [in Plutarque, *Du Stoïcisme et de l'Épicurisme* (présentation et notes par Jean Salem), Paris, Sand, 1996].

| 3 | 루크레티우스

비판본 및 번역본

[40] Ernout, Alfred, *Lucrèce. De rerum natura* [1920, 1942], Paris, Les Belles Lettres, rééd., 1968.—XXXI-125 + 150 p. [라틴어 원문 없이 프랑스어 텍스트만 따로 떼어서 TEL Gallimard 총서 가운데 하나로 출간되기도 했다.]

[41] Kany-Turpin, Joseé, *De la nature*, texte et trad., Aubier (Bibl. philosophique bilingue), 1993.—551 p. (rééd., Paris, Garnier-Flammrion, 1997).

연구서 및 주석서

[42] Boyancé, Pierre, *Lucrèce et l'épicurisme*, Paris, P.U.F. (Les Grands Penseurs), 1963.—347 p.

[43] Bollack, Mayotte, *La Raison de Lucrèce.* Constitution d'une poétique philosophique avec un essai d'interprétation de la critique lucrétienne,

Paris, Éd. de Minuit (Le sens commun), 1978.—XLIV-632 p.

[44] Conche, Marcel, *Lucrèce et l'expérience*, Paris, Seghers (Philosophes de tous les temps), 1967 ; rééd., Villers-sur-Mer, Éd. de Mégare, 1981.— 196 p.

[45] Ernout, Alfred, et Léon Robin, *Lucrèce. De rerum natura*. Commentaire exégétique et critique, précédé d'une introduction sur l'art de Lucrèce et d'une traduction des lettres et pensées d'Épicure, Paris, Les Belles Lettres, 1925 ; 2e éd., 1962.—3 vol. : CXXIII-369 p., 310 p. et 397 p.

[46] Salem, Jean, *La mort n'est rien pour nous. Lucrèce et l'éthique*, Paris, Vrin, 1990.—302 p.

[47] Schrijvers, Petrus Hermanus, *Horror ac divina voluptas. Études sur la poétique et la poésie de Lucrèce*, Amsterdam, Hakkert, 1970.—VIII-367 p.

[48] Fraisse, Simone, *Une Conquête du rationalisme. L'influence de Lucrèce en France au seizième siècle*, Paris, Nizet, 1962.—224 p.

| 4 | '작은' 에피쿠로스주의자들

[49] Crönert, Wilhelm, *Kolotes und Menedemos*, Leipzig (Studien zur Paleographie und Papyruskunde, VI), 1906.

[50] De Lacy, Phillip, et Estelle Allen De Lacy, *Philodemus : On Methods of Inference. A Study in Ancient Empirism* [= *Philodemi De Signis*], Philadelphie, Amer. Philol. Assoc. Monograph n° X, 1941.—200 p.

[51] Dorandi, Tiziano, *Il buon re secondo Omero* [introd., ed., trad. e comm.], Napoli, Bibliopolis (La scuola di Epicuro), 1982.—233 p.

[52] Étienne, Alexandre, et Dominic J. O'Meara, *La Philosophie épicurienne sur pierre. Les fragments de Diogène d'Œnoanda*, Fribourg (Suisse) et Paris, Éd. Univ. de Fribourg et Éd. du Cerf, 1996.—136 p. [이 책은 Martin Ferguson Smith, *Diogenes of Oenoanda. The Epicurean Inscription*, Naples, Bibliopolis, 1993의 프랑스어판 발췌본이다.]

[53] Indelli, Giovanni, *Polistrato. Sul disprezzo irrazionale delle opinioni popolari*, Naples, Bibliopolis (La Scuola di Epicuro), II, 1978.—231 p.

학술지 *Cronache Ercolanesi*[= *Bollettino del centro inernazionale per lo studio dei papiri ercolanesi, Giuliana Macchiaroli ed.*]는 Marcello Gigante의 지도하에 에피쿠로스의 주저인 『자연에 관하여』(*Peri phuseōs*)의 남아 있는 파피루스들을 계속 편집하고 있다. 마찬가지로, 에피쿠로스의 제자들(카르네이스코스, 콜로테스, 이도메네우스, 메트로도로스, 헤르마르코스, 폴리스트라토스, 폴리아이노스, 시돈 출신의 제논, 라케다이몬 사람이라고 불리는 데메트리오스, 그리고 특히 필로데모스)의 저작들 중 남아 있는 것들이 편집되었거나, 편집 중이다.

후주

한국어판 서문

1) Gaston Bachelard, *Les Intuitions atomistiques*, Paris, Boivin, 1933, p. 17 ('먼지의 형이상학'은 이 책 1부 1장의 제목이다) 참조.
2) Karl Marx, *Différence de la philosophie de la nature chez Démocrite et Épicure*(2부 5장), trad. J. Ponnier, Bordeaux, Ducros, 1970, p. 283~284 〔칼 맑스 지음, 고병권 옮김, 『데모크리토스와 에피쿠로스 자연철학의 차이』, 그린비, 2001, 116쪽〕.
3) 에피쿠로스, 『바티칸의 금언들』, 14(전반부)와 60.
4) 디오게네스 라에르티오스, 『유명한 철학자들의 생애와 사상』, IX, 40.

전체 서문

1) 중세 프랑스어에는 'atome'(원자)의 여성형 실사이자, 지소사인 'atomete' (또는 'athomete')라는 단어가 있었는데, 그것은 가령 'momenz e atometes'라는 표현에서처럼 본질적으로 시간의 가장 작은 부분을 지칭하는 것이었다.
2) 키케로, 『투스쿨룸 논쟁집』, V, XXXIII, 95.
3) 키케로, 『최고선악론』, I, IX, 30 그리고 XXI, 71 참조.
4) 사도 바울, 『고린토인들에게 보낸 첫째 편지』, XV, 32 그리고 『이사야』, XXII, 12~14.

1장 레우키포스와 데모크리토스

1) 아에티오스의 『학설 모음집』, I, XXV, 4에 나온 이 단편은 다음과 같다. "레우키포스는 모든 것들이 필연, 즉 운명에 따라 생겨난다고 생각한다. 왜냐하면 그

는 『지성에 관하여』에서, 어떤 것도 아무렇게나 생겨나지 않는다. 오히려 모든 것은 이치에 따라서 그리고 필연에 의해 생겨난다고 말하기 때문이다."
2) 디오게네스 라에르티오스, 『유명한 철학자들의 생애와 사상』, X, 13.
3) 위-루키아노스, 『장수에 관하여』, 18 (frag. Luria n° XLVIII).
4) 데모크리토스, A28과 A29 참조.
5) 데모크리토스, A1 [§ 41] 참조.
6) 데모크리토스, A5.
7) (옮긴이) 헤르만 딜스 이후 대다수 연구자들이 이 견해를 지지하고 있다. H. Diels, "Chronologische Untersuchungen über Apollodorus," *Rheinisches Museum*, XXXI, 1876, p. 30~31 참조.
8) 아리스토텔레스, 『동물의 부분에 관하여』, I, 1, 642a28 참조.
9) Geoffrey S. Kirk, John E. Raven & Malcolm Schofield, *The Pre-Socratic Philosophers*, Cambridge, Cambridge University Press, 1957 ; 2e éd. 1983, p. 404.
10) 데모크리토스, B165.
11) 같은 곳.
12) 데모크리토스, A92.
13) 데모크리토스, A1 [디오게네스 라에르티오스, 『유명한 철학자들의 생애와 사상』, IX, §40].
14) Émile Littré, Introduction aux *Œuvres complètes d'Hippocrate*, Paris, Baillière, 1839~1861, t. 1, p. 19~20.
15) 이 모든 것에 대해서는, 데모크리토스 A33 참조.
16) Salomo Luria, *Democritea*, coll., emend., interpretatus est S. J. Luria.
17) Jean Salem, *Démocrite. Grains de poussière dans un rayon de soleil*, Paris, Vrin, 1996.
18) 『소크라테스 이전 철학자들』(*Les Présocratiques*, trad. Jean-Paul Dumont, en collab. avec Daniel Delattre et Jean-Louis Poirier, Paris, Gallimard, 1998)은 『소크라테스 이전 사람들의 단편들』(*Fragmente der Vorsokratiker*)을 프랑스어로 옮긴 것이다. 이 단편들 대부분은 1903년부터 헤르만 딜스(*Hermann Diels*)가 모은 것이다. 그 책의 제5판(1934), 제6판(1951)은 발터 크란츠(*Walther Kranz*)가 보충 편찬하였다.
19) Luria, *Democritea*, op. cit.
20) 몇몇 번역자들이 생각하는 것처럼, I가 아니다. 사실 그리스어 Z의 고대 표기는

눕혀진 H였다.
21) 레우키포스, A9. (옮긴이) 이 증언은 아리스토텔레스의『생성과 소멸에 관하여』(I, 2, 315b6)에 나오는 이야기인데, M.L. West는 위 텍스트에 나온 비극과 희극을 각각 tragōdia와 komōdia 대신 tragōdia와 trygōdia로 읽자고 제안한다. 후자는 '하나가 바뀌어도 완전히 다른 것으로 보이게' 만들 수 있다. 또한 아리스토파네스도 trygōdia를 komōdia와 같이 희극을 뜻하는 말로 쓴 바 있다. Martin L. West, "An atomist illustration in Aristotle," *Philologus*, CXIII, N.S. 67, 1969, p. 150~151 참조.
22) 루크레티우스,『사물의 본성에 관하여』, I, 911~912. (옮긴이) "동일한 것들이 서로 약간 변화됨으로써 불(ignis)과 재목(lignum)을 만든다."
23) 루크레티우스,『사물의 본성에 관하여』, I, 817~829.
24) Robert Boyle, *Considerations and Experiments touching the Origin of Forms and Qualities* [1666] ; in *The Works*, Olms, Hildesheim, 1965 (réimpr. de l'éd. de 1772), t. III, p. 15. 1차적인 의미에서 **가톨릭**은 바로 **보편적인**을 뜻한다.
25) 같은 책, t. III, p. 22.
26) 데모크리토스, A67. (옮긴이) 원자들 또는 근원들을 '이데아'라고 불렀다는 구절에 대해서는 데모크리토스, A33, 57, 67, 102 ; B5i를 참조.
27) (옮긴이) 장 살렘은 여기에서 알피에리의 입장을 비판하고 있다. 알피에리는『아토모스 이데아. 그리스 사유에서 원자 개념의 기원』(*Atomos idea. L'Origine del concetto dell'atomo nel pensiero greco*, p. 53)에서 '원자는 지성의 눈에만 보인다'고 주장했다. 원자를 물체적이고 감각적인 것이 아닌 '지적인 것'으로 보는 입장은 헤겔의『철학사강의』까지 거슬러 올라간다. 그 이후로 적지 않은 주석가들이 지성으로만 파악할 수 있는 '근원으로서의 원자'(atomoi archai)와 무게, 형태, 크기를 갖는 '원소로서의 원자'(atoma stoicheia)를 구분하려 했다.
28) 히포크라테스,『관절에 관하여』, 62.
29) 크세노파네스, B15.
30) 프로타고라스, B4 참조.
31) 아폴로니아의 디오게네스, B5.
32) G.A. Ferrari, "La scrittura fine della realtà," *Siculorum Gymnasium*, XXXIII [= Actes du Congrès consacré à Démocrite à Catane, en 1979], 1980, p. 75~89.
33) 엠페도클레스, A43.

34) 아낙사고라스, A1.
35) 레우키포스, A19.
36) Léon Robin, "L'Atomisme ancien," Revue de synthèse, N. S. VI, 1933, p. 205~216.
37) 레우키포스, A4.
38) 데모크리토스, A1 [§ 34와 41], A2. (옮긴이) 디오게네스 라에르티오스, 『유명한 철학자들의 생애와 사상』, IX, 34와 41에 따르면, 데모크리토스는 아낙사고라스를 자주 만났고, 그의 제자였다고 한다. 『수다』사전에서도 데모크리토스가 아낙사고라스와 레우키포스의 제자(mathētēs)였을 것이라고 말하고 있다.
39) 레우키포스, A8. (옮긴이) 테오프라스토스는 이렇게 부연 설명하고 있다. "이들[파르메니데스와 크세노파네스]에게 전체는 하나이고, 운동하지 않으며, 생성되지 않고, 제한되어 있다. 그리고 그들은 있지 않은 것에 대한 어떤 탐구도 받아들이지 않는다. 반대로 이 사람[레우키포스]은 자를 수 없는 근원들이 무한하고 언제나 운동하는 원소들이며, 어떤 것도 이런 것이기 보다는 저런 것이어야 할 이유가 없기 때문에 그것들이 포함하는 형태들의 수가 무한하다고 가정했다." 심플리키오스, 『아리스토텔레스의 「자연학」 주석』, 28, 8에 인용된 테오프라스토스의 단편 참조. 원자론자들이 파르메니데스와 다른 길을 갈 수 있게 해준 사람은 어떤 의미에서 멜리소스라고 할 수 있다. 멜리소스는 '허공은 아무것도 아닌 것(ouden)이므로 있지 않고, 가득 차 있는 것은 운동하지 않으며, 만일 여럿이 있다면, 그것들은 하나의 성질과 같은 것이어야 한다'고 주장했다. 원자론자들은 멜리소스의 금지를 다음과 같이 위반했다. 아무것도 아닌 허공은 물체 못지않게 있다. 허공이 있으므로 가득 차 있는 것들[원자들]이 운동할 터가 있다. 이 여럿[원자들]은 엘레아학파에서 말하는 하나의 성질을 간직한다. 즉 원자는 분할되지 않고, 꽉 차 있어서 영향을 받지도 않으며, 생성되지 않고 영원하다. 이런 금지 또는 반대의 길을 통해 원자론자들은 우리가 경험하는 부인할 수 없는 현상들('여럿의 실재'와 '운동 가능성')을 보증하고자 했다. 아리스토텔레스의 말대로 원자론자들이 허공을 도입함으로써 여럿의 실재와 운동 가능성을 설명할 수 있었다고 한다면, 엘레아학파와 원자론자들의 가장 큰 차이는 '허공'에 있다고 할 수 있다. 엘레아학파와 원자론자들의 차이에 대한 가장 명확한 서술은 아리스토텔레스, 『생성과 소멸에 관하여』, I, VIII, 325a2이하[=레우키포스, A7] 참조.
40) 레우키포스, A19.
41) 같은 곳.

42) Dumont, "Les Abdéritains et le non-être," *Bulletin de la Société française de philosophie*, LXXVII, 1983, pp. 37~76. (옮긴이) 장-폴 뒤몽은 허공이 원자들 사이의 틈새나 텅 빈 무대가 아니라 원자들의 운동의 원인이라고 주장한다. 이를 뒷받침하기 위해 그는 아리스토텔레스의 『자연학』(VIII, 9, 265b24~26)을 예로 든다. "운동이 허공 때문에(dia to kenon) 생긴다고 말하는 자들이 있다." 뒤몽은 여기에서 'dia to kenou'[허공을 통해]가 아니라 'dia to kenon'[허공 때문에]가 쓰였으므로, 원자론자들이 허공에 '운동의 책임'을 부여했다고 볼 수 있다고 주장한다. 이처럼 허공을 '운동의 원리'로 만드는 해석은 역시(!) 헤겔의 『철학사강의』까지 거슬러 올라간다. 장 살렘은 'dia to kenon' 사이에 'esti'가 함축되어 있다고 본다. 따라서 아리스토텔레스의 인용구는 본디 "허공이 있기 때문에 운동이 생긴다"는 뜻이다. 허공을 운동의 원리로 놓으면 거꾸로 원자들을 본래 움직이지 않고 정지해 있는 것으로 만들게 된다. 이는 원자론자들이 엘레아학파에 맞서 세운 기본원리에 위배된다.
43) 데모크리토스, frag. Luria n° 260. (옮긴이) 아리스토텔레스, 『자연학』, IV, 7, 214a24~26을 보라. "[원자론자들에 따르면] 운동이 그 안에서 생겨나는 허공이 운동의 원인이다." 즉, 원자들은 허공 '안에서' 운동하며, 이런 한에서만 허공은 원자들의 운동의 원인이다.
44) Michel Cassé, *Du vide et de la création*, Paris, Éditions Odile Jacob, 1993, p. 17 참조.
45) Jacques Monod, *Le Hasard et la Nécessité*, Paris, Seuil, 1970, p. 7. [자크 모노, 『우연과 필연』, 범우사, 1985]
46) 데모크리토스, A66[= 아리스토텔레스, 『동물들의 생성에 관하여』, V, 8, 789b2].
47) 데모크리토스, A65[= 아리스토텔레스, 『자연학』, VIII, 1, 252a35~252b1]. (옮긴이) 아리스토텔레스, 『형이상학』, Λ, VI, 1071b31이하[=레우키포스, A18]도 참조. "그렇기 때문에 레우키포스나 플라톤처럼 몇몇 사람들은 영원한 발휘/실현 상태를 내세운다. 다시 말해 그들은 운동이 영원하다고 주장한다. 그러나 무엇 때문에 운동이 있고, 어떤 운동이 있는지를 그들은 말하지 않으며, 왜 이것이 이렇게 저렇게 움직이는지 그 이유를 대지도 못한다."
48) Patrick Conway, "Epicurus' theory of freedom of action," *Prudentia*, XIII, 1981, pp. 81~89에서 차용한 표현.
49) 에피쿠로스, 『헤로도토스에게 보내는 편지』, §44 : archē de toutōn ouk estin. (옮긴이) 데모크리토스 역시 "지금 생겨난 것들의 원인들에는 어떤 시작도 없다"고 말했다. 위-플루타르코스, 『학설집』, 7[=데모크리토스, A39] 참조.

50) (옮긴이) 데모크리토스는 세계를 구성하는 회오리를 필연이라고 부르곤 했다. "[데모크리토스의 견해에 따르면] 모든 것들은 필연에 따라 생겨난다. 회오리가 모든 것들의 생성의 원인이기 때문인데, 그는 그것을 필연이라고 부른다." 디오게네스 라에르티오스, 『유명한 철학자들의 생애와 사상』, IX, 45[= 데모크리토스, A1] 참조. 섹스투스 엠피리쿠스도 『학자들에 대한 반박』, IX, 113[= 데모크리토스, A83]에서 같은 증언을 한다. 그러나 원자론자들이 세계의 생성을 우연에 돌린 듯 말하는 증언들 역시 존재한다. 아리스토텔레스는 『자연학』, II, 4, 196a24이하[= 데모크리토스, A69]에서 "여기 이 하늘뿐만 아니라, 모든 세계들이 저절로[우연히] 생겼다고 생각하는 어떤 사람들이 있다. 왜냐하면 전체를 분리시키고 [현재의] 이 질서로 정착시키는 회오리와 운동은 저절로[우연히](apo t'automatou) 생겨나기 때문이다." 심플리키오스 역시 "데모크리토스가 온갖 형태(원자)로 이루어진 회오리가 전체로부터 떨어져 나왔다고 말할 때(그러나 어떻게, 그리고 어떤 까닭으로 그러한지는 말하지 않는다), 그는 저절로와 우연으로부터[우연과 운으로부터](apo t'automatou kai tychēs) 그것을 산출해내는 것 같다." 심플리키오스, 『아리스토텔레스의 「자연학」주석』, 327, 24[= 데모크리토스, A67]. 왜 이런 차이가 생기는 것일까? 데모크리토스는 저절로 생기는 회오리와 필연을 묶었는데, 아리스토텔레스주의자들은 우연히 생기는 회오리와 운을 묶는다. 심플리키오스가 잘 보여주듯이, 원자론자들이 말하는 '저절로' 또는 '필연'은 아리스토텔레스주의자들이 보기에 '어떻게'와 '어떤 까닭'을 설명하지 않음으로써 목적과 원인을 결여한 것이기 때문이다.

51) (옮긴이) 락탄티우스는 우리가 던져야할 첫 번째 질문은 "만물을 지배하는 섭리(providentia)가 있는지, 아니면 만물은 우연의 효과이자 산물인지"를 아는 데 있으며, "데모크리토스는 최초로 후자의 입장을 취했다"고 증언한다. 락탄티우스, 『신의 교훈』(Divinae institutiones), I, 2 참조.

52) 히포크라테스, 『인간의 위치에 관하여』, XXXIII, 3. 히포크라테스, 『고대 의술에 관하여』, XIX, 5 역시 참조.

53) 히포크라테스, 『기예에 관하여』, VI, 3 참조.

54) 같은 곳, VI, 3~4.

55) 히포크라테스, 『음식에 관하여』, XIV 참조.

56) (옮긴이) 아낙사고라스, A66[= 아에티오스, 『학설 모음집』, I, XXIX, 7]: "아낙사고라스, 데모크리토스 그리고 스토아학파는 운이 인간의 헤아림에 보이지 않는 원인(adēlon aitian anthrōpinōi logismōi)이라고 말한다."

57) (옮긴이) 아에티오스, 『학설 모음집』, III, XIII, 4[= 데모크리토스, A95]: "데모

크리토스는 처음엔 대지가 작고 가벼워서 흔들렸지만, 머지않아 촘촘하고 무거워져서 움직이지 않게 되었다고 말한다."

58) 데모크리토스, A47.
59) 데모크리토스, A61. (옮긴이) 더구나 아리스토텔레스와 테오프라스토스는 데모크리토스의 원자들이 더 크면 더 무겁다고 보았다. 아리스토텔레스, 『생성과 소멸에 관하여』, I, 8, 326a9~10 [= 데모크리토스, A60] 그리고 테오프라스토스, 『감각에 관하여』, §61 [= 데모크리토스, A135] 참조.
60) Denis O'Brien, "L'atomisme ancien : la pesanteur et le mouvement des atomes chez Démocrite," *Revue philosophique*, CLXIX, 1979, p. 401~426.
61) 레우키포스, A1 [§31] 참조.
62) 아르퀴타스, A24. 루크레티우스, 『사물의 본성에 관하여』, I, 968~973 참조.
63) 아낙시만드로스, A17 참조.
64) 아리스토텔레스, 『자연학』, III, 4, 203b25~26.
65) Jean Bollack, "La cosmogonie des anciens Atomistes," *Siculorum Gymnasium*, XXXIII [= Congrès de Catane, 1979], 1980, p. 11~59.
66) 레우키포스, A1 [§32]. 아래 34~35쪽을 보라.
67) 레우키포스, A1 [§31].
68) 아낙시만드로스, A10. (옮긴이) "탈레스의 동료였던 아낙시만드로스는 무한정한 것이 모든 것의 생성과 소멸의 전체 원인을 지니는데, 이것 [무한정한 것]에서 하늘들과 무수한 모든 세계들 일반이 분리되어 나온다(apokekrinesthai)고 말한다." 위-플루타르코스, 『학설집』, 2 참조.
69) Bollack, 앞의 논문, p. 21 이하 참조.
70) 레우키포스, A1 [§31].
71) 데모크리토스, A99a 참조.
72) 데모크리토스, B164.
73) 같은 곳.
74) 데모크리토스, A1 [§44].
75) 레우키포스, A1 [§31~32].
76) 아낙시만드로스, A10. (옮긴이) "그의 말에 따르면, 이 세계의 생성 과정에서 뜨거운 것과 차가운 것의 산출자가 영원한 것으로부터 분리되며, 이것에서 나온 구형의 불꽃같은 것이, 마치 껍질이 나무를 감싸고 자라나듯 땅 주위의 공기를 감싸고 자란다. 이것이 부서져서 일종의 폐쇄된 둥근 것들로 됨으로써 해와 달, 그리고 별들이 있게 되었다." 위-플루타르코스, 『학설집』, 2 참조.

77) 예를 들면, 루크레티우스, 『사물의 본성의 관하여』, I. 73 참조.
78) 레우키포스, A1 [§32].
79) 같은 곳.
80) 데모크리토스, A40 참조 : "우리 세계에서 땅이 별들보다 먼저 생겨났다."
81) 레우키포스, A1 [§32].
82) 같은 곳.
83) 데모크리토스, A85.
84) 데모크리토스, A87.
85) 레우키포스, A1 [§33].
86) 이와 관련해서는, Salem, *Démocrite. Grains de poussière dans un rayon de soleil*, op. cit., p. 110~128 참조.
87) 에밀 브레이에의 표현. Émile Bréhier, *Histoire de la philosophie*, t. I, fasc. 1, p. 68~69.
88) 레우키포스, A29[= 아프로디시아스의 알렉산드로스, 『아리스토텔레스의 「감각과 감각되는 것들에 관하여」 주석』, 24, 14]. (옮긴이) 아에티오스도 『학설 모음집』 (IV, XIII, 1)[= 레우키포스, A29]에서 레우키포스, 데모크리토스, 에피쿠로스 모두가 시뮬라크르의 투과를 통해 보는 것이 발생한다고 하였다고 증언한다.
89) 같은 곳. (옮긴이) 레우키포스, A29[=아프로디시아스의 알렉산드로스, 『아리스토텔레스의 「감각과 감각되는 것들에 관하여」 주석』, 56, 12]를 보라. "그들은 보는 것[시각작용]은 [보이는 대상과] 모양이 닮은 어떤 상들이 보이는 것[대상]으로부터 계속 흘러나와 시각에 부딪히는 데 기인한다고 여겼다. 레우키포스와 데모크리토스를 따르는 이들이 그런 [견해를 가진] 사람들이었다."
90) 데모크리토스, A135. [§50].
91) 같은 곳. (옮긴이) 테오프라스토스, 『감각에 관하여』, §50 : "데모크리토스는 보는 것을 영상에 기초해 설명하며, 이것을 독특하게 묘사한다. 영상은 곧바로 눈동자에 생기는 것이 아니라, 시각과 보이는 것 사이의 공기가 보이는 것과 보는 자에 의해서 압축되면서 [그 공기에] 자국이 생긴다. 왜냐하면 모든 것으로부터는 모종의 유출물이 언제나 나오기 때문이다. 그런 다음 딱딱하고 색깔이 달라진 이 공기는 축축한 눈에 [상으로] 나타난다. 촘촘한 것은 받아들이지 않지만, 축축한 것은 통과시킨다."
92) Richard W. Baldes, "Democritus on Perception of Size and Distance (Theophrastus, *De Sensibus*, 54)," *The Classical Bulletin*, LI, 1975, p. 42~44.

93) (옮긴이) 아리스토텔레스는 시각작용과 관련하여 '투명한 것'의 매개 역할을 강조하고 싶어 했다. 그래서 그는 『영혼에 관하여』(II, 7, 419a15~17)[= 데모크리토스, A122]에서 "데모크리토스가, 만약 중간에 있는 것이 비었다면, 하늘에 있는 개미마저 분명하게 보일 것이라고 생각했던 것은 옳지 않다"고 비판한다. 아리스토텔레스는 데모크리토스가 투명한 것 또는 중간에 있는 것(metaxy)을 인정하지 않았다고 본 것이다. 그러나 위 구절은 거꾸로 데모크리토스가 중간에 있는 것(공기)에 매개 역할을 부여했음을 보여준다. 왜냐하면 데모크리토스는 중간에 있는 것이 없다면 대상의 이미지의 크기가 줄어들지 않게 된다고 말하고 있기 때문이다.

94) 아리스토텔레스, 『감각과 감각되는 것들에 관하여』, II, 440a16~23 참조. (옮긴이) "병렬이론에서는 보이지 않는 크기(megethos aoraton)처럼 지각할 수 없는 시간(chronon anaisthēton)도 받아들여야 한다. 잇달아 도달하는 운동들이 [개별적으로] 지각되지는 않지만, 동시에 나타나기 때문에 하나로 보이는 것을 설명할 수 있도록 말이다."

95) 오트르쿠르의 니콜라는 1300년에 태어나서 1350년 이전에 죽었다. (옮긴이) 아리스토텔레스의 목적론을 비판하고 싶었던 오트르쿠르의 니콜라는 『생성과 소멸에 관하여』에 나온 데모크리토스의 원자론으로부터 많은 영향을 받았다.

96) M. Maïmonide, *Le Guide des égarés*[『방황하는 자들을 위한 안내서』](trad. S. Munk), Paris, Verdier, 1979, I, § 73, p. 192. 유대계 철학자인 모세스 마이모니데스(1135~1204)는 오랫동안 그들을 논박하기 위해 애썼으며, 이 무슬림 신학자들의 테제들에 사실상 여러 페이지를 할애했다. (옮긴이) 8세기에 등장한 아부 알 후다일 같은 무타질라파 사상가들과 10세기에 등장한 아쉬아리파 신학자들은 원자론 철학을 이성적이고 체계적인 학설로 만들었다. 그들은 칼람의 철학자로서 무타칼림[논쟁자들](mutakallim)이라고 불렸다. 마이모니데스는 무타칼림의 테제를 다음과 같이 요약하고 있다. "제1명제 : 단순 실체의 존재. 제2명제 : 허공의 존재. 제3명제 : 시간은 순간들로 이루어져 있다. 등." 특히 아쉬아리(837~935)는 신의 절대성을 독특한 원자론으로 옹호했다. "아쉬아리는 '순수한 현실태인 신은 절대적 가능성이다. 신은 기원에서뿐 아니라 존재의 매순간에 원천의 창조자이다'라고 말했다. 여기에서 존재란 하나의 유일 원인에 의해 만들어진 운동, 원자를 말한다. 다시 말해, 모든 실재는 존재의 순간성 속에 원자화되어 있다. 그러므로 신이 지속적으로 창조를 하지 않는다면 자연은 존재할 수 없는 것이다." Henri Sérouya, *La pensée arabe*, Paris, P.U.F., 1967³, p. 72~73 참조.

97) 루크레티우스, 『사물의 본성에 관하여』, IV, 794~796 : "우리가 지각하는 하나의 시간에 […] 여러 시간들이 숨어 있다"(tempore in uno, cum sentimus […] tempora multa latent)."

98) (옮긴이) 테오프라스토스, 『식물의 원인에 관하여』, VI, 2, 1[= 데모크리토스, A130] : "우리는 작용하는 것뿐만 아니라, 작용 받는 것도 알아야 한다. 특히 데모크리토스가 말한 것처럼, 같은 맛일지라도 모든 사람에게 똑같이 나타나지 않는다면 말이다." 이와 비슷한 증언이 아리스토텔레스, 『형이상학』, Γ, 5, 1009b3~4와 테오프라스토스, 『감각에 관하여』, §67에도 나온다. 맛을 느끼는 차이는 맛을 일으키는 원자들과 접촉하는 신체의 원자들의 배열의 차이에 달려 있다. 따라서 맛에 대한 평가는 주관적일 수밖에 없다.

99) 레우키포스, A9[= 아리스토텔레스, 『생성과 소멸에 관하여』, I, 1, 315b9~10]. (옮긴이) 비슷한 증언으로는 아리스토텔레스의 『영혼에 관하여』, I, 2, 404a28~29[= 데모크리토스, A101]과 『형이상학』, Γ, V, 1009b15, 그리고 필로포노스, 『아리스토텔레스의 「영혼에 관하여」 주석』, 71, 19[= 데모크리토스, A113] 참조.

100) 데모크리토스, B9[= 섹스투스 엠피리쿠스, 『학자들에 대한 반박』, VII, 135]. (옮긴이) 섹스투스 엠피리쿠스를 따라 원자론자들이 말하는 감각되는 것들이 실제로 존재하는 것이 아니라 관습에 따라서(nomōi), 또는 우리와 관련해서만(pros hēmas) 존재한다는 증언으로는 아이티오스, 『학설 모음집』, IV, IX, 8[= 레우키포스, A32]과 갈레노스, 『히포크라테스의 원소들에 관하여』, I, 2[= 데모크리토스, A49] 참조.

101) 같은 곳. (옮긴이) 데모크리토스, B117, 125도 비슷한 내용을 담고 있다.

102) 데모크리토스, A126[= 아리스토텔레스, 『감각과 감각되는 것들에 관하여』, IV, 442b11].

103) 데모크리토스, A123[= 아리스토텔레스, 『생성과 소멸에 관하여』, I, 2, 316a1~2].

104) 레우키포스, A9.

105) 데모크리토스, A23.

106) 데모크리토스, B11.

107) Jonathan Barnes, *The Presocratic Philosophers*, Londres et New York, Routledge, 1979 ; réimpr. 1989, p. 563 참조.

108) 엠페도클레스, B133[= 알렉산드리아의 클레멘스, 『학설집』, V, 81, 2].

109) (옮긴이) 장 살렘에 따르면, 그리스인들이 '우물'(phrear)이나 '심연'(bythos)

에 대해 말할 때, 그것은 빠져나오기 극히 어렵다는 말이지 완전히 불가능하다는 말은 아니다. 섹스투스 엠피리쿠스도 『학자들에 대한 반박』(VII, 137)[= 데모크리토스, B8]에서 "각각의 사물이 실제로 어떤 것인지는 아포리아 속에 있다"(en aporōi esti)고 증언한다. 여기에서 '아포리아 속에 있다'는 표현은 실재를 전혀 알 수 없다는 것이 아니라 '알기가 곤란하다'로 이해해야 한다.

110) 디오게네스 라에르티오스, 『유명한 철학자들의 생애와 사상』, IX, 71 참조.

111) 한 가지 예만 들어보자. 회의주의자들은 소실된 어느 비극에서 나온 에우리피데스의 두 행, 즉 "사는 것이 죽는 것이 아닌지, 죽는 것이 사는 것이 아닌지 누가 알겠는가?"(Polyidos, fragm. 639 Nauck)라는 구절이 에우리피데스가 회의주의자들 중 한 명이었음을 '증명하는' 것이라고 여겼다. 디오게네스 라에르티오스, 같은 책, IX, 72~73.

112) 이와 관련하여, 데모크리토스의 단편 B125("감각은 사고가 감각으로부터 그 자신의 믿음의 증거들을 얻으며, 만일 사고가 위험을 무릅쓰고 감각을 논박하려 든다면 제풀에 쓰러질 것임을 사고에 환기시킨다")는 특히 시사하는 바가 크다.

113) (옮긴이) 플루타르코스, 『스토아학파의 공통관념에 대한 반박』, XXXIX, 1079E[= 데모크리토스, B155].

114) 아리스토텔레스, 『천체에 관하여』, III, 8, 307a16~17[= 데모크리토스, B155a]. (옮긴이) "데모크리토스에서는 구(球)도 잘 움직이기 때문에 [뭔가를] 자르는 일종의 각(角)이다."

115) 필롤라오스, A7a[= 플루타르코스, 『식탁 환담집』, VIII, II, 1, 718E].

116) (옮긴이) 아리스토텔레스, 『영혼에 관하여』, I, 2, 404a6~8 참조[= 레우키포스, A28].

117) 레우키포스, A28[= 아리스토텔레스, 『영혼에 관하여』, I, 2, 403b31~404a1].

118) (옮긴이) 아리스토텔레스, 『동물들의 부분에 관하여』, II, 7, 652b8 : "어떤 작가들은 영혼이 불이나 힘(dynamis) 같은 것이라고 주장한다."

119) Luria, *Democritea*, op. cit., II, p. 512 (ad n° 448, Rem. 2).

120) 데모크리토스, B300_6.

121) 데모크리토스, A108[= 루크레티우스, 『사물의 본성에 관하여』, III, 370~373].

122) 아리스토텔레스, 『자연학 소논문집 : 호흡에 관하여』, IV, 471b30~472a11. (옮긴이) 이와 비슷한 다음의 증언을 보라. "그들[원자론자들]은 호흡을 생물의 특징이라고 생각한다. 주변을 에워싼 공기가 생물들의 신체를 압축하여 원자들을 이끌어냄으로써 결코 정지하지 않는 생물들의 운동을 유발하며, 호흡을 통해 외부로부터 유입된 같은 종류의 다른 원자들에 의해 보충된다. 왜냐하

면 외부로부터의 원자들은 압축과 결속작용을 통해 생물들의 내부에 있는 원자들이 빠져나가는 것을 방지하기 때문이다. 생물들은 이런 작용을 할 수 있는 한 살아 있게 된다." 아리스토텔레스,『영혼에 관하여』, I, 2, 404a9~16[= 레우키포스, A28] 참조.

123) 데모크리토스, A117.
124) 데모크리토스, A160과 B1.
125) G.W.F. Leibniz, *Système nouveau de la nature et de la communication des substances* [1967], Paris, Garnier-Flammarion, 1994, p. 69 참조.
126) 데모크리토스, B1a.
127) 데모크리토스, A136.
128) 아래 186쪽을 참조. 거기에서 우리는 루크레티우스의 잠 개념 역시 데모크리토스의 것과 동일함을 지적할 것이다.
129) 키케로,『점복에 관하여』, II, LXVII, 137 [n° 474 Luria].
130) 데모크리토스, A77.
131) 데모크리토스, B166 참조.
132) (옮긴이) 간장검사란 제물로 바친 동물들의 간을 검사하여 점을 치는 것이다. 고대시대부터 사람들은 '간'을 감정과 느낌이 거하는 고유한 장기로 여겼다. 가령, 바빌론 점술가들은 신의 의지가 간을 매개로 하여 표현된다고 보았다. 에트루리아인들은 간을 우주의 축소판으로 보았다. 그래서 간의 어느 부위가 비정상적이냐에 따라 어떤 신이 어떤 징조를 내려 보냈는지 판단할 수 있다고 생각했다. 하지만 키케로가 이미 지적했듯이 사람들은 저마다 간장을 다른 식으로 해석하므로 그들이 추론하는 신의 의지 역시 다를 수밖에 없다. 이 점에서 간장검사를 통한 점복은 그 자체로 의심스러운 것이다. 반대로 데모크리토스는 희생물의 내장의 외관이나 색에 따라 그 지역의 위생 상태나 전염병의 징후는 물론, 풍작이나 흉작도 예측할 수 있다고 보았다. 키케로,『점복에 관하여』, I, LVII, 131과 II, XIII, 30 참조. 즉 데모크리토스는 간장검사 속에서 '신의 의지'가 아니라 '자연적 인과성'을 합리적으로 추론한 것이다. 이 점에서 우리는 키케로의 증언("여러 곳에서 데모크리토스는 미래의 일에 대한 예감을 지지했다")을 이해할 수 있다. 키케로, 같은 책, I, III, 5 참조.
133) (옮긴이) 데모크리토스의 의학 서적으로 추정되는 것으로는『동물들에 관한 원인들』,『씨앗들, 식물들, 열매들에 관한 원인들』외에도,『인간의 본성에 관하여(또는 살에 관하여)』,『절식 또는 식이요법에 관하여』,『의학적 지식』,『열 그리고 병으로 기침하는 사람들에 관하여』가 있다.

134) 히포크라테스, 『신성병에 관하여』, 5.
135) 같은 책, 1.
136) 같은 책, 1.
137) 그 예가 있다. "정액은 온몸에서 나온다."(『신성병에 관하여』, 2) "씨는 두 부모에게서 나온다."(『공기, 물, 장소』, 19와 23) "뇌는 지성의 주요한 거처이다."(『신성병에 관하여』, 14) 이 아주 구체적인 테제들은 이미 데모크리토스에서 나타나는 것들이다.
138) Wilhelm Nestle, "Hippocratica," *Hermes*, XIII, 1938, p. 1~38 (p. 37에서 인용하였으며, 같은 책, p. 13을 비롯한 여러 곳 참조.)
139) Max Wellmann, " Spuren Demokrits von Abdera im *Corpus Hippocraticum*," *Archeion*, II, 1929, p. 297~330.; Juan A. López Férez, "Algunos datos sobre la influencia de la teoria embriologica de Democrito en el Corpus hippocraticum. Gemelos y abortos," *Asclepio*, XXXIII, 1981, p. 379~390.
140) (옮긴이) 데모크리토스에 대해서는 아리스토텔레스, 『동물들의 생성에 관하여』(IV, 1, 764a6), 히포크라테스의 입장은 『섭생에 관하여』, XXVII, 2를 참조.
141) (옮긴이) 위-갈레노스, 『의학용어사전』, 439 [= 데모크리토스, B124] : "정액은, 플라톤과 디오클레스의 말에 따르면, 뇌와 척수에서 분리되어 나온다. 그러나 프락사고라스와 데모크리토스, 나아가서 히포크라테스도 몸 전체에서 [정액이 생긴다고 말하는데], 데모크리토스는 '사람들은 하나가 되며, 사람은 모든 사람들이 될 것이다' 라고 말한다." 히포크라테스의 입장은 『발생에 관하여』, I, 1과 2 그리고 『병 IV』, XXXII, 1를 참조.
142) (옮긴이) 데모크리토스에 대해서는 데모크리토스, A143 [= 아리스토텔레스, 『동물들의 생성에 관하여』, IV, 1, 764a10~11과 아에티오스, 『학설 모음집』, V, VII, 6]을, 히포크라테스의 입장은 『발생에 관하여』, VIII, 1~2를 참조.
143) Luria, *Democritea*, op. cit., II, p. 536 (ad 530, Rem. 3과 9) 참조.
144) (옮긴이) 데모크리토스에 대해서는 데모크리토스, A151 [= 위-아리스토텔레스, 『문제들』, X, 14, 892a38과 아일리아누스, 『동물들의 본성에 관하여』, XII, 16]을, 히포크라테스의 입장은 『아이의 본성에 관하여』, XXXI, 1~2를 참조.
145) (옮긴이) 데모크리토스에 대해서는 데모크리토스, A145 [= 아리스토텔레스, 『동물들의 생성에 관하여』, II, 4, 740a13과 켄소리누스, 『탄생일에 관하여』, VI, 1]를, 히포크라테스의 입장은 『아이의 본성에 관하여』, XVII, 1~2를 참조.
146) 데모크리토스, A144 [= 아리스토텔레스, 『동물들의 생성에 관하여』, II, 7,

746a19].
147) (옮긴이) 데모크리토스, A152[= 아일리아누스, 『동물들의 본성에 관하여』, XII, 17].
148) 아리스토텔레스, 『동물들의 생성에 관하여』, II, 4, 738b21~22.
149) 아이스퀼로스, 『자비로운 여신들』, 658~666행 ; P. Louis, *Générations des animaux*, p. 136의 각주 2에서 인용.
150) 아리스토텔레스, 『동물들의 생성에 관하여』, I, 18, 724a7~8.
151) 같은 책, IV, 4, 771b27~30.
152) 같은 책, I, 20, 729a4~8.
153) 아리스토텔레스의 이러한 구분은 대략 오늘날 **기관**과 **조직** 사이의 구분에 해당한다. (옮긴이) 예를 들어, 뼈와 살이 동질체에 해당하고, 얼굴과 손이 비동질체에 해당한다.
154) 아리스토텔레스, 『동물들의 생성에 관하여』, II, 7, 746a19~22.
155) 아리스토텔레스, 『기상학』, II, 6, 364a22.
156) 아리스토텔레스, 『동물들의 생성에 관하여』, IV, 1, 766b35~767a2.
157) 데모크리토스, B164. 위 33~34쪽과 후주 72를 참조.
158) 데모크리토스, B164.
159) 같은 곳.
160) 위 28~30쪽 참조.
161) 사실 이 텍스트(『역사적 도서관』, I, 7~8)는 본래 데모크리토스적인 원천에서 나온 것일 가능성이 아주 높다. 딜스는 그것을 데모크리토스의 사유를 충실하게 복원하는 진짜 단편(B51)으로 채택했다. 그러나 몇몇 전문가들(달만[1928], 스포에리[1959])은 이런 입장을 채택하기를 거부했다. (옮긴이) Karl Reinhardt, "Hekataios von Abdera und Demokrit," *Hermes*, XLVII, 1912, p. 492~513 ; Johannes H. Dahlmann, *De philosophorum Graecorum sententiis ad loquellae originem pertinentibus capita duo*, Diss. Leipzig, 1928 ; Walter Spoerri, "Zu Diodor von Sizilien 1, 7/8," *Museum Helveticum*, 18, 1961, p. 63~82.
162) 루크레티우스의 『사물의 본성에 관하여』에서 묘사되는 원시인들은 "야생동물들의 방식으로" 산다(V, 932 : *more ferarum*).
163) 데모크리토스, B5$_1$.
164) 같은 곳.
165) 히포크라테스, 『고대 의학에 관하여』, III, 2~4와 VII, 1. 거기에서 우리는 디

오도로스의 증언과 근접시킬 수 있는 구절들을 발견할 수 있다.
166) Thomas Cole, *Democritus and the sources of the Greek anthropology*, Cleveland (Ohio), Western Reserve Univ. Press, 1967, 특히, p. 26을 비롯한 여러 곳.
167) 데모크리토스, B154.
168) 루크레티우스,『사물의 본성에 관하여』, V, 1091~1101.
169) (옮긴이) 시칠리아의 디오도로스는『역사적 도서관』(I, 8, 5)에서 데모크리토스의 언어기원론을 다음과 같이 정리하고 있다. 최초의 인간들의 목소리는 분절되지도 않고 혼동되었다. 그들은 차츰 단어들을 분절하고, 각 대상을 가리킬 수 있도록 서로 알아들을 수 있는 상징들을 만들게 된다. 사람들이 대지에 흩어져 살다 보니 다양한 공동체만큼이나 서로 다른 방언들이 존재한다. 이 각각의 공동체는 우연히(hōs etyche) 고유한 어휘를 갖게 된다. 그 때문에 언어가 그렇게 다양하게 많은 것이다. 마찬가지로 데모크리토스는 이름들이 "인위적으로"(thesei), "우연히"(tychēi) 있는 것이지 "본래부터"(physei) 있는 것이 아니라고 보았다. 데모크리토스는 네 가지 논변들로 이 주장을 뒷받침했다. (1) 동명이의에 의한 논변, (2) 이름의 다수성에 의한 논변, (3) 이름들의 바뀜에 의한 논변, (4) 이름[파생어]들의 결여에 의한 논변. 이에 대해서는 데모크리토스, B26 [= 프로클로스,『플라톤의「크라튈로스」주석』, 16, 6, 10] 참조. 이름들이 인위적으로 있다는 말은, 그것이 다른 현상들과 마찬가지로 관습[규약]에 따라(nomō) 존재한다는 말로 바꿔 읽을 수도 있다.
170) 데모크리토스, B26. 그리고 또한 B51 참조.
171) (옮긴이) 데모크리토스, B17 [= 키케로,『연설가에 관하여』, II, XLVI, 194와『점복에 관하여』, I, XXXVIII, 80].
172) (옮긴이) 시인이 가져야 하는 신적인 영감, 기운, 소질에 대해서는 데모크리토스, B17 [= 호라티우스,『시 짓는 기술에 관하여』, 295], B18 [= 알렉산드리아의 클레멘스,『학설집』, VI, 168], B21 [= 디온 크리소스토모스,『연설집』, XXXVI, 1]을 참조.
173) 아리스토텔레스,『잠에서의 계시에 관하여』, 2, 464a24~27과 32~33 참조.
174) 키케로,『신들의 본성에 관하여』, II, XXX, 76.
175) 같은 책, I, XII, 29.
176) 프로타고라스, B4 참조.
177) 데모크리토스, A79 [= 알렉산드리아의 클레멘스,『학설집』, V, 88].
178) 같은 곳.

179) 데모크리토스, B166〔= 섹스투스 엠피리쿠스, 『학자들에 대한 반박』, IX, 19〕.
180) 데모크리토스, A74〔= 키케로, 『신들의 본성에 관하여』, I, XII, 29〕.
181) 데모크리토스 A75〔= 섹스투스 엠피리쿠스, 『학자들에 대한 반박』, IX, 24〕.
182) 크리티아스, B25 : "사려 깊고 현명한 사유를 하는 자가 가사자들을 위해 〔신들에 대한〕 공포를 발명하였는데, 이는 사악한 자들이 비밀으로라도 그들이 행하고, 말하고, 또 생각했던 것을 되돌려 받을 생각에 두려움에 떨도록 하기 위한 것이다. 그리하여 그는 신성을 도입한다."
183) Werner Jaeger, À la naissance de la théologie. Essai sur les Présocratiques 〔1947〕, Paris, Éd. du Cerf, 1966, p. 196에서 인용.
184) (옮긴이) 노력과 수고에 대한 단편으로는, 데모크리토스, B157, 179, 182, 240, 241, 243 참조.
185) (옮긴이) 자유를 언급하는 단편으로는, 데모크리토스, B226, 251, 282 참조.
186) 데모크리토스, B38 〔= 데모크라테스, 4〕.
187) 데모크리토스, B101 〔= 데모크라테스, 67〕.
188) (옮긴이) 운에 관한 단편으로는, 데모크리토스, B106, 119, 176, 197, 210, 269, 286, 288 등 참조.
189) Cyril Bailey, The Greek atomists and Epicurus, op. cit., p. 188.
190) 같은 책, p. 188.
191) 에피쿠로스주의 철학자, 오이노안다의 디오게네스, frag. 54 Smith, col. 2~3.
192) 데모크리토스, A1〔= 디오게네스 라에르티오스, 『유명한 철학자들의 생애와 사상』, IX, §45〕.
193) Gregory Vlastos, "Ethics and physics in Democritus," The Philosophical Review, LIV, 1945, p. 578~592 〔Part One〕. 그리고 LV, 1946, p. 53~64 〔Part Two〕.
194) Vlastos, "Ethics and physics in Democritus," art. cit., p. 583.
195) 플라톤, 『법률』, IV, 721d와 VI, 774a.
196) (옮긴이) 교육에 관한 단편으로는, 데모크리토스, B33, 53, 56, 59, 61, 181, 182, 183, 184, 185, 242, 268, 280 참조.
197) 데모크리토스, B242.
198) 데모크리토스, B33.
199) (옮긴이) 데모크리토스, B257과 259.
200) 데모크리토스, B251 참조. "자유가 예속보다 더 선호할 만한 것인 만큼, 민주

정에서의 가난이 이른바 전제군주들 곁에서의 행복보다 더 선호할 만하다."
201) (옮긴이) 추첨제, 대중선거제 또는 나쁜 자들의 공직 수행에 대한 데모크리토스의 비판으로는, 데모크리토스, B49, 254, 267 등 참조.
202) 아일리아누스, 『다양한 이야기』, IV, 20.
203) 히포크라테스, 『전집』(*Œuvres complètes*) (èd. et trad. Littrè), Paris, Billière, 1861, t. IX, p. 359.
204) 같은 책, t. IX, p. 375.
205) 같은 책, t. IX, p. 361.
206) 뒤에 이어지는『서한들』에 관한 연구와 관련해서 나는 실례를 무릅쓰고 브랭 (Vrin)에서 출간된 내 책의 8장(*Démocrite. Grains de poussière dans un rayon de soleil*, p. 351~370)뿐 아니라, 위 서한들만을 특별히 다룬 또 다른 연구인 Salem, *La Légende de Démocrite*, Paris, Kimé, 1996를 참조하고자 한다.
207) Zeph Stewart, "Democritus and the Cynics," *Harvard Studies in Classical Philology*, LXIII, 1958, 179~191.
208) 이것은『위-히포크라테스 서한들』의 열일곱 번째 편지에 해당한다.
209) Gustave Flaubert, *Dictionnaire des idées reçues*, Paris, Le Livre de Poche, 1997, p. 104 : "멜랑콜리. 심장과 정신의 고양이 분리되었다는 징후."
210) 히포크라테스, 『아포리즘』, VI, 53.
211) Christoph M. Wieland, *Œuvres complètes*, t. X, 1. II, 특히 5, 6, 7장, p. 106~120 (다마게토스에게 보내는 편지에서 직접적으로 영감을 받은 에피소드들) 참조.
212) Olivier Bloch, *Le Matérialisme*, Paris, P.U.F., 1985, p. 74와 여기저기.
213) Hippocrate, *Œuvres complètes*, loc. cit., t. IX, p. 308.
214) 위 46쪽 참조.
215) André Festugière, *La Révélation d'Hermès Trismégiste*. L'Astrologie et les sciences occultes, Paris, Les Belles Lettres, 1983, p. 23~24.
216) Friedrich Nietzsche, *Sur Démocrite* (trad. Ph. Ducat), Paris, Métaillé, 1990, p. 59.
217) 데모크리토스, $B300_1$ 참조.
218) Wellmann, "Die Φυσικά des Bolos Demokritos und der Magier Anaxilaos aus Larissa," *Abhandlungen der Preussischen Akademie*, 1928, n° 7, p. 3 참조.
219) 데모크리토스, $B300_3$.

220) Wellmann, "Die Φυσικά des Bolos Demokritos und der Magier Anaxilaos aus Larissa," op. cit., p. 3 참조.
221) 데모크리토스, B300$_7$.
222) 데모크리토스, B300$_{13}$.

2장 에피쿠로스

1) 기원전 323년 6월 13일, 알렉산드로스는 숨을 거두었다. 그날 저녁 그의 시체는 방부 처리되었고, 그의 장군들은 고대 저자들의 말에 따르면 "넝마주이들처럼" 또는 "멧돼지 떼처럼" 그 시체를 차지하려고 다투었다. 결국 라지드 왕가의 프톨레마이오스가 가장 민첩하게 그 유해를 훔쳐서는 이집트의 멤피스로 가져갔다.
2) *Épicure et ses dieux*, Paris, P.U.F., (Mythes et Religions), 1946 ; rééd. 1968, p. 27에 있는 페스튀지에르(Festugière)의 표현.
3) 우리는 이 표현들을 키케로(『최고선악론』, II권 중 XXIII, 75와 IV. 12)에서 발견할 수 있다. 그는 에피쿠로스주의를 비판할 때 그 나름의 방식대로 그 표현들을 사용한다.
4) 디오게네스 라에르티오스, 『유명한 철학자들의 생애와 사상』, X. 3.
5) 같은 책, X, 16.
6) 같은 책, X, 26.
7) 같은 책, X, 27~28.
8) 물론 이 사람은 기원전 5세기에 살았던 위대한 역사가 헤로도토스를 가리키는 것이 아니다.
9) 위 35~36쪽 참조.
10) 특히 키케로, 『최고선악론』(I, II권), 『신들의 본성에 관하여』(I권), 『투스쿨룸 논쟁집』, 『운명에 관하여』 참조. 플루타르코스, 『콜로테스에 대한 반박』, 『우리는 에피쿠로스의 학설을 따라서 기쁘게 살 수 없다』 참조.
11) 루크레티우스, 『사물의 본성에 관하여』, III, 3~6.
12) 특히 David N. Sedley, "Epicurus, On nature, book XXVIII," *Cronache ercolanesi*, III, 1973, 5~83 참조.
13) 이와 관련해서는 다음을 참조. Marcello Gigante, *La Bibliothèque de Philodème et l'épicurisme romain* [= 1985년에 콜레주 드 프랑스에서 저자가 했던 콘퍼런스의 텍스트], Paris, Les Belles Lettres (Études anciennes), 1987.
14) 디오게네스 라에르티오스, 『유명한 철학자들의 생애와 사상』, X, 30. 고대 그리스어인 카논(kanōn)은 라틴어 노르마(norma)와 마찬가지로 원래 목수가 벽이

곧은지 확인하기 위해 사용하는 직각자를 가리킨다.
15) (옮긴이) 장 살렘은 "les appréhensions immédiates de la pensée"를 번역어로 받아들이고 있기 때문에 그에 맞추어 옮겼다. 원래는 "사유가 영상을 포착함으로써 즉각적으로 갖게 되는 이해"에 해당한다.
16) 디오게네스 라에르티오스, 『유명한 철학자들의 생애와 사상』, X, 31.
17) 같은 책, X, 34 : "pathē de legousin einai dyo, hēdonēn kai algēdona."
18) (옮긴이) 쾌락(본성에 적합한[oikeion] 것)과 고통(본성에 적합하지 않은 [allotrion] 것)에 의해 "선택과 피함이 결정"된다는 점에서 감정은 행위의 기준이라 할 수 있다. 디오게네스 라에르티오스, 『유명한 철학자들의 생애와 사상』, X, 34 참조. 이와 관련하여 두 가지를 지적하자. 첫째, 쾌락과 고통은 대립될 뿐 아니라, 서로 환원 불가능하다. 그 둘은 동시에 존재할 수 없다. 둘째, 에피쿠로스에게 있어서 선은 쾌락과 동일시되고, 악은 고통과 동일시된다. 이런 쾌락론이 스캔들을 일으켰음은 두말할 나위 없다.
19) 섹스투스 엠피리쿠스, 『학자들에 대한 반박』, VII, 205.
20) 같은 책, VII, 203 참조.
21) Marcel Conche, *Épicure. Lettres et maximes*, Villers-sur-Mer, Éd. de Mégare, 1977 (rééd. P.U.F., 1987), p. 26.
22) 키케로, 『최고선악론』, I, IX, 30 : 라틴어 텍스트에서는 논리적인 결론을 갖춘 추론(argumentum conclusioque rationis)과 관찰이나 환기(animadversio atque admonestatio)가 대립된다.
23) 같은 책, I, IX, 30.
24) 에피쿠로스, 『바티칸 금언들』, 73 참조.
25) Bailey, *The Greek atomists and Epicurus*, op. cit., p. 245.
26) (옮긴이) 디오게네스 라에르티오스, 『유명한 철학자들의 생애와 사상』, X, 33 참조. "에피쿠로스주의자들은 선개념을 이해나 옳은 의견 또는 개념이나 마음 속에 축적된 일반 개념, 다시 말해 외부로부터 자주 나타난 것에 대한 기억이라고 말한다. 가령 '이러이러한 것이 사람이다'라고 말할 때처럼 말이다. 사람이라는 단어가 말해지자마자, 사람의 대강이 선개념에 따라 곧장 머릿속에 떠오른다. 이는 감각이 사전에 정보를 주었기 때문이다. 그러므로 모든 이름에 있어서 일차적으로 의미화된 것은 분명하다. 또한 우리가 탐구 대상을 미리 알지 않았다면, 우리는 탐구 대상을 찾지 못할 것이다. 가령 '저기 서 있는 것이 말인가, 소인가'라고 물을 수 있는데, 이러려면 이미 선개념에 의해서 소나 말의 모양을 알고 있어야 한다. 우리가 먼저 일반 개념에 의해 그것의 대강을 알고 있

지 않았다면, 우리는 무언가를 부르지도 못했을 것이다. 따라서 선개념은 분명하다."

27) Descartes, *Réponses aux Secondes Objections*, Abrégé géométrique, 5e Axiome ; Paris, Garnier (éd. F. Alquié), 1967, t. II, p. 592. 〔데카르트는〕 특히 가상디를 겨냥하고 있다.

28) Us. 255.

29) 특히 § 38과 51 참조.

30) 키케로, 『신들의 본성에 관하여』, I, XIX, 49 : "〔에피쿠로스는〕 신들이 그들의 본질과 본성에 의하여, 감각이 아니라 정신에 의해 지각된다고 처음으로 가르친다"(docet eam esse vim et naturam deorum ut primum non sensu sed mente cernantur).

31) 에피쿠로스, 『헤로도토스에게 보내는 편지』, § 62 : "우리가 보는 모든 것(to theōroumenon), 또는 사유의 직접적 이해에 의해〔사유의 영상 포착을 통해〕(kat'epibolēn lambanomenon tēi dianoiai) 파악되는 것"은 참이다.

32) Conche, *Épicure, Lettres et maximes*, op. cit., p. 153~154 그리고 p. 160 참조. (옮긴이) 다시 정리하면 마르셀 콩슈는 사유의 직접적 이해를 두 종류로 나눈다. 하나는 감각되지 않는 것을 사유가 직접 이해하는 것이다. 신들의 시뮬라크르는 너무 미세하여 감각되지 않고, 미세구멍을 통해 우리의 정신에 직접 들어온다. 사유의 직접적 이해는 '사유의 감각' 또는 준-감각이라고 할 수 있다. 따라서 이것은 감각과 마찬가지로 진리의 기준 중 하나로 분류될 수 있다. 다른 하나는 루크레티우스가 『사물의 본성에 관하여』(II, 740)에서 '정신의 투사'(animi injectus)라고 불렀던 것과 같다. 시인은 허공 속에서 운동하는 원자들을 두고 "나는 허공 안에서 이 모든 것들이 완수되는 것을 본다"(III, 17)고 말한다. 여기에서 '본다'는 것은 시지각을 통해 본다는 것이 아니라 추론을 통해 불분명한 것들의 존재와 본성에 대한 시각화에 도달할 수 있다는 말이다.

33) 위 25~26쪽 참조.

34) 에피쿠로스, 『헤로도토스에게 보내는 편지』, § 40 그리고 루크레티우스, 『사물의 본성에 관하여』, I, 335~345.

35) (옮긴이) 데모크리토스에 대해서는 이 책 1장 3절 '지식론' 참조.

36) 에피쿠로스, 『헤로도토스에게 보내는 편지』, § 38. (옮긴이) "또한 우리는 확증을 기다리는 것과 불분명한 것을 그에 의거해 표지로부터 추론할 것을 가지기 위해서, 모든 것을 감각에 따라, 그리고 일반적으로 사유의 직접적 영상 포착이나 다른 어떤 판단 기준의 직접적 포착에 따라, 마찬가지로 또한 현존하는 감정

을 따라 탐구해야 한다." 본문에서는 to adēlon의 번역어로 l'invisible이 쓰였기 때문에 비가시적인 것이라고 옮겼지만, 불분명한 것이라고 옮기는 것이 보다 정확하다. 왜냐하면 에피쿠로스는 비가시적인 것을 지칭하기 위해 to aoraton이라는 단어를 사용하고 있으며, adēlon은 enargēs(분명한)에 반대되는 용어이기 때문이다. Diogène Laërce, *Vies et doctrines des philosophes illustres*, Le Livre de Poche, 1999, Livre X, p. 1266, n. 4 참조.

37) 기상 현상들은 원자들, 허공 등과 같이 절대적으로 비가시적인 것과 마찬가지로, 비가시적인 것들(adēla)의 종류에 포함된다.

38) 에피쿠로스, 『퓌토클레스에게 보내는 편지』, §103~104.

39) 같은 책, §111.

40) 같은 책, §105.

41) 같은 책, §96과 102 참조.

42) 같은 책, §104 : "monon ho mythos apestō" 마찬가지로 같은 책, §115와 『헤로도토스에게 보내는 편지』, §76~77 참조.

43) 에피쿠로스, 『퓌토클레스에게 보내는 편지』, §87.

44) 키케로, 『신들의 본성에 관하여』, I, VIII, 18 참조 : "거기에서 벨레이우스는 시작했다. 우리가 그들에게 인정한 아주 확정적인 방식으로, 무엇이든지 의심하는 듯이 보일 정도로 아무것도 두려워하지 않으면서(nihil tam verens quam ne dubitare aliqua de re videretur), — 마치 신들의 회합 및 에피쿠로스의 간세계에서 막 내려온 양." 벨레이우스가 에피쿠로스의 신학의 원리들을 설명하러 가기 이전에 차례차례 비판한 철학자들의 수는 26명이 넘는다! (같은 책, I, 25에서 41까지 참조).

45) 그렇지만 정확히 바로 그것이 『헤로도토스에게 보내는 편지』, §78 앞부분에서 말하는 자연학의 과제다. (옮긴이) "우리는 가장 중요한 것들(현상들)의 원인을 정확히 명시하는 것이 자연학의 과제라고 믿어야 한다. 그리고 행복이 천체 현상에 대한 인식 속에, 그리고 우리가 이 천체 현상에서 관찰한 것들의 본성이 무엇인지를 알고, 이것(행복)으로 향하는 엄밀함과 관련된 모든 것을 아는 데 있다고 믿어야 한다."

46) 『퓌토클레스에게 보내는 편지』, §114 참조 : "이런 것들에 대해 한마디로만 설명하는 것은(하나의 설명만을 제시하는 것은) 많은 사람들에게 경탄스런 뭔가를 이야기하고 싶어 하는 사람들에게나 알맞은 일이다."

47) Bailey, *The Greek atomists and Epicurus*, Oxford, Clarendon Press, 1928, p. 264~265.

48) 에피쿠로스, 『헤로도토스에게 보내는 편지』, §80.
49) 같은 책, §78.
50) 에피쿠로스, 『퓌토클레스에게 보내는 편지』, §86 : "(hē theōria) tois peri biōn logois."
51) 에피쿠로스, 『헤로도토스에게 보내는 편지』, §83.
52) 에피쿠로스, 『퓌토클레스에게 보내는 편지』, §87.
53) 칼 맑스가 그의 1841년 박사 논문에서 다소 성급하게 주장하는 것과 반대로, *Différence de la philosophie de la nature chez Démocrite et chez Épicure*, trad. J. Ponnier, Bordeaux, Éd. Ducros, 1970, p. 232 (독일어 텍스트에는 "grenzenlosen Nonchalance"(한없는 무사태평)라고 되어 있다) 참조.
54) (옮긴이) 에피쿠로스주의자들이 영혼의 혼란의 완전한 부재를 지칭하기 위해 사용한 용어.
55) 에피쿠로스, 『헤로도토스에게 보내는 편지』, §81~82.
56) 에피쿠로스, 『헤로도토스에게 보내는 편지』, §35~37.
57) 멜리소스, B1 참조.
58) 디오게네스 라에르티오스, 『유명한 철학자들의 생애와 사상』, IX, 44 참조.
59) 아리스토텔레스, 『자연학』, I, 4, 187a34~35 참조.
60) 루크레티우스는 유사하게 "만일 무에서 무언가가 형성될 수 있었다면, 모든 사물들로부터 모든 종이 생겨났을 것이며, 어떤 씨앗도 필요로 하지 않았을 것이다"(Nam si de nihilo fierent, ex omnibu'rebus / omne genus nasci posset, nil semine egeret)라고 썼다(『사물의 본성에 관하여』, I, 159~160). (옮긴이) '존재하지 않는 것에서는 아무것도 생겨나지 않는다'는 원리는 비-반증의 원리에 기초한다.
61) 『티마이오스』, 31b 참조 : "그것은 이 유일한 하늘에서 생겨났고, 그것과 다른 것에서 생겨나지 않을 것이다."
62) 에피쿠로스, 『헤로도토스에게 보내는 편지』, §73~74.
63) 아낙시만드로스, A10 참조. (옮긴이) 위-플루타르코스, 『학설집』, 2 : "탈레스의 동료였던 아낙시만드로스는 무한정한 것이 모든 것의 생성과 소멸의 전체 원인을 지니는데, 이것에서 하늘들과 무수한 모든 세계들 일반이 분리되어 나온다(apokekrinesthai)고 말한다."
64) 에피쿠로스, 『헤로도토스에게 보내는 편지』, §73 참조. 그리고 데모크리토스, A67과 B167: "온갖 형태(원자)로 이루어진 회오리가 전체로부터 떨어져 나왔다"(dinon apo tou pantos apokrithēnai pantoiōn ideōn).

65) 에피쿠로스,『헤로도토스에게 보내는 편지』, §45.
66) 플라톤,『티마이오스』, 55d 참조.
67) 같은 책, 33a.
68) 에피쿠로스,『헤로도토스에게 보내는 편지』, §74.
69) 같은 책, §42.
71) 데모크리토스, A1 참조 : "어떤 것도 비-존재에서 생겨나지 않으며, 어떤 것도 비-존재로 소멸되지 않는다."
72) 루크레티우스,『사물의 본성에 관하여』, I, 847~850 참조.
73) 같은 책, I, 362~363 참조 : "물질의 고유한 성질은 위에서 아래로 압력을 가하는 것이다."(옮긴이) 보다 정확히는,『사물의 본성에 관하여』, I. 362 : "물체들의 고유한 성질은 모든 것들에게 아래쪽으로 압력을 가하는 것이다"(corporis officiumst quoniam premere omnia deorsum).
74) 에피쿠로스,『헤로도토스에게 보내는 편지』, §54.
75) 같은 책, §54.
76) 아리스토텔레스,『생성과 소멸에 관하여』, I, 8, 325a33~34 [=레우키포스, A7].
77) 플루타르코스,『콜로테스에 대한 반박』, 1110f [=데모크리토스, A57].
78) 이 주제에 대해서는, 루크레티우스,『사물의 본성에 관하여』, 특히 II, 730~864 참조.
79) 위 25~26과 88~89쪽 참조.
80) 에피쿠로스,『헤로도토스에게 보내는 편지』, §40.
81) 루크레티우스,『사물의 본성에 관하여』, I, 335~345 참조.
82) 아래 165~166쪽 참조.
83) 에피쿠로스,『헤로도토스에게 보내는 편지』, §42. (옮긴이) 'aperilepton'을 본문에 나온 대로 무한정(indéfini)으로 옮겼지만, 보다 정확한 번역은 '셀 수 없이 많은'이다.
84) 에피쿠로스,『헤로도토스에게 보내는 편지』, §59.
85) 데모크리토스 A47 참조. 아에티오스는 [세계의 크기만한 원자가 있을 수 있다는] 견해를 (아마 분명히 착각하여) 데모크리토스의 것으로 간주했다.
86) 아래 172~173쪽 참조.
87) Hermann Usener, *Epicurea*, Leipzig, 1887 [réimpr. Rome 1963 ; Stuttgart, Teubner, 1966], p. 8 참조.
88) Bailey, *Epicurus. The extant remains*, op. cit., p. 25 : "원자들은 영원히 계

속 운동한다. 원자들 중 어떤 것은 [아래로 곧장 떨어지고 어떤 것들은 편위하고, 다른 것들은 충돌해서 되튕겨나간다. 그리고 되튕겨나가는 것들 중 어떤 것들은] 서로 멀리 떨어지게 [되어 있다]."(옮긴이) [ ] 안의 구절은 베일리가 자의적으로 추가한 내용이다.

89) (옮긴이) Adolf Brieger, *Die Urbewegung der Atome und die Weltentstehung bei Leukipp und Demokrit*, Progr., Halle, 1884 ; Mauricen Solovine, *Épicure. Doctrines et maximes*, Paris, Hermann, 1925.

90) 오이노안다의 디오게네스, frag. 54 Smith, 그리고 키케로, 『최고선악론』, I, VI, 18, 『운명에 관하여』, X, 22, 『신들의 본성에 관하여』, I, XXV, 69 참조.

91) 에피쿠로스, 『헤로도토스에게 보내는 편지』, §44. (옮긴이) 이 구절은 연구자들 사이에 논란거리다. 모든 사본들에는 이 구절이 "이 운동들에는 시작이 없다. 원자들과 허공은 [그 운동의] 원인이기 때문이다"(archē de toutōn ouk estin, aitiōn tōn atomōn ousōn kai tou kenou)라고 되어 있다. 그러나 가상디는 aitiōn[원인]을 aidiōn[영원한]으로 바꿔 읽었고, 오늘날 에피쿠로스 문헌의 주요 편집자들인 우세너(Usener), 롱(Herbert S. Long), 아리게티(Graziano Arrighetti), 롱과 세들리(Anthony A. Long & David N. Sedley), 마르코비치(Miroslav Marcovich) 등도 가상디를 따라 aidiōn으로 고쳐 읽는다. 살렘 역시 aidiōn으로 읽고 있기 때문에 본문대로 옮겼다.

92) 아리스토텔레스, 『동물들의 생성에 관하여』, V, 8, 789b2 참조.

93) 아리스토텔레스, 『자연학』, VIII, 1, 252a32[= 데모크리토스, A65].

94) 위 27~29쪽 참조.

95) Jean-Marie Guyau, *La Morale d'Épicure et ses rapports avec les doctrines contemporaines*, Paris, 1878, p. 83.

96) 에피쿠로스는 여기에서 단호하게 데모크리토스의 원리를 적용한다. 데모크리토스, A119[= 아리스토텔레스, 『감각과 감각되는 것들에 관하여』, IV, 442a29] : "모든 감각 가능한 것은 접촉 가능한 것", 달리 말해 "모든 감각은 일종의 촉각 [이다]."

97) 『사물의 본성에 관하여』, IV편 26~461행은 시뮬라크르 이론과 시각적 감각작용의 확실성에 대해 다룬다. 시각 말고 다른 감각들은 훨씬 더 짧게 연구된다.

98) 에피쿠로스, 『헤로도토스에게 보내는 편지』, §46~51 참조. 청각과 후각은 같은 『편지』, §52와 53에서 훨씬 짧게 다뤄진다.

99) 같은 책, §49.

100) 같은 책, §47.

101) Conche, *Épicure. Lettres et maximes*, op. cit., p. 134.
102) 에피쿠로스, 『헤로도토스에게 보내는 편지』, §50. 윤리학에서도 마찬가지로, 우리는 영혼이 반-자연적인 변증법의 방식으로, 항상 만족하기에 충분한 것 너머를 욕망한다는 가르침을 받는다(Us. 445 참조). 예를 들어 사랑에서, 자연(본성)을 잊는 것은 마주침들의 쾌락이 우리 안에서 사랑-정념의 광기로 대체되도록 내버려두는 것이라고 루크레티우스는 주장한다. 사랑이란 순수한 쾌락의 감정에 무제한적인 소유라는 채워지지 않는 욕망을 **다시 덧붙이는 것**이다.
103) 루크레티우스, 『사물의 본성에 관하여』, IV, 198.
104) 같은 책, IV, 89와 105 참조.
105) 루크레티우스, 『사물의 본성에 관하여』, II, 111 : "운동을 결합하다" (consociare motus).
106) 에피쿠로스, 『헤로도토스에게 보내는 편지』, §48.
107) 같은 곳.
108) 루크레티우스, 『사물의 본성에 관하여』, IV, 722 이하.
109) 같은 책, IV, 732~738.
110) Conche, *Épicure. Lettres et maximes*, op. cit., p. 32.
111) 같은 책, p. 141.
112) 섹스투스 엠피리쿠스, 『학자들에 대한 반박』, VIII, 9.
113) 루크레티우스, 『사물의 본성에 관하여』, IV, 513~521. 위 85쪽의 각주 14 참조.
114) 마찬가지로 에피쿠로스, 『중요한 가르침들』, XXIV 참조. (옮긴이) 원문을 따라 옮긴 '의견을 가진 것 및 확증을 기다리는 것'(to doxazomenon kai to prosmenon)이라는 구절은 편집자들 사이에 논란이 되는 구절이다. H. S. Long, Arrighetti, Conche는 사본 F(codex Laurentianus Florentinus 69, 13)를 따라 위와 같이 읽지만, J. Bollack, Long & Sedley, Jean-François Balaudé 등은 사본 B(codex Borbonicus Neapolitanus gr. III B 29)와 P(codex Parisinus gr. 1759)를 따라 'to doxazomenon kata to prosmenomenon', 즉 '확증을 기다리는 것을 따라 의견을 가진 것'으로 읽는다.
115) 루크레티우스, 『사물의 본성에 관하여』, IV, 535~541.
116) 에피쿠로스, 『헤로도토스에게 보내는 편지』, §63.
117) 루크레티우스, 『사물의 본성에 관하여』, III, 241과 여기저기.
118) Us. 314와 315 참조.
119) 『헤로도토스에게 보내는 편지』, §66의 주석 참조. (옮긴이) "그는 다른 곳에서

영혼이 불 원자들과 많이 다르게, 가장 매끈하고 가장 둥근 원자들로 구성되어 있다고 말한다. 그리고 한편으로 영혼의 비이성적 부분이 있는 바, 그것은 신체의 나머지에 퍼져 있고, 다른 한편으로 두려움과 기쁨으로부터 명백하듯이, 이성적 부분은 가슴에 있다. 복합체 전체에 퍼져 있는 영혼의 부분들이 모여서 붙들리거나, 흩어지거나, 충돌 시 배출될 때 잠이 온다. 정액은 온몸에서 나온다." Conche의 텍스트를 따름.

120) 루크레티우스,『사물의 본성에 관하여』, III, 634~669.
121) 우리가 성 아우구스티누스의 소품집『영혼의 위대함에 관하여』(De quantitate animae)에서 발췌한 다음의 텍스트를 보라. "우리는 최근에 리구리아에 있었다. 공부를 계속하려고 나와 함께 있던 청년들은 그늘 속 땅바닥에 누워 있었다. 그들은 그때 다족류의 긴 벌레 한 마리가 땅 위에 널브러져 있는 것을 알아차렸다. 이 작은 벌레는 잘 알려진 것이지만, 나는 그것에 대해 다음에 내가 말할 것을 실험해본 적이 결코 없었다.
청년 중 하나가 마침 손에 있던 뾰족한 필기구를 뒤적거리더니 그 동물 한가운데를 찔렀다. 단박에 두 동강난 그 신체의 두 부분은 마치 서로 다른 두 동물이 이런저런 빠르기와 힘을 가진 듯, 서로 반대되는 방향으로 움직이기 시작했다. 이 기이한 현상에 놀란 청년들은 그 원인이 궁금해졌는지 함께 앉아 있던 나와 알뤼피우스에게 이 두 살아 있는 조각들을 가져왔다. 우리 역시 자못 당황하여 그 조각들이 탁자 위에서 이리저리 움직이는 것을 지켜보았다. 뾰족한 필기구로 위 두 조각 중 하나를 찔렀더니 그것은 아픈 쪽으로 구부러졌지만, 나머지 한 조각은 아무것도 느끼지 못한 채 가던 길을 계속해서 가는 것이었다. 결국 우리는 그것들이 어디까지 가는지 보고 싶었다. 우리는 이 벌레, 아니 이 벌레들을 여러 부분으로 잘랐다. 그 조각들은 모두 꿈틀거렸다. 만일 우리 자신이 그것들을 자르지 않았다면, 만일 우리가 이 상처 난 조각들이 모두 살아 있다는 것을 보지 않았다면, 우리는 그것들이 따로 태어나서 각자 고유한 생명을 갖는 벌레들이라고 생각했을 것이다." (Saint Augustin, *La Grandeur de l'âme*, XXXI, 62, trad. P. de Labriolle ; Paris, Bibliothèque Augustinienne, vol. V, p. 356~359.) 이 주제에 대해서는 또한 아리스토텔레스,『영혼에 관하여』, I, 5, 411b18 이하 참조.
122) 에피쿠로스,『헤로도토스에게 보내는 편지』, §65~66.
123) 루크레티우스,『사물의 본성에 관하여』, III, 583.
124) 에피쿠로스,『헤로도토스에게 보내는 편지』, §67.
125) 루크레티우스,『사물의 본성에 관하여』, I, 47~49.

126) *Papyrus Oxyrhincos*, II, 215 (trad. Festugière, in *Épicure et ses dieux*, op. cit., p. 99~100).
127) 마이모니데스, 『방황하는 자들을 위한 안내서』(*Le Guide des égarés*), trad. S. Munk, Paris, Verdier, 1979, p. 458. 인용구는 『예레미아』, V, 12.
128) 필로데모스, 『경건에 관하여』(*Peri eusebeias*), VH² II 108, 9 ; p. 126 Gomp. (=Us. 387).
129) 같은 곳(=Us. 12).
130) 테오프라스토스, 『성격론』, XVI, 2와 단편 Us. 169 (= 필로데모스, 『경건에 관하여』, VH2 II 109, 3 ; p. 127 Gomp.) 참조. (옮긴이) 안테스테리아 축제. "[디오니소스 신을 기념하기 위해] 안테스테리온(2월) 11, 12, 13일에 열리는 축제. 첫째 날(pithoigia)에 사람들은 가을에 수확한 포도주 담아두었던 포도주 항아리를 열었고, 이날 또는 둘째 날에는 술 마시기 대회가 벌어졌다. 그리고 둘째 날(choes)에는 배 모양의 마차에 오른 디오니소스를 뒤따른 행렬이 행진을 했다. 이 행렬에 참가한 사람들은 가면을 쓰고 있었던 것 같다. 신 역할은 아르콘 바실레우스(왕 집정관)가 맡았다. 셋째 날(chitroi)은 죽은 자들 또는 죽음이 임박한 사람들에게 바쳐진 날이었다. 사람들은 테라코타로 만든 솥단지에 다양한 야채와 곡물을 넣어 만든 죽을 준비했는데, 반드시 밤이 되기 전에 이 죽을 다 먹어 없애야 했다. 또한 영혼을 하데스로 인도하는 역할을 맡은 헤르메스 프시코폼포스에게 제물을 바치는 의식이 거행되었다." 로베르 프라실리에르 지음, 심현정 옮김, 『고대 그리스의 일상생활』, 우물이 있는 집, 2004, 315~316쪽 참조.
131) 필로데모스, 『경건에 관하여』, VH² II 109, 3 ; p. 127 Gomp. [= Us. 169] : "[ta] mystēria ta [asti]ka kai tas al[las teletas myoumenos *suppl*. Festug.]."
132) 디오게네스 라에르티오스, 『유명한 철학자들의 생애와 사상』, X, 27 참조. (옮긴이) 디오게네스의 책에 실린 에피쿠로스 저작 목록에는 『신성함에 관하여』만 나올 뿐이다. 『경건에 관하여』는 키케로, 『신들의 본성에 관하여』, I, 41, 115와 I, 44, 123(=Us. 27)에서 'de sanctitate'라는 제목으로 언급된다.
133) 플루타르코스, 『에피쿠로스적인 지복에 반대하여』(*Contra Epicuri beatitudinem*), 1102b~c.
134) 같은 책, 1102b~c ; Us. XXVII, p. 103 참조.
135) 필로데모스, 『경건에 관하여』, col. 110 [= Us. 13] : "ou monon [dia t]ous nomous, alla dia physikos [aitias]." 우리는 여기에서 D. 바뷔의 번역(D. Babut, *La Religion des philosophes grecs*, Paris, P.U.F., 1974, p. 165~166)을

채택한다. (옮긴이) 필로데모스의 위 구절에는 이런 얘기가 나온다. "그는 『삶에 관하여』에서 이렇게 말한다. 기도는 지혜에 알맞다. 우리가 그것을 안 하면 신들이 화를 내서가 아니라, 능력과 탁월함에 있어서 뛰어난 본성들에 대해 [우리가] 숙고를 하기 때문이다."

136) R. 아메리오에게서 차용한 정식 : R. Amerio, "L'Epicureismo e gli dei," *Filosofia*, IV, 1953, 97~137(= p. 102) 참조.

137) 오이노안다의 비문[= frag. 125 Smith]에서 차용한 정식. 이 정식은 아마도 에피쿠로스가 그의 어머니에게 보낸 편지에서 나온 것일 것이다. (옮긴이) 페스튀지에르는 *Papyrus Oxyrhincus* 215를 연구하여 다음과 같은 결론을 끌어냈다. 에피쿠로스에게 있어서 진실로 경건한 인간은 신으로부터 은총을 받기 위해서가 아니라, 관조를 통해 신과 가까워지고 신의 기쁨을 즐기면서 이생에서 끝없는 행복을 누리기 위해 신을 경배한다. A.-J. Festugière, *Épicure et ses dieux*, p. 98 참조.

138) 키케로, 『신들의 본성에 관하여』, I, XIX, 51 참조.

139) Us. 359[= 히폴뤼토스, 『모든 이교적 학설들에 대한 논박』, 22, 3] 참조.

140) 루크레티우스, 『사물의 본성에 관하여』, III, 19~22.

141) 이 공급(suppeditatio)은, 곧 신들의 '보충해서 채우는 과정'(antaplērōsis)이다. Suppeditation에 대해서는 루크레티우스, 『사물의 본성에 관하여』, V, 1175~1176과 키케로, 『신들의 본성에 관하여』, I, XXXIX, 109 참조.

142) 키케로, 『신들의 본성에 관하여』, I, XVIII, 48.

143) 에피쿠로스의 『중요한 가르침들』, I에 달린 주석과 키케로, 『신들의 본성에 관하여』, I, XIX, 49가 문제이다.

144) (옮긴이) Jules Lachelier, "Les dieux d'Épicure d'après le *De natura deorum* de Cicéron," *Revue de Philologie*, I, 1877, 264~267.

145) (옮긴이) Walter Scott, "The physical constitution of the Epicurean gods," *The Journal of Philology*, XII, 1883, 212~247.

146) Carlo Giussani, *Studi lucreziani*, Turin, Loescher, 1896, p. 236.

147) 키케로, 『신들의 본성에 관하여』, I, XVIII, 49 : "quasi corpus, quasi sanguis."

148) 루크레티우스, 『사물의 본성에 관하여』, V, 181과 여기저기. (옮긴이) 에피쿠로스주의에 따르면, 무언가를 만들려면 그의 정신 안에 만들고자 하는 대상에 대한 선개념이 있어야 한다. 그러나 자연이 신에게 창조의 본보기를 보여주지 않았다면, 신은 사물의 창조에 대한 모델이나 인간에 대한 선개념을 가질 수도

없으며, 원자들이 가진 힘과 그 원자들이 자리를 바꿈으로서 보여주는 가능성들에 대해서도 알지 못한다. 요컨대 신보다 앞서 자연은 이미 항상 존재하는 것이다. 이런 생각은 모델에 따라 '세계를 창조하는' 데미우르고스(플라톤, 『티마이오스』, 29a~c)에 반대된다.

149) 에피쿠로스, 『메노이케우스에게 보내는 편지』, §123.
150) (옮긴이) 에피쿠로스가 주장하는 신에 대한 선개념과 관련해서는 키케로, 『신들의 본성에 관하여』, I, XVI, 43~44 참조.
151) (옮긴이) 키케로, 『신들의 본성에 관하여』, I, XXIII, 62 참조.
152) 에피쿠로스, 『메노이케우스에게 보내는 편지』, §123
153) 루크레티우스, 『사물의 본성에 관하여』, V, 1203 : "(경건함이란) 평온한 정신으로 모든 것을 바라볼 수 있는 것이다"(pacata posse omnia mente tueri).
154) 에피쿠로스, 『헤로도토스에게 보내는 편지』, §76. (옮긴이) 살렘은 콩슈를 따라 '조정했던'(diataxantos)이라고 읽고, 또 이는 다수의 편집자들의 견해이기도 하다. 하지만 J. Bollack, Long & Sedley, Balaudé 등은 '조정할'(diataxontos)로 읽기도 한다.
155) 같은 책, §77.
156) 데모크리토스, A75.
157) 같은 곳.
158) 플라톤, 『에피노미스』, 983b~c. 또한 플라톤의 『티마이오스』(91d~92b)에 따르면 눈은 천체 현상들을 보기 위해 인간에게 주어졌고, 인간과 동물의 근본적인 차이는 전자만이 그들의 신체의 직립 자세와 그들의 영혼의 지성을 결합함으로써 하늘을 이성적으로 바라볼 수 있다는 데 있다.
159) 플라톤, 『법률』, X, 886d. 또한 『티마이오스』, 47c와 특히 『법률』, VII, 818b 이하 참조.
160) 섹스투스 엠피리쿠스, 『학자들에 대한 반박』, XI, 169[= Us. 219].
161) 루크레티우스, 『사물의 본성에 관하여』, VI, 28 : "recto··· cursu."
162) 키케로, 『최고선악론』, I, XVIII, 57 참조.
163) 에피쿠로스, 『바티칸의 금언들』, 60.
164) (옮긴이) 파스칼, 『팡세』, 단편 172(브륀슈빅판). "우리는 결코 살지 않는다. 하지만 우리는 살기를 희망한다. 항상 행복해질 채비만 하는 우리가 결코 행복하지 못한 것은 피할 수 없다."
165) 루크레티우스, 『사물의 본성에 관하여』, III, 1071~1072 참조. (옮긴이) "만일 우리가 그것[악의 원인]을 잘 본다면, 만사를 제치고(iam rebus quisque

relictis) 먼저 사물의 본성을 공부할 것이다."
166) (옮긴이) 세네카,『인생의 짧음에 관하여』, IX, 1 : "인생에 끼친 가장 큰 피해는 연기다."
167) 파스칼,『팡세』, 단편 195(브륀슈빅판)〔= 사본에서 뽑아낸 이본〕.
168) René-Victor Pilhes, L'imprécateur, Paris, Seuil, 1980 참조.
169) 포르퓌리오스,『마르켈라에게 보내는 편지』(ad Marcellam), 31에서 인용된 에피쿠로스의 말 〔= Us. 221〕.
170) 루크레티우스,『사물의 본성에 관하여』, V, 8~9. (옮긴이) "그는 신이었노라, 고귀한 멤미우스여, 그는 삶의 규칙(ratio)을 최초로 발견한 신."
171) 키케로,『투스쿨룸 논쟁집』, I, XXI, 48.
172) 키케로,『최고선악론』, II, VII, 22 참조 : " '마치 고약 상자(tamquam de narthecio)인양', 에피쿠로스주의자들은 〔거기에서〕 '고통에 대한 그들의 유명한 치료제(doloris medicamenta illa)'를 꺼냈다."
173) 키케로,『투스쿨룸 논쟁집』, III, III, 6.
174) 같은 책, IV, XXIX, 62 : "인간의 본성을 똑똑히 고찰하면 영혼을 누그러뜨리는 모든 방법이 주어진다" (Continet autem omnem sedationem animi humana in conspectu posita natura).
175) Salem, Tel un dieu parmi les hommes. L'Éthique d'Épicure, op. cit., p. 17 참조.
176) 루크레티우스,『사물의 본성에 관하여』, III, 10~12.
177) 필로데모스,『말의 자유에 관하여』(Peri parrēsias), frag. 18. 비판본으로는 Alexandre Olivieri edidit, Leipzig, Teubner, 1914를 참조.
178) 루크레티우스,『사물의 본성에 관하여』, VI, 24 참조 : "(에피쿠로스는) 가슴을 정화했다" (〔Epicurus〕 purgavit pectora).
179) 락탄티우스,『신학체계』(Divinae Institutiones), III, 8, 10〔= Us. 419〕.
180) 필로데모스는『말의 자유에 관하여』(col. XVII)에서, 에피쿠로스적인 교육자를 능숙한 의사(sophos iatros)와 분명하게 비교하고 있다.
181) 에피쿠로스,『메노이케우스에게 보내는 편지』, § 123.
182) (옮긴이) 디오게네스 라에르티오스,『유명한 철학자들의 생애와 사상』, X, 136 : "에피쿠로스는 쾌락에 관해서 퀴레네 학파와 의견을 달리한다. 왜냐하면 퀴레네 학파는 정적 쾌락을 인정하지 않고 동적 쾌락만을 받아들이기 때문이다. 에피쿠로스는『선택과 피함에 관하여』와『인생의 목적에 관하여』 그리고『삶에 관하여』 1권과, 뮈틸레네에 사는 친구에게 보내는 편지에서 말한 바와 같

이, 인간의 영혼과 신체 안에 두 가지 쾌락이 있다고 주장한다. 이와 유사하게, 디오게네스는 『문집』에서, 메트로도로스는 『티모크라테스』에서 말한다. '쾌락은 운동 중에 있기도 하고 정지 중에 있기도 하다고 생각된다.' 에피쿠로스는 『선택[과 피함]에 관하여』에서 말한다. '아타락시아[영혼의 동요의 부재]와 아포니아[신체의 고통의 부재]는 정적인 쾌락인 반면, 기쁨과 환희는 운동 중인 현실적인 쾌락이라고 생각된다."

183) 키케로, 『최고선악론』, I, XXI, 72.
184) 디오게네스 라에르티오스, 『유명한 철학자들의 생애와 사상』, X, 6 : "모든 교육에서 벗어나라"(paideian pasan… pheuge).
185) 특히, 플라톤, 『국가』, VII, 522c~531d를 참조. 거기에서 저자는 이 준비 행위(prooimia)를 프로그램으로 묘사한다. 풀타임으로 철학을 하는 것은 성숙한 나이에 이른 사람 전용이며, 플라톤에 따르면 마음대로 성찰하고 철학하는 행복은 쉰 살이 되었을 때 [각종 시험들에서] "살아남는"(같은 책, VII, 540a) 자들에게만 속하는 것이다.
186) Us. 138 (옮긴이) 디오게네스 라에르티오스, 『유명한 철학자들의 생애와 사상』, X, 22 : "우리가 했던 토론들을 기억하면서 나의 영혼의 기쁨이 이 모든 것들에 대항했네."
187) 에피쿠로스, 『바티칸의 금언들』, 55 (옮긴이) "잃어버린 것들(순간들)을 받아들임으로써, 그리고 일어난 것을 되지 않은 것으로 만들 수는 없다는 것을 앎으로써 불행을 치유해야 한다."
188) 이 정서의 상기라는 테마는 기이하게도 현대 주석가들 사이에 따로 연구 대상이 된 적이 없었다. 우리는 그것을 키케로와 플루타르코스에 근거해 연구했다. Salem, *Tel un dieu parmi les hommes. L'Éthique d'Épicure*, op. cit., p. 44~52.
189) 에피쿠로스, 『메노이케우스에게 보내는 편지』, §122.
190) 키케로, 『최고선악론』, I, IX, 29.
191) 아리스토텔레스, 『니코마코스 윤리학』, I, VII, 1097b1.
192) 키케로, 『최고선악론』, I, XVIII, 60 : "그들은 미래만을 기다린다"(futura modo exspectant).
193) 에피쿠로스, 『메노이케우스에게 보내는 편지』, §134 참조. 거기에서 어느 것도 신에 의해 "무질서하게"(ataktōs) 행해지지 않는다고 말해진다.
194) 에피쿠로스, 『퓌토클레스에게 보내는 편지』, §85.
195) 에피쿠로스, 『바티칸의 금언들』, 55 (위 125~126쪽 참조).

196) 키케로, 『최고선악론』, I, XIX, 63.
197) Alfred Körte, "Metrodori epicurei fragmenta, frag. 49," *Neue Jahrbücher für Klassische Philologie*, Supplementband, 17, 1890, p. 529~570.
198) 키케로, 『최고선악론』, II, XXVIII, 92. (옮긴이) "그[에피쿠로스의 분신 메트로도로스]는 대충 다음과 같이 행복한 상태를 묘사했네. '현재 육체가 건강한 상태에 있고 장래에도 확고히 그런 상태에 있는 경우이다.' 이런 육체가 생각될 수 있는 것처럼, 일 년이 아니라 하룻저녁에 누구에게 그런 상태가 확립될 수 있겠는가?"
199) 에피쿠로스, 『바티칸의 금언들』, 7 참조 : "부정의한 일을 범한 자가 숨어 지내기는 어렵다. 또한 숨어 지낼 만한 확신을 갖는 것은 불가능하다[안전하게 숨을 만한 곳을 발견하는 것은 불가능하다]."
200) 에피쿠로스, 『메노이케우스에게 보내는 편지』, §124 참조.
201) 에피쿠로스, 『바티칸의 금언들』, 34.
202) 에피쿠로스, 『퓌토클레스에게 보내는 편지』, §85.
203) 에피쿠로스, 『메노이케우스에게 보내는 편지』, §127.
204) 키케로, 『최고선악론』, I, XIII, 43.
205) 같은 책, I, XIII, 45. 우리는 필립 드 라시(Phillip de Lacy)를 따라, 제한이라는 개념이 에피쿠로스의 텍스트들에 편재하며, 거기에서 진정으로 조직적인 역할을 한다는 것을 보이려고 시도한 바 있다. Salem, *Tel un dieu parmi les hommes. L'Éthique d'Épicure*, op. cit., 1989, p. 83~99.
206) (옮긴이) 루크레티우스, 『사물의 본성에 관하여』, IV, 1058~1287.
207) (옮긴이) 에피쿠로스는 "많은 사람들이 말하듯이 위가 채워지지 않는 것이 아니라, 위의 한 없는 포만 상태에 대한 잘못된 의견이 채워지지 않는 것"이라고 말한다. 『바티칸의 금언들』, 59 참조.
208) 에피쿠로스, 『헤로도토스에게 보내는 편지』, §50 참조 : "거짓과 오류는 항상 의견에 의해 덧붙여지는 것에 있다"(to de pseudos kai to diēmartēmenon en toi prosdoxazomenoi aei estin). 또한 위의 104~105쪽과 후주 102 참조.
209) S. Freud, *Cinq leçons sur la psychanalyse* [1910], Paris, Payot, 1979, p. 65.
210) 에피쿠로스, 『바티칸의 금언들』, 63 참조.
211) 에피쿠로스, 『메노이케우스에게 보내는 편지』, §131.
212) (옮긴이) 에피쿠로스, 『메노이케우스에게 보내는 편지』, §129.
213) 우리는 뒤따르다(suivent)라고 했지, 동반하다(accompagnent)라고 하지 않았

다. 왜냐하면 에피쿠로스의 사유에는 '혼합된 쾌락', 즉 다소간 고통과 뒤섞인 쾌락이라는 개념을 위한 자리가 없기 때문이다. (옮긴이) 키케로, 『최고선악론』, I, XI, 38 참조.

214) 에피쿠로스, 『중요한 가르침들』, III.
215) 에피쿠로스, 『메노이케우스에게 보내는 편지』, §128~129.
216) 같은 책, §132.
217) 디오게네스 라에르티오스, 『유명한 철학자들의 생애와 사상』, X, 137. (옮긴이) 바로 그렇기 때문에 에피쿠로스에게 쾌락은 [우리가 그것과 함께] '타고난'(syngenikon) 것이다.
218) 키케로, 『최고선악론』, I, IX, 30 참조.
219) 키케로, 『최고선악론』, I, XXI, 71. 키케로는 이 책 제1권에서 토르쿠아투스라고 불리는 에피쿠로스주의자를 지어낸다. 거기서 토르쿠아투스는 그의 스승의 윤리학을 상세히 설명한다. 같은 책 제2권에서, 키케로는 토르쿠아투스가 했던 설명을 하나씩 하나씩 논박하려고 노력한다.
220) 같은 책, I, XXI, 71 : "de quibus neque deprqvqte iudicant neque corrupte."
221) 루크레티우스, 『사물의 본성에 관하여』, II, 16~19.
222) 에피쿠로스, 『메노이케우스에게 보내는 편지』, §128.
223) Us. 423 [= 플루타르코스, 『에피쿠로스적인 지복에 반대하여』, 5 p. 1090A].
224) Charles Baudelaire, *L'Art romantique* [1869], Paris, Garnier-Flammarion, 1968, p. 50.
225) Victor Brochard, "La théorie du plaisir d'après Épicure," in *Études de philosophie ancienne et de philosophie moderne*, Paris, Vrin, 1966, p. 271.
226) Salem, *Tel un dieu parmi les hommes. L'Éthique d'Épicure*, op. cit., p. 119~122 참조.
227) Brochard, 위의 논문, p. 271.
228) 같은 논문, p. 270~271.
229) 키케로의 『신들의 본성에 관하여』, I, XLI, 114에서 우리는 신들이 모든 종류의 고통으로부터 텅 빈 채 있다(dolore vacant)는 구절을 읽을 수 있다.
230) 루크레티우스, 『사물의 본성에 관하여』, VI, 29~30.
231) 오이노안다의 디오게네스, frag. 34 Smith, col. VI, 9~13 : "tōn ochlountōn tēn psychēn pathōn hypexairethentōn ta hēdonta autēn antiparerchetai."
232) Claude Mossé, *Histoire d'une démocratie : Athènes*, Paris, Seuil (coll.

Points/Histoire), 1971, p. 170 참조.
233) Moses Finley, *Démocratie antique et démocratie moderne*, Paris, Payot, 1976 참조.
234) 플루타르코스,『퓌로스의 생애』, 20[= Us. 552].
235) 플루타르코스,『'숨어 살아라'라는 말은 옳은 말인가?』, 1128F[=Us. 551] : "Lathe biōsas."
236) Bloch, *Le Matérialisme*, Paris, P.U.F., 1985, p. 12.
237) 같은 책, p. 9.
238) 이 아주 특별한 웃음과 관련해서 한 번 더 우리의 연구를 참조해주길 바란다. Salem, *Tel un dieu parmi les hommes. L'Éthique d'Épicure*, op. cit., p. 167~174.
239) 플루타르코스,『영혼의 평안에 관하여』(*De tranquillitate animi*), 2, 465F[=Us. 555].
240) 에피쿠로스,『바티칸의 금언들』, 77.
241) 같은 책, 78 참조 (옮긴이) "고귀한 사람은 무엇보다도 현명함과 우정에 신경을 쓴다. 이들 중 전자는 사멸하는 선이고 후자는 불멸하는 선이다."
242) 스토바이오스,『명문선집』(*Florilegium*), 43, 139[= Us. 530] (옮긴이) "현자들에게 법은 부정의를 행하지 않도록 하기 위해서가 아니라, 오히려 부정의를 당하지 않도록 하기 위해서 제정된다."
243) 세네카,『루킬리우스에게 보내는 편지』, 110, 35.
244) Paul Nizan, *Les Matérialistes de l'Antiquité. Démocrite. Épicure. Lucrèce*, Paris, Éd. Sociales Internationales, 1938 ; rééd. 1965 : p. 47.
245) Conche, *Le Fondement de la morale*, Villers-sur-Mer, Éd. de Mégare, 1982, p. 43.
246) 디오게네스 라에르티오스,『유명한 철학자들의 생애와 사상』, X, 3과 10 참조. (옮긴이) 에피쿠로스는 유언에서 "마지막으로, 내 노예들 중 뮈스, 니키아스, 뤼콘에게 자유를 주겠다. 파이드리온에게도 자유를 주겠다"고 말한다. 역으로 말하면, 에피쿠로스식의 "현자는 노예에게 벌을 주지 않고, 오히려 노예를 동정하고, 용서할만한 것은 용서할"(X, 118)지라도, 노예제 자체를 거부한 것은 아니다.
247) Bailey, *The Greek atomists and Epicurus*, op. cit., p. 518.
248) Sartre, "Matérialisme et révolution," *Situations III*, Paris, Gallimard, 1949, p. 173.

249) 적어도 **일부** 야만인들에게만 말이다. 왜냐하면 에피쿠로스는 "모든 체형의 사람이 현명하게 되지도 않으며, 모든 민족이 현명하게 되는 것도 아니"라고 주장했기 때문이다(디오게네스 라에르티오스, 『유명한 철학자들의 생애와 사상』, X, 117).

250) Norman W. De Witt, *Epicurus and his philosophy*, Minneapolis, Univ. of Minnesota Press, 1954, p. 8 (rééd. Westport [Connecticut], Greenwood Press, 1973).

251) Bailey, *The Greek atomists and Epicurus*, op. cit., p. 519.

252) 키케로, 『최고선악론』, II, XXVI, 84 참조.

253) 소마토퓔락스는 알렉산드로스 대제의 최측근 10여명이 함께 나눠 가졌던 지위다. 그들은 단순히 하나의 참모부에 그쳤던 것이 아니라, 일종의 내각을 이루었다.

254) Arrighetti, Epicuro. *Opere¹*, Torino, Einaudi, 1961, p. XXIII ; 2e éd. revue, 1973.

255) 에피쿠로스, 『바티칸의 금언들』, 28 참조.

256) 디오게네스 라에르티오스, 『유명헌 철학자들의 생애와 사상』, X, 121[= Us. 590].

257) (옮긴이) 에피쿠로스, 『바티칸의 금언들』, 23을 보라. "모든 우정은 그 자체로 바람직하다. 하지만 그 시작은 이득에 있다."

258) Guyau, *La Morale d'Épicure*, Paris, 1878, p. 134. (옮긴이) 다음과 같은 이중적인 구절을 보라. "항상 도움을 청하는 사람은 친구가 아니며, 도움을 우정과 결부시키지 않는 사람도 친구가 아니다. 왜냐하면 전자는 호의의 대가로 보상을 취하며, 후자는 미래의 희망을 파괴하기 때문이다." 에피쿠로스, 『바티칸의 금언들』, 39 참조. 키케로는 보다 최근의 에피쿠로스주의자들이 에피쿠로스가 언급한 적 없는 다음의 주장을 한다고 증언했다. "친구를 원하는 것은 처음에는 이득을 위해서지만, 이어서는 친숙함을 얻게 되고, 마침내는 쾌락에 대한 희망이 사라진 후에도 사랑받는 것 자체가 추구된다는 의견이지." 키케로, 『최고선악론』, II, XXVI, 82 참조.

259) 에피쿠로스, 『메노이케우스에게 보내는 편지』, §124~125.

260) Pierre Bayle, *Dictionnaire historique et critique* [1697], Genève, Slatkine Reprints, 1969, art. "Lucrèce", t. IX, p. 527~528.

261) 에피쿠로스, 『메노이케우스에게 보내는 편지』, §124.

262) 에피쿠로스. 플루타르코스, 『우리는 에피쿠로스의 학설을 따라서는 기쁘게 살

수 없다』, 1104c에서 인용된 표현.
263) (옮긴이) 에피쿠로스, 『메노이케우스에게 보내는 편지』, § 126
264) Feuerbach, *Pensées sur la mort et l'immortalité* (1831), Paris, Cerf, 1991, p. 180~181.
265) 에피쿠로스, 『중요한 가르침들』, XIX.
266) 에피쿠로스, 『메노이케우스에게 보내는 편지』, § 125.
267) Anatole France, *Le Jardin d'Épicure*, Paris, Calmann-Lévy, 1898, p. 46 ; Feuerbach, *Pensées sur la mort et l'immortalité*, op. cit., p. 175.
268) Maupassant, "L'Endormeuse" (1889), in *Contes et nouvelles* (éd. L. Forestier), Paris, Gallimard ('Pléiade'), 1979, t. II, p. 1159~1168.
269) Maupassant, *Bel-Ami*, in *Romans* (éd. L. Forestier), Paris, Gallimard ('Pléiade'), 1987, p. 300. 〔조홍식 옮김, 『여자의 일생·벨아미』, 학원사, 1985〕
270) Bayle, *Dictionnaire historique et critique* (1697), loc. cit.
271) Montaigne, *Essais*, I, 20. 〔손우성 옮김, 『몽테뉴 수상록』, 문예출판사, 2007〕
272) Salem, *Tel un dieu parmi les hommes. L'Éthique d'Épicure*, op. cit., p. 204~227 참조.
273) 에피쿠로스, 『메노이케우스에게 보내는 편지』, § 135.
274) 플루타르코스, 『스토아학파의 모순들에 관하여』(*De Stoicorum repugnantiis*), XIII에서 인용.
275) 세네카, 『루킬리우스에게 보내는 편지』, 31.
276) 에피쿠로스, 『메노이케우스에게 보내는 편지』, § 133.
277) 루크레티우스, 『사물의 본성에 관하여』, VI, 25 참조.
278) 에피쿠로스, 『메노이케우스에게 보내는 편지』, § 133.
279) 101~102쪽과 172~173쪽 참조.
280) 오이노안다의 디오게네스, frag. 54 Smith.
281) (옮긴이) 에피쿠로스, 『메노이케우스에게 보내는 편지』, § 134.

3장 루크레티우스

1) Arrighetti, "Épicure et son école," in *Histoire de la Philosophie*, Paris, Encyclopédie de la Pléiade, t. I, p. 768.
2) 위 124~125쪽 참조. 오이노안다의 비문은 1884년에 재발견되었다.
3) 키케로, 『투스쿨룸 논쟁집』, IV, III, 6. 마찬가지로, 같은 책, I, III, 6 참조.
4) Gigante, *Ricerche filodemee*, Naples, G. Macchiaroli ed. ; 2e éd. : 1983 (1re

éd. = 1969), p. 27.
5) 키케로, 『투스쿨룸 논쟁집』, II, III, 7.
6) 같은 책, IV, III, 7 : "그들은 전 이탈리아를 사로잡았다"(Italiam totam occupaverunt).
7) 키케로, 『최고선악론』, II, IV, 12.
8) Benjamin Farrington, "Second thoughts on Epicurus," *Science and Society*, XVII, n° 4, 1953, pp. 326~339. 그리고 그의 책, *The Faith of Epicurus*, London, Weidenfeld and Nicholson, 1967, p. 22.
9) 키케로, 『브루투스』, XXXV, 131; 『최고선악론』, I, III, 8; 『연설가에 관하여』, III, XLIII, 171 참조.
10) 이 점에 관해서는, Arnaldo Momigliano, "Review of B. Farrington, *Science and politics in the ancient world*," in *Journal of Roman Studies*, XXXI, 1941, p. 149~157.
11) 키케로, 『최고선악론』, II, XX, 63; II, XXII 70; 그리고 I, XI, 39 참조.
12) 키케로, 『신들의 본성에 관하여』, I, VI, 15.
13) 아리스토텔레스, 『정치학』, I, 13, 1260a12~14 참조.
14) 락탄티우스, 『신학체계』, III, 25, 7과 25, 4 [= Us. 227^a].
15) 디오게네스 라에르티오스, 『유명한 철학자들의 생애와 사상』, X, 117.
16) **흔히** 그러하다는 것이지, 항상 그렇다는 것은 아니다. 가령 카이사르를 살해한 자들 중 한 명인 카시우스(Cassius)는 스스로 정원 출신임을 표방했다.
17) 위 84~85쪽 참조.
18) 성 제롬 [= 에우세비우스 소프로니우스 히에로니무스]. 카이세라의 에우세비우스의 『연대기』에 대한 증보 : 아브라함 이후 1922년/ 로마 이후 659년. (옮긴이) 카이세라의 에우세비우스(264~338년)는 그리스어로 역사적 연대기를 작성했다. 그 중 두 번째 권은 아브라함부터 로마 건국 이후 328년까지 일어난 주요 역사적 사건들의 연대기표로 되어있다. 성 제롬은 이 책을 라틴어로 옮기고, 내용을 덧붙였다. 아브라함 탄생 이후 1922년, 로마 건국 이후 659년에 해당하는 연도(기원전 95/94년)에 루크레티우스에 대한 언급이 나온다.
19) 데모크리토스, A26 [= 테르툴리아누스, 『변증론』, 46].
20) 키케로, 『동생 퀸투스에게 보내는 편지』(*Ad Quintum fratrem*), II, IX, 3.
21) 공금횡령 때문에 아테네로 망명하면서 그곳으로 많은 수행원을 이끌고 갔던 이 C. 멤미우스 게멜루스(C. Memmius Gemellus)는 정원의 지지자들에게 해롭게도 에피쿠로스의 저택의 잔해들이 있던 땅에 건축물을 세우려고 했다.

22) (옮긴이) 503~634행까지는 원자들의 단단함, 영원성, 불가분성의 '증거들'을 다룬다.
23) 루크레티우스, 『사물의 본성에 관하여』, I, 10~11.
24) 같은 책, I, 28 : "그렇게 제가 하는 말들에 영원한 매력을 주소서."
25) Conche, *Lucrèce ou l'expérience*, Paris, Seghers (Philosophes de tous les temps), 1967 ; réed. : Villers-sur-Mer, Éd. de Mégare, 1981, p. 8 (강조는 저자).
26) 루크레티우스, 『사물의 본성에 관하여』, I, 46.
27) 『사물의 본성에 관하여』, I, 1행을 보라 : "아이네아스의 어머니…"(Aeneadum genetrix…).
28) 루크레티우스, 『사물의 본성에 관하여』, I, 54~55.
29) 같은 책, I, 101.
30) Paul H.D. Baron d'Holbach, *La Contagion sacrée* [1768], Paris, G. Paré (Revue des chefs-d'œuvres du XVIIIe siècle), 1900, p. 207 : "공통적으로 신의 이름으로, 그리고 그의 영광을 회복하기 위해, 가장 커다란 중죄들이 지상에서 범해졌다."
31) Baron d'Holbach, *Le Christianisme dévoilé* [1766], in *Premières œuvres* du baron d'Holbach (éd. P. Charbonnel), Paris, Éd. Sociales, 1971, p. 131.
32) Maximilien de Robespierre, *Discours du 18 Floréal an II*[= 7 mai 1794], Textes choisis par J. Poperen, Éd. Sociales, 1974, t. III, p. 174~175 참조. (옮긴이) "당신들[사제들]은 왕에게 말했다. '당신은 지상에 존재하는 신의 이미지들입니다. 당신은 신으로부터만 당신의 권능을 받지요.' 그러면 왕은 당신들에게 답했다. '그렇소, 당신들은 정녕 신들이 보낸 자들이오. 가사자들이 바치는 유물들과 경배를 공유하기 위해 우리는 뭉쳐야하오.' 왕홀과 향로는 하늘을 욕되게 하고 땅을 강탈하기 위해 결탁했다."
33) 『신성병에 관하여』, 2, in Hippocrate, *Œuvres complètes*, trad. et introd. par Littré, Paris, Baillère, 1849, t. VI, p. 355.
34) 같은 책, p. 359.
35) 크리티아스, B25.
36) 루크레티우스, 『사물의 본성에 관하여』, I, 151~154.
37) 같은 책, I, 150.
38) 같은 책, I, 163~164.
39) 같은 책, I, 199~202. 또한 같은 책, V, 914 참조.

40) 필로데모스, 『징표에 관하여』, col. 21 (éd. De Lacy).
41) 위 28쪽과 여기저기.
42) 에피쿠로스, 『메노이케우스에게 보내는 편지』, §133.
43) 단테, 『신곡』, "지옥편," IV, 136 : "Democrito che il mondo a caso pone."
44) 하지만 칸트는 『판단력 비판』, §72에서 그렇게 하고 있다.
45) 루크레티우스, 『사물의 본성에 관하여』, I, 232~233.
46) 같은 책, I, 263~265.
47) Maupassant, *Contes et nouvelles* (éd. L. Forestier), Paris, Gallimard (Bibl. de la Pléiade), 1974~1979 : "Miss Harriet" (1883), t. I, p. 894.
48) 엠페도클레스, A43.
49) 같은 곳. (옮긴이) [= 아리스토텔레스, 『생성과 소멸에 관하여』, II, 7, 334a26 이하].
50) 아낙사고라스, A1.
51) 레우키포스, A19 : "hōsper an ei chrysos hekaston eiē kekōrismenon."
52) 레우키포스, A7 : "kenou kechōrismenou."
53) 레우키포스, A19 참조.
54) 루크레티우스, 『사물의 본성에 관하여』, I, 335~345.
55) 같은 책, I, 346~357.
56) 같은 책, I, 358~369.
57) 같은 책, I, 384~397.
58) 아리스토텔레스, 『자연학』, IV, 7, 214a26~32.
59) 위 98쪽 참조.
60) 위 99~100쪽 참조.
61) (옮긴이) 라이프니츠는 자연의 참된 원자인 모나드를 단순실체, 즉 부분을 갖지 않는 것으로 정의한다. 부분이 없는 것에는 연장도, 형태도 없으며 나뉠 수도 없다. 따라서 모나드는 형태도 연장도 가질 수 없다. 형태가 있다는 것은 부분을 가졌다는 것을 전제하기 때문이다. 게다가 그는 전통적인 원자 개념이 함축한 '더 이상 나눌 수 없는 연장의 최소치'에서 바로 그 '연장' 마저도 제거하여 오직 '생각하는 것'(res cogitans)만 남김으로써 모나드를 영혼으로 만든다. 또한 라이프니츠는 자연적 사물의 다원성과 물체의 무한한 가분성을 인정한다. 라이프니츠, 『이성에 근거한 자연과 은총의 원리』, §1, 2 ; 『모나드론』, §1, 3, 36 참조.
62) 루크레티우스, 『사물의 본성에 관하여』, I, 998~1001.

63) 위 32쪽과 후주 62 참조.
64) 루크레티우스,『사물의 본성에 관하여』, I, 1021~1028.
65) (옮긴이) 속담, 격언, 그리스-라틴어 관용구, 역사적 인용구를 모아서 장밋빛 종이에 기록한 라루스 사전.
66) 루크레티우스,『사물의 본성에 관하여』, II, 1~4.
67) Pierre Boyancé, *Lucrèce et l'épicurisme*, op. cit., p. 43.
68) 데모크리토스, B191 참조.
69) 루크레티우스,『사물의 본성에 관하여』, II, 40~46.
70) Philodemi, *Peri tou kath'Homēron agathou basileōs*, A. Olivieri éd., Leipzig, Teubner, 1909. (옮긴이) 장 살렘이 참조하고 있는 연구는 P. Grimal, "Le 'bon' roi selon Homère et la royauté de César," *Revue des Etudes Latines*, XLIV, 1966, p. 254~285와 O. Murray, "Philodemus on the Good King according to Homer," *Journal of Roman studies*, LV, 1965, p. 161~182다.
71) 루크레티우스,『사물의 본성에 관하여』, II, 95~96.
72) 같은 책, II, 114~124. 또한 레우키포스, A28 참조.
73) 같은 책, II, 157~164. 또한 에피쿠로스,『헤로도토스에게 보내는 편지』, §61 참조.
74) (옮긴이) 같은 책, II, 219~220 참조.
75) (옮긴이) 같은 책, II, 221~222 참조.
76) 같은 책, I, 362 참조. 또한 같은 책, VI, 335~336 참조.
77) (옮긴이) 같은 책, II, 231 참조.
78) 같은 책, II, 241~243.
79) Guyau, *La Morale d'Épicure*, op. cit., p. 78.
80) 루크레티우스,『사물의 본성에 관하여』, II, 251~260.
81) 같은 책, II, 261~262.
82) (옮긴이) 클리나멘에 대한 전통적 해석, 즉 편위가 의지적인 행위, 특히 결정이나 선택을 하는 국면 직전에 이루어진다는 해석으로는 G. Giussani, *Studi lucreziani*, Loescher, 1896과 C. Bailey, *The Greek atomists and Epicurus*, Oxford, Clarendon Press, 1928 참조.
83) (옮긴이) 장 살렘은 T.J. Saunders, "Free will and the atomic swerve in Lucretius," *Symbolae Osloenses*, LIX, 1984, p. 37~59의 해석을 따르고 있다.
84) 루크레티우스,『사물의 본성에 관하여』, IV, 881~906. (옮긴이) 루크레티우스,

『사물의 본성에 관하여』, IV, 881~891 : "먼저 걷는 이미지가 우리의 정신을 때린다. 그 다음에 의지가 생긴다. 왜냐하면 만일 정신이 그가 하고자 하는 것을 먼저 보지 않았다면, 무에서는 아무 것도 나오지 않기 때문이다. 이 예측은 행위의 이미지로 구성된다. 정신이 걷고자, 전진하고자 원하는 방식으로 움직일 때, 그것은 곧바로 온몸, 전 신체기관에 퍼져 있는 영혼을 두드린다. 이것은 그것들이 밀접하게 연결되어 있기 때문에 아주 간단한 것이다. 그 다음 영혼이 신체를 두드리고, 모든 질료 덩어리가 차츰 자극을 받고 움직인다." 전통적인 해석에 따르면, 편위는 합리적인 숙고 행위를 할 때마다 개입한다. 그러나 장 살렘은 Saunders를 따라 '어려운 상황에 맞서 어떤 결정을 한 뒤에 수고스러운 행위'를 시작할 때에만 편위가 개입한다고 본다. 그렇기 때문에 걷기와 같은 일상적이고 에너지가 필요하지 않은 행위에서는 편위가 작동하지 않으며, 그렇기 때문에 루크레티우스가 그 구절에서 편위를 언급하지 않는다고 보는 것이다.

85) (옮긴이) 같은 책, II, 332~337 참조.
86) (옮긴이) 같은 책, II, 402~405 참조.
87) (옮긴이) 같은 책, II, 444~450 참조.
88) 같은 책, II, 479~480. 위 98쪽 이하 참조.
89) 같은 책, II, 500~514.
90) 같은 책, VI, 25.
91) (옮긴이) 같은 책, II, 583~588 참조.
92) (옮긴이) 같은 책, II, 589~660 참조.
93) (옮긴이) 같은 책, II, 730~841 참조.
94) (옮긴이) 같은 책, II, 842~864 참조.
95) 데모크리토스, A135 [= 테오프라스토스, 『감각에 관하여』, §73].
96) 같은 곳 [§74].
97) (옮긴이) 루크레티우스, 『사물의 본성에 관하여』, II, 865~990 참조.
98) Diderot, *Le Rêve de d'Alembert*, [1769], Paris, Garnier-Flammarion, 1965, p. 95. [김계영 옮김, 『달랑베르의 꿈』, 한길사, 2006년]
99) 이 점과 관련해서 [디드로가] 1759년 10월, 소피 볼랑(Sophie Volland)에게 보낸 편지는 시사하는 바가 매우 크다. "소립자 b의 왼편에 위치한 소립자 a가 그것의 존재에 대한 의식을 갖고 있지 않고, 느끼지도 않으며, 움직이지 않고, 죽어 있는데" 만일 a가 b의 오른편에 있다면, "모든 것"이, 즉 이 경우에는 복합체가 "살고, 스스로를 의식하고, 느낀다"고 주장하는 것은 "아주 강력한 부조리를 […] 주장하는 것"이라고 디드로는 적고 있다. (옮긴이) 디드로가 비유하는 왼

편, 오른편은 '시간상의 순서'로 이해해야 한다. 즉 기준점을 b로 보았을 때 그 이전에 의식, 감정, 운동도 없던 것이, 그 이후에 갑자기 그런 것들을 갖게 되는 것은 불가능하다는 말이다.

100) (옮긴이) 루크레티우스, 『사물의 본성에 관하여』, II, 1048~1089 참조.
101) (옮긴이) 같은 책, II, 1090~1104 참조.
102) (옮긴이) 같은 책, II, 1105~1174 참조.
103) 루크레티우스, 『사물의 본성에 관하여』, III, 37~40.
104) 같은 책, III, 87~93[= II, 55~61].
105) 같은 책, III, 96~97.
106) 위 110쪽 참조.
107) 루크레티우스, 『사물의 본성에 관하여』, III, 137.
108) 같은 책, III, 218~220.
109) 위 109~111쪽 참조.
110) 루크레티우스, 『사물의 본성에 관하여』, III, 319~322.
111) 같은 책, III, 434~444.
112) 같은 책, III, 472와 여기저기.
113) 같은 책, III, 583과 여기저기.
114) 위 109쪽 참조.
115) 루크레티우스, 『사물의 본성에 관하여』, III, 634~669.
116) 특히 『파이돈』, 82a~b와 『국가』, X, 614a 이하를 보라.
117) 루크레티우스, 『사물의 본성에 관하여』, III, 776~783.
118) 같은 책, III, 800~802.
119) 키케로, 『투스쿨룸 논쟁집』, I, XXI, 48 : "철학자가 되어가지곤, 노파도 두려워하지 않고 공상임을 알고 있는 것을 두려워하지 않는다고 자랑하니 수치스럽지 아니한가?"
120) Marcel Le Glay, *Rome. Grandeur et déclin de la République*, Paris, Perrin, 1990, p. 266 : "흔히 사람들이 주장하는 것과 달리 로마 공화국 말기는 종교의 쇠퇴로 기록되지 않는다."
121) Salem, *La mort n'est rien pour nous. Lucrèce et l'éthique*, op. cit., p. 104~116 참조.
122) Salem, 같은 책, p. 97~168 참조.
123) 루크레티우스, 『사물의 본성에 관하여』, III, 974~975.
124) 같은 책, IV, 269.

125) (옮긴이) 지옥에서 죽지 않고 계속 형벌을 받으며 고통스러워하게 될 것에 대한 두려움을 가리킨다.
126) Bayle, *Dictionnaire historique et critique* [1697], art. "Lucrèce," op. cit., p. 527~528 참조.
127) 루크레티우스, 『사물의 본성에 관하여』, III, 847~851.
128) (옮긴이) 원자들 자체가 질적으로 변화한다는 것이 아니라, 원자들이 이런저런 다른 원자들과 다양하게 결합했다는 뜻이다.
129) (옮긴이) 스트로보스코프: 주기적으로 깜박이는 빛을 쬠으로써 급속히 회전(또는 진동)하는 물체를 정지했을 때와 같은 상태로 관측하는 장치. 윤회는 영원한 삶을 전제하고, 그 영원한 삶이 구현되는 하나의 삶과 다른 삶 사이에 단속적인 중단(본문대로 말하면 '무의 영원성')을 삽입하는 것이다.
130) (옮긴이) 중범죄자들을 묘지에 묻지 않고 방치하는 형벌. 영혼이 불멸한다고 믿었던 고대인들은 이 형벌을 통해 영혼이 안식처를 찾지 못한 채 영원히 고통받을 것이라고 보았다. 『안티고네』에서 안티고네의 오빠 폴뤼네이케스가 이 형벌을 받았다.
131) 루크레티우스, 『사물의 본성에 관하여』, III, 879~881.
132) 키케로, 『투스쿨룸 논쟁집』, I, XLIII, 104 : "디오게네스에게 그의 친구들은 '너의 신체가 새들과 짐승들(volucribusne et feris)을 위한 것인가?'라고 묻는다."
133) 호메로스, 『일리아스』, XXII, 333~343.
134) Andre Oltramare, *Les Origines de la diatribe romaine*, Lausanne, 1926, p. 46, thème 14a.
135) 이미 에피쿠로스가 단언했던바, 현자는 자신의 묘지(장례)를 걱정하지 않는다 (디오게네스 라에르티오스, 『유명한 철학자들의 생애와 사상』, X, 118).
136) 루크레티우스, 『사물의 본성에 관하여』, III, 878.
137) 같은 책, III, 878.
138) 같은 책, III, 873.
139) Pierre de Ronsard, *Derniers vers*, in Discours. Derniers vers, Paris, Garnier-Flammarion, 1979, p. 196.
140) 루크레티우스, 『사물의 본성에 관하여』, III, 894~896.
141) 같은 책, III, 900~901 (옮긴이) "그 사물들에 대한 어떤 갈망(후회)도 당신을 짓누르지 않는구려."
142) 같은 책, III, 910.

143) "Edite, bibite, post mortem nulla voluptas."
144) 루크레티우스,『사물의 본성에 관하여』, III, 211.
145) 같은 책, III, 977.
146) 같은 책, III, 938 : "ut plenus vitae conviva."
147) 같은 책, III, 960.
148) 디오게네스 라에르티오스,『유명한 철학자들의 생애와 사상』, X, 11.
149) 루크레티우스,『사물의 본성에 관하여』, III, 971.
150) 같은 책, III, 967.
151) 메세니아의 에우에메로스(기원전 4~3세기)는 신을 대중이 여러 이유(공포, 경탄 등)로 신격화한 인간 존재들로 간주했다.
152) 에피쿠로스,『중요한 가르침들』, III과 XXVIII 참조.
153) 루크레티우스,『사물의 본성에 관하여』, III, 980~981.
154) 같은 책, III, 986.
155) 같은 책, III, 1020~1022.
156) 같은 책, III, 979.
157) 같은 책, III, 1023.
158) 같은 책, V, 622.
159) 같은 책, III, 1028(magnis), 특히 III, 1026(multis)와 III, 1027(multi) 참조.
160) 같은 책, III, 1054~1056.
161) 같은 책, III, 1059.
162) 아리스토텔레스,『니코마코스 윤리학』, IX, 1166b13~14.
163) 루크레티우스,『사물의 본성에 관하여』, III, 1068~1070.
164) 호라티우스,『풍자시』, II, VII, 28. 세네카,『영혼의 평정에 관하여』, II, 14와『루킬리우스에게 보내는 편지』, II, 1 ; LXIX, 1 ; CIV, 8.
165) 루크레티우스,『사물의 본성에 관하여』, III, 1080.
166) 같은 책, III, 945 : "eadem sunt omnia semper."
167) 에피쿠로스,『중요한 가르침들』, XIX. 위 145쪽 참조.
168) 구약성서,『전도서』, I, 9.
169) 루크레티우스,『사물의 본성에 관하여』, IV, 35~38.
170) 같은 책, IV, 256~268.
171) 위 107쪽과 여기저기 참조.
172) 루크레티우스,『사물의 본성에 관하여』, IV, 129~142.
173) 위 104~105쪽과 여기저기 참조.

174) 루크레티우스, 『사물의 본성에 관하여』, IV, 211~215 (옮긴이) "빛나는 하늘 아래 물의 반짝임이 놓이자마자, 곧 빛나는 하늘의 고요한 성좌들이 물 위에 반짝이며 응답한다."
175) 같은 책, IV, 244~249와 251~253.
176) 위 107~108쪽 참조.
177) 루크레티우스, 『사물의 본성에 관하여』, IV, 385.
178) 같은 책, IV, 379.
179) 같은 책, IV, 464~466 (옮긴이) "이것들 대부분은 우리가 그것들에 덧붙이는 정신의 의견들 때문에 속는 것이다."
180) 위 40쪽 참조. 우리는 에피쿠로스주의에 이런 심각한 난점이 존재한다고 언급 했었다.
181) 루크레티우스, 『사물의 본성에 관하여』, IV, 730.
182) 같은 책, IV, 752~756.
183) (옮긴이) Giussani, *Studi lucreziani*, Turin, Loescher, 1896.
184) 같은 책, IV, 802~815.
185) 같은 책, V, 1217과 VI, 35.
186) 플라톤, 『티마이오스』, 91d~92b.
187) 루크레티우스, 『사물의 본성에 관하여』, IV, 834~842.
188) 아리스토텔레스, 『자연학』, II, 8, 199a8~9. (옮긴이) "어떤 끝이 있는 모든 곳에서, 바로 그것(그 끝)을 위해서 앞에 오는 것과 뒤에 오는 것이 만들어진다" (eti en hosois telos esti ti, toutou heneka prattetai to proteron kai to ephexēs). 장 살렘의 해석과 달리, 테미스티오스나 심플리키오스, 그리고 그들의 해석을 지지하는 현대 주석가들은 'telos'를 목적론적인 '목적'을 가리킨다기보다는 시간적 과정의 '끝'으로 이해한다.
189) 루크레티우스, 『사물의 본성에 관하여』, IV, 833.
190) 아리스토텔레스, 『동물들의 부분에 관하여』, I, 1, 639b14. (옮긴이) 아리스토텔레스는 원문에서 "to ou heneka"가 아니라 "heneka tinos"라고 적고 있으나, 뜻은 서로 같다.
191) 아리스토텔레스, 『영혼에 관하여』, III, 13, 435b20 이하.
192) 아리스토텔레스, 『동물들의 부분에 관하여』, II, 17, 660a17~25.
193) 같은 책, IV, 10, 687b25이하.
194) 루크레티우스, 『사물의 본성에 관하여』, IV, 833.
195) 같은 책, IV, 843~850.

196) 같은 책, V, 1091~1101 참조.

197) 같은 책, IV, 942.

198) (옮긴이) 조르쥬 루이 르클레르 드 뷔퐁(1707~1788) : 프랑스의 수학자, 물리학자, 박물학자. 뉴턴의 저작을 프랑스에 소개하는데 힘썼다. 인과론적 자연인식에 기반한 유기분자설을 주창했다. 파리 왕립 식물원 원장을 역임했고, 『박물지』(총 44권)를 출간했다.

199) 같은 책, IV, 1153.

200) 같은 책, IV, 1153~1154. (옮긴이) "욕망에 눈먼 사람들이 흔히 하는 것, 그들은 그녀들이 실제로 갖지 않은 장점들을 그녀들에게 부여한다."

201) (옮긴이) 로마 신화에서 '곡물과 수확의 여신'. 그리스 신화의 데메테르에 해당한다.

202) 같은 책, IV, 1160~1170. 몰리에르는 이 구절에서 영감을 받아 『인간 혐오자』(*Le Misanthrope*) 2막 5장에 나오는 엘리앙트의 유명한 독백을 작성했다.

203) 루크레티우스, 『사물의 본성에 관하여』, IV, 1089~1090.

204) 같은 책, IV, 1091~1092.

205) (옮긴이) 같은 책, IV, 1093.

206) (옮긴이) 꿈에 대해서는 『사물의 본성에 관하여』, IV, 962~1036에, 사랑에 대해서는 같은 책, IV, 1058~1287에 나온다.

207) 같은 책, IV, 1027.

208) 같은 책, IV, 1026~1029.

209) Stendhal, *De l'Amour* [1822], Paris, Garnier-Flammarion, 1965, p. 34 이하 참조. [권지현 옮김, 『스탕달의 연애론』, 삼성출판사, 2007.]

210) 루크레티우스, 『사물의 본성에 관하여』, IV, 976 : "vias in mente patentis."

211) 같은 책, IV, 979 : "etiam vigilantes."

212) 같은 책, IV, 1073.

213) 같은 책, IV, 1075.

214) Bailey, *The Greek atomists and Epicurus*, op. cit., p. 521.

215) 디오게네스 라에르티오스, 『유명한 철학자들의 생애와 사상』, X, 118 [= Us. 574].

216) 루크레티우스, 『사물의 본성에 관하여』, V, 8.

217) 제1편(62~79행), 제3편(1~30행), 제5편(1~54행) 그리고 제6편(1~42행).

218) 루크레티우스, 『사물의 본성에 관하여』, I, 71.

219) Nietzsche, *Ecce homo*, Paris, Denoël-Gonthier (coll. Mëdiations), chap.

IV, §8, p. 165 참조.〔백승영 옮김, 『바그너의 경우·우상의 황혼·안티크리스트·이 사람을 보라·디오니소스 송가·니체 대 바그너(1888~1889)』, 책세상, 2002.〕
220) 루크레티우스, 『사물의 본성에 관하여』, V, 8~12.
221) 같은 책, V, 156~169.
222) 같은 책, V, 181~183. 에피쿠로스의 선개념 이론에 대해서는, 위 116쪽과 여기저기를 보라.
223) 같은 책, V, 243~246.
224) 위 106쪽 이하 참조.
225) 루크레티우스, 『사물의 본성에 관하여』, V, 235~305.
226) 위 187~188쪽 참조.
227) 오비디우스의 신화 설명을 보라. 오비디우스, 『변신이야기』, II, 1~400.
228) 루크레티우스, 『사물의 본성에 관하여』, V, 405~406.
229) 에우리피데스는 특히 『파에톤』이라는 제목의 작품을 쓰기도 했다.
230) 루크레티우스, 『사물의 본성에 관하여』, II, 600 참조.
231) 같은 책, V, 411~415.
232) 같은 책, V, 419~420과 422~431.
233) 대지는 디스크나 원통과 비슷한 모양, 또는 북 모양이기에 평평하다. 압데라의 원자론자들과 마찬가지로 에피쿠로스주의자들은 지구를 항상 이런 종류의 형태(자갈, '빅맥'〔햄버거 모양〕 또는 북)로 그렸다.
234) 루크레티우스, 『사물의 본성에 관하여』, V, 509~533.
235) 같은 책, V, 526~533.
236) 위 88~93쪽 참조.
237) 루크레티우스, 『사물의 본성에 관하여』, V, 564~565.
238) 같은 책, V, 650~655.
239) 데모크리토스, B 5₁〔= 시칠리아의 디오도로스, 『역사적 도서관』, I, 7~8〕.
240) 루크레티우스, 『사물의 본성에 관하여』, V, 808.
241) 같은 책, V, 811~813.
242) 켄소리누스, 『탄생일에 관하여』(*De die natali*), 4, 9에서 인용된 에피쿠로스의 말〔= Us. 333〕.
243) 루크레티우스, 『사물의 본성에 관하여』, V, 797~800.
244) 같은 책, V, 837~854.
245) 같은 책, V, 931~932.
246) 같은 책, V, 962~965.

247) 같은 책, V, 982~987.

248) *Démocrite. Grains de poussière dans un rayon de soleil*에서, 나는 압데라 철학자의 인간학과 고대 시대 그것의 여러 확장들에 한 장(Chapitre VI, p. 333~383)을 할애한 바 있다.

249) 루크레티우스, 『사물의 본성에 관하여』, V, 994~1006.

250) Benjamin J. Logre, *L'Anxiété de Lucrèce*, Paris, J. P. Janin, 1946, p. 255~257.

251) 루크레티우스, 『사물의 본성에 관하여』, V, 1308~1349.

252) 같은 책, V, 1007~1010.

253) Jean-Claude Fredouille, "Lucrèce et le double progrès contrastant," Pallas, XIX, 1972, p. 11~27.

254) 루크레티우스, 『사물의 본성에 관하여』, VI, 50~57. 위 61쪽과 후주 181 참조.

255) 같은 책, VI, 63.

256) 에피쿠로스, 『메노이케우스에게 보내는 편지』, §123~124 참조. "대중들의 신을 거부하는 사람이 아니라, 신들에게 대중들의 견해를 귀속시키는 사람이 불경한 것이다. 왜냐하면 신들에 대한 많은 사람들의 주장은 감각들로부터 생기는 선개념이 아니라, 잘못된 추측이기 때문이다. 그로부터 가장 큰 해로움 [약한 자들에 대한 책망]과 가장 큰 이로움이 신들로부터 온다[는 생각이 생겨난다]."

257) 루크레티우스, 『사물의 본성에 관하여』, VI, 703~737 참조. 예를 들어, 나일 강의 범람과 같은 **독특한** 현상들에 대해, 루크레티우스가 주저하지 않고 가능한 일련의 원인들―"**하지만 그 중에서 단 하나만이 참이다**"(VI, 704)―을 열거하였음을 지적하자.

258) 같은 책, VI, 535~607.

259) 같은 책, VI, 906~1089.

260) 같은 책, VI, 1153.

261) 같은 책, VI, 1159~1160.

262) 같은 책, VI, 1183~1190.

263) 같은 책, VI, 1191~1192.

264) 같은 책, VI, 1206~1209.

265) 같은 책, VI, 1210~1212.

266) 같은 책, VI, 1215~1217과 1225.

267) 같은 책, VI, 1230~1233.
268) 같은 책, VI, 1236~1237.
269) 같은 책, IV, 1282. 마찬가지로, 같은 책, VI, 1278 참조. 사람들은 더 이상 매장 의례(mos sepulturae)를 지키지 않았다고 루크레티우스는 말한다. 투퀴디데스 역시 『펠로폰네소스 전쟁사』, II. 53에서 "어느 것도 신들에 대한 공포에 의해서도, 인간들의 법(nomoi)에 의해서도 고려되지 않았다"고 주장했다.
270) 헤시오도스, 『일과 나날』, 242~245; 호메로스, 『일리아스』, I, 49~52; 소포클레스, 『오이디푸스 왕』, 22~30.
271) 루크레티우스, 『사물의 본성에 관하여』, VI, 1093~1097.
272) 같은 책, VI, 1129~1130.
273) 같은 책, VI, 1154 참조.
274) 요컨대 투퀴디데스, 『펠로폰네소스 전쟁사』, II, 51
275) 루크레티우스, 『사물의 본성에 관하여』, VI, 1213~1214.
276) 투퀴디데스, 『펠로폰네소스 전쟁사』, II, 49.
277) Boyancé, *Lucrèce et l'épicurisme*, Paris, P.U.F. (Les Grands Penseurs), 1963, p. 286.
278) Petrus H. Schrijvers, *Horror ac divina voluptas. Études sur la poétique et la poésie de Lucrèce*, Amsterdam, Hakkert, 1970, p. 317~318 이하.
279) 오비디우스, 『변신이야기』, VII. 523 이하.
280) Victor Hugo, *Œuvres complètes* [Philosophie, II], éd. Hetzel-Quantin, p. 61 참조.
281) Jacobus J.M. Zonneveld, *Angore metuque. Woordstudie over de angst in De rerum natura van Lucretius* [불어 요약 포함], Academisch proefschrift Nijmegen. Dekker en van de Vegt N.V., Utrecht-Nijmegen, 1959, 특히, p. 30.
282) 예를 들어, 루크레티우스, 『사물의 본성에 관하여』, V, 1430~1431.
283) Boyancé, *Lucrèce et l'épicurisme*, op. cit., p. 285~286.
284) 루크레티우스, 『사물의 본성에 관하여』, III, 3~4.
285) (옮긴이) 비가시적인 원자들과 허공에 대한 앎.

전체 결론

1) 단테, 『신곡』, "지옥편," X, 13~15.
2) 예를 들어, 성 아우구스티누스, 『아카데미학파 논박』(*Contra Academicos*), III,

X, 23 참조.
3) 위 24~25쪽 참조.
4) 성 토마스 아퀴나스, 『신학대전』, Ia, q. 22, art. 2 참조.
5) 라틴 알파벳에는 21개의 글자밖에 없다. 라틴 사람들은 i와 j, u와 v를 구별하지 않았으며, 그리스어 문자를 표기하기 위해 y와 z를 썼다. 로마에서는 교육할 때 금으로 된, 특히 상아로 된 변화하는 문자들을 이용했다(따라서 사람들은 elementa [문자]라는 단어에서 elephanta [코끼리]라는 이름을 만들었다).
6) 키케로, 『신들의 본성에 관하여』, II, XXXVII, 93.
7) Émile Borel, *Le Hasard*, Paris, Alcan, 1914. 페늘롱도 『신(神)존재 논고』(*Traité de l'existence de Dieu*)에서 같은 논증을 편다.
8) Pablo Neruda, *J'avoue que j'ai vécu*, Paris, Gallimard, 1975, p. 425.
9) Bachelard, *La Formation de l'esprit scientifique* (1938), Paris, Vrin, 8e éd. : 1972, p. 123.
10) 가스통 바슐라르에서 가져온 표현. Bachelard, *Les Intuitions atomistiques*, Paris, Boivin, 1933, p. 14~15.
11) 레우키포스, A6. 위 22~23쪽 참조.

옮긴이 후기

1) 칼 맑스, 고병권 옮김, 『데모크리토스와 에피쿠로스 자연철학의 차이』, 그린비, 2001, 48쪽.
2) 레우키포스, B2 [=아에티오스, 『학설 모음집』, I, XXV, 4].
3) 데모크리토스, A66 [=아에티오스, 『학설 모음집』, I, XXVI, 2].
4) 데모크리토스, A1 [=디오게네스 라에르티오스, 『유명한 철학자들의 생애와 사상』, IX, 45].
5) 데모크리토스, A37 [=심플리키오스, 『아리스토텔레스의 「천체에 관하여」 주석』, 295, 9].
6) 본서의 118~119쪽을 참조하라.
7) 에피쿠로스, 『메노이케우스에게 보내는 편지』, §133.
8) 심지어 에피쿠로스는 『자연에 관하여』(34, 26~30)에서 "우리를 둘러싸고, 또 우리를 관통하여 들어오는 우연적 필연에 따라"(kata to automaton anankēn)라는 표현을 쓰기도 한다.
9) 물론 이것은 박사학위논문 시절의 맑스에만 국한된다. 왜냐하면 맑스는 『신성가족』에서 형이상학과 유물론을 맞세우며 프랑스와 영국의 유물론은 항상 "데모크

리토스와 에피쿠로스"에 밀접하게 연결되어 있다고 말하기 때문이다. 헤겔의 그 늘에서 벗어나 유물론자가 된 맑스에게는 데모크리토스와 에피쿠로스에서 이어 지는 하나의 유물론 전통이 중요해진 것이다. 칼 맑스·프리드리히 엥겔스, 편집 부 옮김, 『신성가족』, 이웃, 1990, 203쪽.
10) Olivier Bloch, "Sur les premières apparitions du mot 'matérialiste'," *Raison présente*, n° 47, 1978, p.4.
11) 루이 알튀세르, 서관모·백승욱 옮김, 『철학과 맑스주의: 우발성의 유물론을 위하여』, 새길, 1996, 37쪽 그리고 루이 알튀세르, 서관모·백승욱 옮김, 『철학에 대하여』, 동문선, 1997, 43쪽.
12) 알튀세르가 여기서 헤겔의 자장 안에 있다는 생각은 우리만의 것이 아니다. Yoshihiko Ichida·François Matheron, "Un, deux, trois, quatre, dix mille Althusser," *Multitudes*, n° 21, été 2005, pp. 167~178.
13) 우리의 주장은 알튀세르의 '마주침'의 유물론에 대한 통상적인 해석과 배치되므로 부연설명이 필요하다. 알튀세르에 따르면 마키아벨리가 호출하는 도래할 군주는 모든 봉건적 질서에서 '자유'로워야 하며, 이 과제를 '무'에서만 완수할 수 있다. 다시 말해 이전의 모든 정치형태와의 '단절'과 '부재' 속에서만 정치를 시작할 수 있는 것이다. 왜냐하면 이탈리아의 통일되지 않은 개인들은 비처럼 떨어지는 원자들처럼 실존하지 않는 추상체들이며, 통일은 이탈리아의 이름 없는 한 구석에서 이름 없는 한 사람에 의해 시작되어야 하기 때문이다. 우리의 맑스주의 철학자는 비처럼 떨어지는 원자들은 말할 것도 없고 비결정된 장소와 시간 그리고 인물을 '공백'이라는 이름으로 무차별하게 부른다. 이런 용어상의 혼란보다 더 큰 문제는 알튀세르가 '마주침'을 어디에 위치시키는가 하는 점이다. 비처럼 떨어지는 다중들을 '아무것도 아닌 무'로 간주했으므로, 마주침은 오로지 이름 없는 고독한 어떤 한 사람 속에서만 이뤄지고 시작되어야 한다. 마키아벨리-알튀세르에게는 군주 안에서 '운과 능력' 그리고 '사자와 여우'가 지속적으로 마주치는 것이 관건이다. 여기서 알튀세르는 편위란 부재로부터 돌발하는 것이 아니라 내적 필연으로부터 이탈하는 것이며, 어느 고독한 한 사람만이 할 수 있는 것이 아니라 '아무 원자'나 할 수 있는 것이라는 고대 원자론자들의 가르침에서 멀어진다. 그리고 마주침의 유물론은 이렇게 고독의 유물론으로 바뀐다.
14) 질 들뢰즈, 박정태 옮김, 「루크레티우스와 자연주의」, 『들뢰즈가 만든 철학사』, 이학사, 2007, 57쪽.
15) 맑스·엥겔스, 『신성가족』, 194쪽.

16) 장 볼락은 "한 세계가 조직되는 과정을 주재하는 그 유명한 회오리가 만들어지기 이전에 따로 떨어져 있던 원자들의 존재나 물질에 대해 말하는 것, [회오리가 생기기 이전에] 이 세계 그리고 거기에 있는 기초원자들이 존재론적으로 실재한다고 말하는 것은 무의미하다"고 봤다. 본서 1장 2절의 '우주발생론'을 참조.
17) 맑스는 두 종류의 원자가 있다고 보는 쇼바하(Johann Konrad Schaubach, 1764~1849)의 견해를 반박하면서, 위 구분이 하나이고 동일한 종류에 대한 다른 규정들이라고 봤다. 그러나 맑스는 형태, 크기, 무게가 원자들의 충돌 속에서 현상될 때에만 그 의미를 갖게 된다고 해석하면서, 결국 원자의 내재적 성질을 인정했던 고대 원자론자들의 생각에서 이탈했다. 기원의 '무' 그리고 편위에 따른 충돌과 생성 이후의 '의미'를 대립시키는 알튀세르 역시 편위 이전의 원자들의 물질성 자체를 해체하는 데까지 나아간다. 이것은 유물론을 혁신하는 기획으로서는 유의미할지 모르지만, 원자론자들의 철학적 입장과는 무관한 것이다.

찾아보기

〔인명〕

ㄱ

가상디(Pierre Gassendi) 9, 74
거스리(William K. C. Guthrie) 35~36
귀요(Jean-Marie Guyau) 103, 142, 172
그리말(Pierre Grimal) 171

ㄴ

나우시파네스(Nausiphanēs) 81
네슬레(Wilhelm Nestle) 51
네오클레스(Neokles) 79
니장(Paul Nizan) 141
니체(Friedrich Nietzsche) 71, 74, 203
니콜라(Nicolas d'Autrecourt) 〔오트르쿠르의〕 10, 39, 226

ㄷ

단테(Alighieri Dante) 164, 225
데 비트(Norman W. De Witt) 141
데메트리오스(Dēmētrios) 〔라케다이몬 사람이라 불리는〕 84, 152

위-데모크리토스 71~72
데카르트(René Descartes) 87, 94
돌턴(John Dalton) 9, 74
뒤몽(Jean-Paul Dumont) 26
디드로(Denis Diderot) 70, 176
디아고라스(Diagoras) 〔멜로스의〕 60, 117
디오게네스 라에르티오스(Diogenēs Laertios) 10, 18, 33~34, 63, 83, 86
디오게네스(Diogenēs) 〔아폴로니아의〕 23, 43, 168
디오게네스(Diogenēs) 〔오이노안다의〕 101, 124, 137, 150, 152
디오뉘시오스(Dionysios) 152
디오도로스(Diodoros) 〔시칠리아의〕 17, 55~57, 60
딜스(Hermann Diels) 7, 20, 61, 73

ㄹ

라비리우스(Rabirius) 153
라슐리에(Jules Lachelier) 115

라이프니츠(Gottfried W. Leibniz) 48,
167
라인하르트(Karl Reinhardt) 55~56
락탄티우스(Cæcilius Firminaus
Lactantius) 123
레온(Leon) 〔모데나의〕 113
레온테우스(Leonteus) 82
레온티온(Leontion) 141
로그르(Benjamin J. Logre) 212, 221
로베스피에르(Maximilien
Robespierre) 138, 160
롱사르(Pierre de Ronsard) 185
루리아(Salomo Luria) 7, 20~21 32,
38, 46, 51
루키아노스(Loukianos) 69, 73
루킬리우스(Lucilius) 〔세네카 편지의
수신자〕 56
뤼케이온(Lykeion) 철학자들 25, 28,
79~80
르 그레(Marcel Le Glay) 182
리트레(Émile Littré) 18, 71
프랑수아 라블레(François Rabelais)
70

ㅁ

마르쿠스 아우렐리우스(Marcus
Aurelius) 188
마이모니데스(Moses Maimonides)
113
마키아벨리(Niccolò Machiavelli) 160
맑스(Karl Marx) 9, 50, 74
메난드로스(Menandros) 80
메노이케우스(Menoikeus) 83

메니포스 일파(Menippoi) 69
메트로도로스(Mētrodōros) 〔람프사코
스의〕 18, 82, 84, 128, 136
멤미우스(Memmius) 121, 157~158,
204~205
모파상(Guy de Maupassant) 146, 164
몰리에르(Molière) 80
몽테뉴(Michel de Montaigne) 70, 147
몽테스키외(Montesquieu) 50
무타칼림(Mutakhalim) 39, 74
뮈스(Mys) 141

ㅂ

바슐라르(Gaston Bachelard) 9
바실리데스(Basilides) 152
바울(사도) 14
바이스(Helene Weiss) 41
반즈(Jonathan Barnes) 42
발데스(Richard W. Baldes) 38
버넷(John Burnet) 35~36
버턴(Robert Burton) 69
베르그손(Henri Bergson) 105
베이컨(Francis Bacon) 74
베일(Pierre Bayle) 144, 147, 183
베일리(Cyril Bailey) 36, 62, 87, 92,
101, 141~142, 202
벨만(Max Wellmann) 51, 72~73
보들레르(Charles Baudelaire) 136
보스코비치(Roger J. Boscovich) 74
보일(Robert Boyle) 9, 22, 74
볼락(Jean Bollack) 32
볼로스(Bōlos) 〔멘데스의〕 72~73
부와양세(Pierre Boyancé) 220, 223

뷔퐁 후작(Georges-Louis de Buffon) 199
브라이트(Timothy Bright) 69
브레이에(Émile Bréhier) 35
브로샤르(Victor Brochard) 136
브루노(Giordano Bruno) 74
브리게(Adolf Brieger) 101
블래스토스(Gregory Vlastos) 63~64
블로크(Olivier Bloch) 70
비너스(Venus) 13, 158~159, 181, 200, 210~211
비뇨네(Ettore Bignone) 220
비트루비우스(Marcus Vitruvius Pollio) 56
빌란트(Christoph M. Wieland) 70

ㅅ

사르트르(Jean-Paul Sartre) 182
세네카(Lucius Annaeus Seneca) 18, 57, 69, 84, 120~121, 141, 147~148, 190
섹스투스 엠피리쿠스(Sextus Empiricus) 40~42, 54, 60~61
소크라테스(Sōkratēs) 16~20, 43, 52, 141
소티온(Sōtiōn) 69
소포클레스(Sophoklēs) 219
소피스트(Sophistēs) 65, 74, 92
솔로비네(Maurice Solovine) 7, 101
솔론(Solōn) 16
쇼펜하우어(Arthur Schopenhauer) 147
슈리이버(Petrus H. Schrijvers) 221

스코트(Walter Scott) 115
스키피오(Scipio) 189
스탕달(Stendhal) 71, 202
스토바이오스(Stobaios) 61, 84
스토아학파(Stōikoi) 18, 57, 74, 78, 95, 120, 122, 148, 153, 159, 167, 184, 189, 191, 197, 210
스트라톤(Stratōn) [람프사코스의] 166
스파이로스(Sphairos) [보스포로스의] 18
스피노자(Benedict de Spinoza) 160, 197
심플리키오스(Simplikios) 30, 32

ㅇ

아낙사고라스(Anaxagoras) 24~25, 35~36, 43, 95, 165, 167~168
아낙시만드로스(Anaximandros) 35~36, 95, 168
아낙시메네스(Anaximenēs) 36, 168
아르퀴타스(Archytas) [타렌툼의] 32, 169
아리게티(Graziano Arrighetti) 7, 142, 152
아리스토텔레스(Aristotelēs) 17~18, 21~22, 24~31, 38~39, 41, 45~46, 53~54, 74, 79, 95, 98, 102, 122, 125~126, 154, 166, 196, 210, 226
아리스토파네스(Aristophanēs) 112
아마피니우스(Amafinius) 153
아에티오스(Aetios) 30, 84
아우구스티누스(Augustinus) 110, 225

아울루스 겔리우스(Aulus Gellius) 41, 73
아이스퀼로스(Aischylos) 53, 206
아일리아누스(Aelianus) 67
아카데미아 철학자들(Akadēmaikoi) 79~80
아코스타(Uriel Acosta) 113
아퀴나스(Thomas Aquinas) 226
아폴로도로스(Apollodōros) 〔아테네의〕 16, 152
알렉산드로스(Alexandros) 78~81, 138
알크마이온(Alkmaiōn) 〔크로톤의〕 38
알피에리(Vittorio E. Alfieri) 34
압데라학파 25, 30, 32, 35, 207
에르누(Alfred Ernout) 7
에우리피데스(Euripidēs) 43, 187, 206
에우세비오스(Eusebios) 59
엘레아학파 25, 31, 36~37, 43, 95
엠페도클레스(Empedoklēs) 24, 38, 43~44, 95, 165, 167~168, 189
오브라이언(Denis O' Brien) 31
오비디우스(Ovidius) 221
우세너(Hermann Usener) 7, 101
위고(Victor Hugo) 221
유베날리스(Juvenalis) 69
이도메네우스(Idomeneus) 82, 84, 126
이븐 할둔(Ibn Khaldūn) 50

ㅈ

제논(Zēnōn) 〔시돈의〕 84, 113, 152, 155
제논(Zēnōn) 〔엘레아의〕 24~25, 44
성 제롬(Eusebius Sophronius Hieronymus) 〔스트리돈의〕 156
조네펠트(Jacobus J. M. Zonneveld) 223
주사니(Carlo Giussani) 115~116, 195, 221

ㅊ

체체스(Johannes Tzetzes) 57

ㅋ

카뉘-튀르팽(José Kany-Turpin) 8
카르네이스코스(Karneiskos) 84
카이사르(Caesar) 154~155
카티우스(Catius) 153
칸트(Immanuel Kant) 74
코시(Augustin L. Cauchy) 74
콜(Thomas Cole) 56~57
콜로테스(Kolōtēs) 82, 84, 122
콩슈(Marcel Conche) 7, 86, 88, 104, 141, 144, 158
퀴니코스 철학자들(Kynikoi) 69, 74, 122, 129, 141, 153, 184, 189
퀴레네 철학자들(Kyrēnaikoi) 136
크란츠(Walther Kranz) 7, 20, 61~62
크뤼시포스(Chrysippos) 148
크리티아스(Kritias) 61, 161
크세노파네스(Xenophanēs) 23, 25, 43~44, 168
크세르크세스(Xerxēs) 189
클레멘스(Clemens) 〔알렉산드리아의〕 25, 88

클레안테스(Kleanthēs) 16, 18, 159
키케로(Cicero) 10, 13, 18, 43,
59~60, 84, 101, 116~117, 122, 126,
128, 152~154, 156~157, 181, 185,
191, 226

ㅌ

탈레스(Thalēs) 16, 168
테르툴리아누스(Tertullianus) 156
테미스타(Themista) 82, 141
테오도로스(Theodōros) [퀴레네의] 117
테오도시우스(Theodosius) 152
테오프라스토스(Theophrastos) 18, 25, 38
토르쿠아투스(L. Manlius Torquatus) 130, 135, 154, 191
투퀴디데스(Thoukydidēs) 191, 214, 220
트라쉴로스(Thrasylos) 16, 18~19

ㅍ

파르메니데스(Parmenidēs) 20, 24~25, 31, 36, 95
파스칼(Blaise Pascal) 120~121, 190
파이드로스(Phaidros) 152, 155
파트론(Patron) 155
팜필로스(Pamphilos) 80
패링턴(Benjamin Farrington) 153
페레즈(Juan A. López Férez) 51
페레퀴데스(Pherekydēs) 168
페렐리(Luciano Perelli) 221
페스튀지에르(André Festugière) 71,
73
포세이도니오스(Poseidōnios) 57
포이어바흐(Ludwig Feuerbach) 50, 145~147
폴랑(Jean Paulhan) 23
폴뤼스트라토스(Polystratos) 82, 84, 122, 152
폴뤼아이노스(Polyainos) 94
퓌론(Pyrrōn) 40, 42~43, 74, 81
퓌타고라스(Pythagoras) 96
퓌타고라스학파 25, 32, 45, 180
퓌토클레스(Pythokles) 82~83
프로이트(Sigmund Freud) 131, 199, 201
프로타고라스(Prōtagoras) 23, 59
프톨레마이오스 2세 필라델포스 (Ptolemaios II Philadelphos) 139
플라톤(Platon) 10, 18, 43~44, 65, 68, 79~80, 95~96, 110, 119, 122, 125, 150, 157, 180, 194, 196, 211
플랑크(Max Planck) 74
플루타르코스(Ploutarchos) 45, 84, 114, 135, 147, 188
플리니우스(Plinius) 73
핀리(Moses Finley) 138
필로데모스(Philodēmos) 84, 114, 123, 155, 157, 162, 171

ㅎ

하이얌(Omar Khayyām) 13, 127
헤겔(Georg W. F. Hegel) 26
헤라클레이토스(Hērakleitos) 20, 43~44, 69, 167~168

헤로도토스(Herodotos) 〔에피쿠로스의 제자〕 82~83, 86, 88, 92
헤르마르코스(Hermarchos) 84, 122, 152
헤르미포스(Hermippos) 60
헤시오도스(Hēsiodos) 57, 206, 219
호라티우스(Horatius) 13, 71, 186~187, 190
호메로스(Homēros) 43, 150, 159, 188~189, 219
히포크라테스(Hippokratēs) 21, 44, 49~54, 67~68, 71, 74, 161, 217

〔용어〕

ㄱ

간세계(metakosmia) 115, 161
감각(aisthēsis) 14, 25~26, 38~44, 48, 58~59, 86~90, 93, 96~100, 104~109, 111, 116, 143~146, 156, 164, 167~169, 173~178, 180, 191~194, 198
감각작용 39~40, 42~43, 48
감정(pathē) 86~87, 108, 131, 144, 161, 173~174, 176, 222
건강(hygieia) 47, 63~64, 120, 128, 131~132, 202
경건(eusebeia) 50, 118, 149, 161
경험(empeiria) 24~25, 56~58, 87~90, 96~97, 143~144, 166, 179, 198, 227
계몽(Aufklärung) 9, 70, 72
고통(algēdōn) 13, 67, 72, 83, 86~87, 92, 112, 123~127, 129, 132~137, 144~145, 148, 156, 171, 174~176, 179, 186~189, 211, 215~220
공간(chōra) 25, 34, 39, 78, 97, 106, 124, 168, 179, 192
공기(aēr) 24, 31, 34, 38, 47, 56, 97~98, 105, 107, 110, 138, 165~168, 172, 178, 192~193, 205, 209~210, 217, 219
공리주의 142, 144
공포(phobos) 56, 118, 122~123, 134, 143~144, 147, 149~150, 160~162, 171, 177, 179, 181, 184, 186, 188~189, 211, 215~218, 227
관습, 규약(nomos) 41, 58, 211
광기(mania) 59, 67, 69, 191, 199
교육, 파이데이아(paideia) 65, 125, 179
군중 10, 70, 114
규준론 85, 88~89, 93
기독교 74, 152, 225~226
기쁨 87, 115, 120, 126~127, 135, 137, 142, 146, 154, 159, 191
기상학(meteōrologia) 21, 35~36, 83, 91, 216
기술, 기예(technē) 19, 56~57, 125, 134, 139, 195~198, 204, 213, 226
기억(mnēmē) 126, 180
기준(kritērion) 85, 108
기하학(geōmetria) 45, 125
꿈 47~48, 191, 194, 199~201

ㄴ

냄새 97, 109, 170, 175, 192, 194
노예 82, 138, 141, 153~154
눈 37~38, 41, 105~107, 168, 178, 193~196, 201

ㄷ

달 36, 207, 209
대중 47, 49, 66, 91, 112, 118~119, 123, 125, 128, 149~150, 153, 161, 174~175, 206
동요 13~14, 46, 90, 103, 115, 118, 137, 140, 145, 148, 157, 171, 182, 189
두려움(phobos) 63, 90, 94, 114, 119, 122, 135, 145~146, 149, 161~162, 178, 185, 214~215, 222

ㅁ

맛 41, 97, 170, 175, 194, 197
멜랑콜리 67~68
목적론 29, 54, 118, 195, 197, 204, 211, 226
무(mēdamē) 24, 27, 103, 123, 137, 144, 162~163, 183
무게(baros) 30~31, 97, 101, 123, 172, 178, 189, 207
무신론, 무신론자 11, 59, 113, 117
무제한 129~130, 186, 191, 200
무한(apeiron) 25, 32~33, 39, 45, 78, 88, 95~100, 104, 115, 144~146, 158, 164, 167~174, 176, 183, 191, 207
물(hydōr) 24, 31, 34, 36, 47, 97~98, 165~168, 174, 205~207, 210

물체, 신체(sōma) 26, 30~35, 46~48, 63, 92, 96~97, 105~106, 108~111, 115~116, 121~122, 126, 128~132, 135, 142, 147, 149, 163~168, 171~175, 178~184, 187, 192, 195~199, 211~212, 219
미세구멍(poros) 48, 117, 165, 194, 199
미신 10, 47, 63, 80, 171, 184, 214
민주주의 65, 70, 153

ㅂ

바람 50, 54, 90, 109~110, 115, 160, 164, 170, 178, 184, 192, 205, 215~216
번개 36, 61, 119, 214~215
법(nomos) 66, 115, 140, 211, 219
벼락 90, 198, 214~215
별 35~36, 90~91, 108, 118~119, 150, 192~193, 203, 207~209
병 50, 67~69, 72, 83, 122, 171, 179, 190, 201, 205, 214, 217~221
분자 27, 176
불 24, 31, 34~36, 46, 56~58, 87, 90, 97, 167, 198, 205~208, 211, 213
불경(dyssebeia) 14, 114, 118, 128, 160~161, 188, 215
불멸(athanasia) 48, 93, 110~113, 115, 117~119, 144~145, 148, 158, 180~181, 183, 190~191, 204
불안 91, 182, 186, 189, 200, 214, 221, 223
불타는 벽(moenia mundi) 34, 207

비가시적인 것(to aoraton) 88~90
비물체적(asōmatos) 111
비-반증(ouk antimartyrēsis) 89, 88
비존재(to mēon) 24, 97, 144~146, 149
빛 36~37, 41, 157, 175, 183, 204~205

ㅅ

사랑(erōs) 13, 130, 164, 191, 199~202
사려(phronēsis) 124, 134, 142
사유의 직접적 이해(phantastikai epibolai tēs dianoias) 86~88
삶/생명(bios) 10, 45~48, 54~57, 88, 92, 115, 120~121, 125~126, 129~130, 134, 141~145, 147~148, 160, 176~180, 183~188, 190, 203~205, 209, 211, 219, 221, 224
색 37~39, 41, 98, 170, 175
선개념(prolēpsis) 86~87, 117, 197
섭리, 미리-보기(providentia) 10, 14, 28~29, 96, 113, 169, 205, 225
성질(symbebēkos) 30~31, 42, 72, 97~98, 103, 175
세계(kosmos) 23, 30, 32~33, 54, 59, 78, 91, 94~96, 99~100, 104, 113, 114~119, 146, 150, 169~172, 176~177, 182, 196, 203~205, 208, 213~214, 224
세계정치 137, 141
수학 19, 24, 44, 99, 167, 215
순간 38~40, 104, 121, 126~127, 145

숨(pneuma) 47~48, 59, 109~110, 178, 219
스페로이드(sphérodïes) 45~47
시각(opsis) 37, 41~42, 87~88, 103~105, 174, 191, 193~196, 216
시간(chronos) 38~40, 120~121, 144~145, 149, 162, 164~166, 176~177, 182~183, 190~191
시뮬라크르, 상(simulacre, eidōla) 37, 49, 60, 86, 88, 104~107, 117, 138, 183, 191~192, 195, 198~202
신(theos) 10, 49~50, 56~61, 78, 80, 88, 96, 111~122, 124, 127~128, 148~150, 158~162, 176, 179, 181, 189, 191, 196, 202~206, 213~215, 219
신화(mythos) 14, 54, 61, 69, 80, 90, 93, 107, 149, 181, 187~188, 206~207, 222
씨앗(sperma) 51, 53, 95, 162, 219

ㅇ

아타락시아(ataraxia) 94, 113, 124, 128, 158, 177, 189
안타나플레로시스(antanaplērōsis) 106
안티페리스타시스(antiperistasis) 98, 166
앎, 인식(gnōmē) 42~44, 75, 85~86, 88, 91, 104, 117, 128, 143~145, 161~162, 169
언어(logos) 27, 29, 56~58, 213
에피크라테이아(epikrateia) 51, 54

여성 51~52, 82, 138, 141, 154, 156
열기 46, 109~110, 170, 178, 192, 209~210
영혼(psychē), 아니마(anima) 46~48, 56, 61~64, 88, 93, 95, 107, 109~111, 116~120, 122~124, 128, 133, 135, 143, 147, 157, 177~181, 183~187, 196, 198~199, 204, 227
영혼론 21, 28, 45, 109, 121
욕구 128, 130~131, 135, 198
욕망(epithymia) 14, 67, 78, 92, 124, 129~134, 140, 143, 156, 158, 171, 177, 187, 189, 199~202, 211, 222
우연/운(tychē) 27~30, 55, 58, 62, 113, 115, 118, 120, 125, 128, 149, 163, 171, 201, 226
우정(philia) 125, 128~129, 137~138, 140~143, 187
우주(to pan) 10, 12, 14, 23, 28, 30~31, 85, 92~95, 100, 104, 113, 158, 163, 166~170, 173~176, 181, 183, 208
우주발생론 28, 30~34, 55, 207
운동, 움직임(kinēsis) 24~28, 34, 46, 55, 64, 89~90, 97~98, 100~103, 106~107, 111, 118~119, 150, 157, 165~166, 169, 171~173, 176, 178, 180, 183, 207~208, 227
운명(heimarmenē) 74, 106, 125, 146, 149~150, 172~173, 189~190, 227
원소(stoicheia) 12~13, 24, 28, 55, 64, 92, 97, 109, 111, 164~165, 168, 171, 174, 178, 187, 192, 206~207

원인(aitia) 25~26, 28~29, 36, 61, 67, 87, 90, 101~102, 108, 119, 162, 172, 194, 196~198, 201, 208~209, 214, 216, 218
원자(atomos) 22~24, 30~33, 39, 41, 44~48, 52~55, 59, 64, 71, 75, 81, 85~88, 93~107, 111, 113, 115, 118, 123, 130, 137, 142, 146, 149, 157, 161~162, 166~181, 183, 186~187, 194, 198~199, 207, 217, 227
원자론 10~11, 14, 17, 21~29, 32, 39, 41, 45~46, 75, 88~93, 102, 104, 109, 122, 142, 165, 167, 176, 216, 225~227
유물론, 유물론자 9~10, 17, 20, 50, 70, 81, 103, 113, 117, 131, 139, 141, 225, 227
유용한, 유용성 62, 64, 142, 198
유쾌함(euthymia) 61, 63~65, 86~87
윤리, 윤리학 18, 21, 61~66, 83, 85~86, 93, 103, 119~120, 123, 135, 137, 142, 170, 187, 229
윤회(metempsychōsis) 180, 183
의지 93, 103, 119, 149, 162, 172~173, 198~199
의학(iatrikē) 21, 29, 49, 64
이름 없는 원소 109~110, 179
이미지(phantasia) 37, 48~49, 58~60, 87, 105~108, 116, 186, 192~193, 199, 221

ㅈ
자생적, 자생성 29, 61, 103, 176, 210

자연(physis) 13, 28~31, 39, 41,
47~50, 55~58, 65~66, 73~76,
89~92, 99, 102~103, 115, 118,
129~131, 135, 137, 140, 149, 158,
160, 162~164, 167, 169, 172, 182,
186, 190, 195~198, 203, 210~212,
226~227
자연학(physiologia) 9~10, 14, 18,
21, 25, 28, 30, 45, 62~64, 75, 81, 83,
85~86, 88~94, 103, 109, 119, 123,
146, 149, 157, 162, 187, 199, 227
자유(eleutheria) 10, 50, 62, 78, 101,
103, 138~140, 173, 200~201
잠(hypnos) 47~48, 186, 199,
201~202
정념 63, 121~122, 130, 137, 140,
156, 164, 177, 187~191, 199~201
정서의 상기 125~126
정신(to logikon), 아니무스(animus)
30, 48, 59~60, 64, 87~88, 99, 105,
110~111, 116, 121, 130, 135, 169,
171, 173, 178~181, 186, 191~195,
198~202, 207, 214, 217, 221
정원(kēpos), 정원학파 82, 85, 102,
115, 120, 122, 128, 137~139, 141,
144, 152~153, 225
정치 50, 66, 114, 119, 137~140,
154~155, 161, 176
조화(harmonia) 63, 136, 142, 211
존재(to on) 12, 24~25, 27, 32, 39,
41, 45, 60, 74, 78, 86~87, 92~98,
102, 104, 107~108, 112~118, 120,
144~146, 150, 164~167, 180,
183~184, 191, 205, 210~211, 224,
227
종교 60~61, 75, 80, 112, 117~119,
134, 150, 160~162, 174, 182, 203,
205, 213, 223
죽음(thanatos) 10, 12, 46~48, 67, 81,
92~93, 97, 107, 111, 120~121, 124,
127~128, 134, 138, 143~149, 164,
171, 177~186, 188~190, 212,
218~221, 225
지각 37, 39, 88, 91, 94, 104~105,
116, 191, 195
지옥 11, 14, 149, 177, 181, 187~188,
216
지진 36, 90, 204, 214, 216
지혜(sophia) 139~140, 145,
148~149, 152, 161, 186~187, 189,
203~204, 227
진동(palmon, palsis) 100~101, 105
진리(alētheia) 42~43, 85~88,
93~95, 149, 157, 174
진보 56, 60, 132, 212~213, 216
질서 44, 63~64, 72, 93, 95,
103~104, 109, 172, 176, 192, 195,
212

ㅊ

천둥 36, 61, 119, 214~215
천문학 21, 35, 57, 94, 96, 125, 208
청각 42, 103, 108, 174, 194, 216
체, 체로 치기 34, 55
촉각 42, 93, 104, 216
최고선 93, 116, 123~124, 126, 133,

148, 225
추론(syllogismos) 87~89, 92, 99, 120, 163, 185, 193, 197
충돌(plēgē) 28, 30, 94, 96, 101~102, 105, 140, 169, 172
치료, 치료제 29, 91, 121~123, 211

ㅋ

쾌락(hēdonē) 10, 13~14, 63, 81, 86~87, 93, 95, 112, 124~128, 131~137, 144~145, 148, 153, 158~159, 170, 173~177, 186~187, 190~191, 199, 202, 223, 225
크기(megethos) 12, 30, 37, 45, 51, 97~100, 105~106, 108, 149, 209

ㅌ

태양 55, 108, 138, 195, 205~210

ㅍ

편위(parenklisis), 클리나멘 (clinamen) 102~103, 149~150, 172~173
평안 128, 136, 223
평화 125, 136, 158, 170
피막(hymēn) 33~34
필연(anakē) 27~29, 55~58, 101, 108, 125, 129~132, 149~150, 163

ㅎ

한계 32, 92, 130, 134, 149, 169
합리주의 40, 49~50, 72~74, 107
행복(eudaimoniē) 14, 72, 75, 85, 88,
91~93, 115~116, 120~121, 123~126, 128~129, 134~135, 138~140, 154, 158, 160, 169, 185, 190~191, 201, 217, 220
행성 61, 118~119
허공(to kenon) 12, 24~27, 31, 33, 41, 54~55, 81, 85, 88~89, 92~100, 102, 105, 111, 137, 146, 157~158, 165~168, 171~172, 181, 195, 198~199
헬레니즘 74, 122, 126, 141, 148
현상(ta phainomena) 13, 35, 41, 63, 91~93, 97, 104, 118, 128, 134, 162, 165, 172, 178, 196, 201, 214~217
현자(sophos) 22, 44, 59, 66~69, 114, 125~128, 131, 134~137, 140~145, 148~149, 170, 187, 197, 199, 202
형태(schēma) 12, 22~23, 30, 41, 88, 96~98, 104, 115, 154, 169, 173~174, 192
혜성 36, 90
환영 24, 106, 191, 193, 202
회오리(dinē) 30, 32~35, 54, 90, 95, 172, 207
회의주의 40~44, 64, 81, 94, 144, 182
후건부정(modus tollens) 26, 89
희망 128, 216, 220
흑사병 214, 217~221
흙 24, 31, 34, 97, 167~168, 207, 227

고대원자론
쾌락의 윤리로서의 유물론

초판 1쇄 인쇄   2009년 3월 16일
초판 1쇄 발행   2009년 3월 23일

지은이	장 살렘
옮긴이	양창렬
편 집	이재원, 홍원기
마케팅	인현주
디자인	studio.triangle

펴낸곳	도서출판 난장 · 출판등록 제307-2007-34호
펴낸이	이재원
기 획	김남시, 김상운, 양창렬, 이현우
주 소	(121-841)서울시 마포구 서교동 458-15 501호
연락처	(전화)02-334-7485 (팩스)02-334-7486
블로그	blog.naver.com/virilio73
이메일	nanjang07@naver.com

책값은 뒤표지에 있습니다. 잘못 만들어진 책은 구입하신 서점에서 바꿔드립니다.
ISBN 978-89-961268-2-9 03100

이 도서의 국립중앙도서관 출판시도서목록(CIP)은 e-CIP 홈페이지(http://www.nl.go.kr
/ecip)에서 이용하실 수 있습니다.(CIP제어번호: CIP2009000758)